中国商业银行发展报告
（2013）

中国建设银行研究部专题组

中国金融出版社

责任编辑：黄海清
责任校对：李俊英
责任印制：陈晓川

图书在版编目（CIP）数据

中国商业银行发展报告.2013（Zhongguo Shangye Yinhang Fazhan Baogao. 2013）／
中国建设银行研究部专题组.—北京：中国金融出版社，2013.9

ISBN 978 - 7 - 5049 - 7072 - 5

Ⅰ.①中…　Ⅱ.①中…　Ⅲ.①商业银行—银行发展—研究报告—中国—2013
Ⅳ.①F832.33

中国版本图书馆 CIP 数据核字（2013）第 176986 号

出版
发行　**中国金融出版社**

社址　北京市丰台区益泽路 2 号
市场开发部　（010）63266347，63805472，63439533（传真）
网上书店　http：//www. chinafph. com　（010）63286832，63365686（传真）
读者服务部　（010）66070833，62568380
邮编　100071
经销　新华书店
印刷　北京松源印刷有限公司
尺寸　210 毫米 ×285 毫米
印张　15.5
字数　340 千
版次　2013 年 9 月第 1 版
印次　2013 年 9 月第 1 次印刷
定价　50.00 元
ISBN 978 - 7 - 5049 - 7072 - 5/F. 6632
如出现印装错误本社负责调换　联系电话（010）63263947

《中国商业银行发展报告》专题组

组　　长：蒋清海

成　　员：蒋清海　杨　君　李丹红

　　　　　杨金荣　杨兆坤　罗惠良

　　　　　龙　丹　许淑红　郭　婕

　　　　　李小平

目 录

第一章　中国商业银行经营环境

2012 年，全球经济复苏缓慢，国际政治经济摩擦不断，大宗商品价格波动加大，欧债危机持续蔓延。中国经济在稳增长、调结构、惠民生的组合政策作用下，遏制了逐季下滑态势，增速趋稳。展望 2013 年，中国商业银行面临的经营环境依然复杂，但趋于稳定。世界经济将略有改善，中国经济在"宽财政，稳货币"政策及"改革红利"作用下继续温和回升，股票市场将迎来结构性慢牛行情，期货市场发展加快，货币市场利率震荡上升，人民币汇率小幅升值，黄金价格震荡调整。

一、2012 年中国商业银行经营环境回顾

（一）世界经济继续缓慢复苏，欧洲主权债务危机短期趋于缓解

2012 年，受全球贸易保护加剧，欧洲主权债务危机不断发酵，国际金融市场剧烈震荡，新兴市场国家生产要素成本上升，经济减速等影响，世界经济继续在低位缓慢增长，增长率为 3.3%[①]，比 2011 年低 0.5 个百分点。

1. 发达经济体增长分化。美国经济全年实际 GDP 增长 2.2%，增速有所加快，通胀、就业形势也略有改善，但受政府支出减少，非住宅固定资产投资下降，出口额出现三年半以来的首次下滑等影响，经济依旧缺乏强劲复苏的动能。

欧元区经济再度陷入衰退，日本经济增速大幅下滑。受债务危机困扰，政府财政收缩，投资与消费下降，欧元区连续两个季度陷入衰退，失业率创下 11.8% 的历史新高，综合采购经理人指数（PMI）连续第 11 个月位于 50% 荣枯线以下。日本经济受出口萎缩以及公共投资增长减少等影响，GDP 增速在第一季度大幅增长 5.7% 后，在第三季度急速下滑至 -3.5%。PMI 降至三年来最低。

2. 主要新兴经济体增长速度显著放缓。新兴经济体面临国内投资减速、外部需求下降以及跨境资本流动波动加剧和通胀压力上行等多重因素影响，经济增长呈显著放缓态势。全年增长

[①] 国际货币基金组织（IMF）在 2012 年 10 月的预测值。

率为 5.3%[①]，比 2011 年低 0.9 个百分点。昔日的"金砖国家"巴西经济呈现停滞状态，12 月，巴西央行将 GDP 增长率预期值从此前的 1.27% 降至 1.03%。印度告别了连续 20 年约 7% 的高增长，第三季度增长率仅为 3.21%，创下三年来的新低。俄罗斯第三季度 GDP 同比增长 2.9%，较上季度回落 1.1 个百分点。

3. 欧债危机短期趋于稳定。第一季度，欧元区银行业流动性出现紧张，在经历了两轮长期再回购操作（LTRO）[②] 之后，暂获平息。但由于希腊政局恶化以及欧元区经济衰退程度加深，年中再次升级。5 月，西班牙银行业坏账和地方债问题集中爆发，8 月，意大利的债务状况也亮起红灯，10 年期国债收益率突破 7% 的"警戒线"[③]。国际主要评级机构接连下调了这几个国家的主权信用评级。

面对巨额债务，相关国家政府通过财政紧缩计划，相继削减了养老金、福利和失业救济金。欧元区财长会议通过"欧洲稳定机制"（ESM），将总额高达 7 000 亿欧元的"防火墙"用于向债务危机国家提供资金援助或出资购买相关国家的国债。欧洲央行也适时推出了长期再回购操作、直接货币交易计划（OMT）[④] 等一系列非常规货币政策，缓解市场资金压力，稳定投资者情绪。12 月，标准普尔将希腊长期主权信用评级从"选择性违约"上调至代表前景稳定的"B-"级，欧元区金融市场短期趋于稳定。

（二）各国经济政策重归宽松，中国采取"稳增长"组合政策

2012 年，面对外部经济不确定性增加，自身经济增长减缓甚至衰退以及主权债务的影响，欧美等主要发达经济体和部分新兴经济体又重回"保增长"政策轨道。

1. 欧美等主要发达经济体面对债务持续飙升的局面，相继展开前所未有的量化宽松政策。美联储 9 月 13 日推出第三轮无明确数额限制的量化宽松政策（QE3），并每月购买 400 亿美元的抵押贷款支持证券（MBS），维持现有"扭转操作"[⑤] 不变。12 月 13 日又推出第四轮量化宽松政策（QE4），一是每月采购 450 亿美元国债替代"扭转操作"。二是将到期国债进行滚动操作，2013 年美联储将一共购买 1.02 万亿美元长期债券（和 QE3 加在一起）。三是首次将货币政策取向与失业率指标挂钩，维持利率于接近零的水平，直到失业率降至 6.5%。

欧洲央行 7 月 5 日宣布，将主要再融资操作利率、贷款便利利率和存款便利利率分别下调 25 个基点至 0.75%、1.5% 和 0%，于 9 月 6 日推出 OMT，以压低成员国融资成本。英格兰银行

---

① 国际货币基金组织（IMF）在 2012 年 10 月的预测值。

② 长期再回购操作（LTRO）：欧央行的传统金融工具，旨在增加银行间的流动性。其特点是可以大量增加信贷、期限长、利率低。

③ 10 年期国债收益率警戒线：过高的融资成本会大大增加财政赤字，导致国家偿债能力下降。7% 是历史经验和经济发展模型大概推算出来的一个被经济学家普遍认为是债务不可维持的警戒线。

④ OMT（Outright Monetary Transactions）：欧央行决定推出的在二级市场无限量购买三年期以内主权债券的直接货币交易计划。

⑤ 扭转操作：始于 1961 年，是美联储为了削减美债平均久期，平滑收益率曲线，以促进资本流入和强化美元地位，而利用公开市场操作，卖出短期债券而买入长期债券的货币政策操作手法。

以低于市场利率的优惠利率向居民和中小企业提供长期融资。日本央行于9月将资产购买基金规模增加10万亿日元至80万亿日元，同时将截止日期延长至2013年年底。

2. 部分新兴经济体也先后采取下调基准利率或存款准备金率的宽松政策。印度储备银行4月17日将回购利率下调50个基点至8.0%，并于7月31日将法定流动比率从24%下调至23%，9月17日将现金存款准备金率下调25个基点至4.5%。巴西央行全年连续7次降息，分别于7月11日和8月29日两度下调基准利率共100个基点至7.5%。韩国央行于7月12日和10月11日下调基准利率各25个基点至2.75%。此外，南非、越南、菲律宾、哈萨克斯坦、匈牙利也分别下调基准利率。

3. 中国宏观经济政策把稳增长放在更加重要的位置。进入2012年，中国经济继续呈现出逐季放缓走势。前三个季度，GDP同比分别增长8.1%、7.6%和7.4%，其中第三季度GDP增长创三年新低。规模以上工业增加值出现明显下滑。工业出厂价格指数PPI连续7个月下滑，创下了35个月以来的新低。制造业采购经理指数（PMI）5月以来连续4个月回落，跌到50%以下。居民消费价格总水平CPI增速也重回2%以下（如图1－1）。

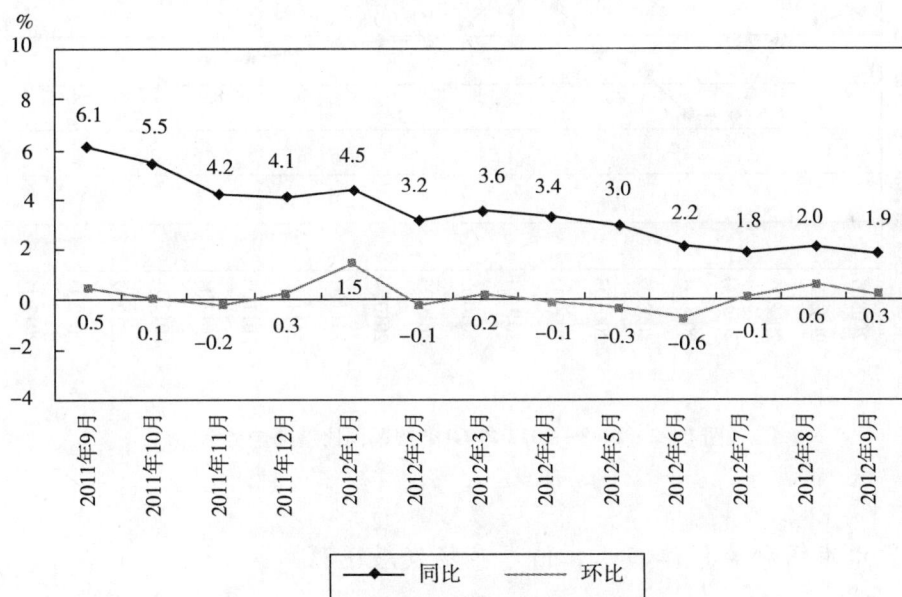

图1－1 全国居民消费价格涨跌幅

面对复杂严峻的国内外经济形势，中国把稳增长放在更加重要的位置。5月开始，综合利用多种政策工具加大调控力度，遏制经济减缓势头。在货币政策上，中国人民银行综合运用货币信贷、利率、准备金率和公开市场操作等金融手段增加市场流动性，支持国民经济平稳较快发展。6月8日、7月6日连续两次下调存贷款基准利率并调整利率浮动区间，贷款利率总体下行，进一步降低企业融资成本。在 2011 年 12 月下调存款准备金率 0.5 个百分点的基础上，于 2 月 24 日和 5 月 18 日两次下调存款准备金率各 0.5 个百分点，保持银行体系流动性合理充裕。

在财政政策上，一是实施营业税改征增值税和中小企业税费优惠等结构性减税政策，减轻企业居民税收负担。将交通运输业和部分现代服务业营业税改征增值税试点范围，由上海市分批扩大至 10 个省（直辖市、计划单列市）。二是实施支持小型微型企业发展的税收优惠政策。全年针对小微企业减轻税费负担的政策措施达到 70 余项。三是修改个人所得税法，工资、薪金所得个人所得税下降 8%，个体工商户生产、经营所得个人所得税下降 12.5%。四是增加民生领域财政支出和城乡居民收入。保障性安居工程支出、教育支出、医疗卫生支出同比大幅增长。在经济减速情况下，23 个省区市上调了最低工资标准，城乡居民实际收入增速首次同时高于 GDP 增速。9 月之后，这些措施逐步发挥作用，国民经济开始企稳回升，第四季度 GDP 同比增长 7.9%，较第三季度有所加快（如图 1-2）。

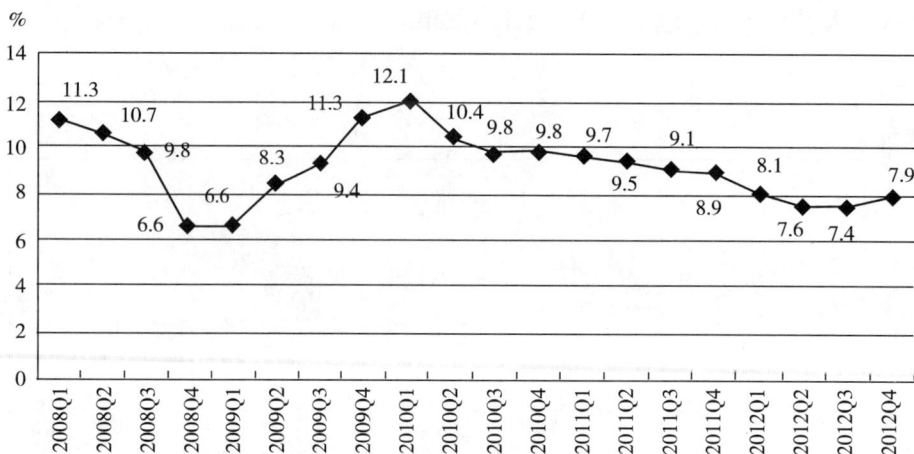

图 1-2　2008—2012 年 GDP 当季同比增速走势图

（三）货币市场利率总体回落，债券市场发展迅猛

1. 中国货币市场利率逐步走低，交易量大幅增加。货币市场流动性由紧张向适度宽松转变，市场利率随之逐步走低。截至 12 月，银行间市场同业拆借月加权平均利率为 2.61%，比上年同期下降 72 个基点；质押式债券回购月加权平均利率为 2.62%，比上年同期下降 75 个基点。全年银行间回购、拆借市场交易活跃，债券回购累计成交 141.7 万亿元，日均成交 5 691 亿元，同比增长 43.1%；同业拆借累计成交 46.7 万亿元，日均成交 1 876 亿元，同比增长 40.2%。

2. 债券市场产品和制度创新提速，扩容势头迅猛。6 月，中小企业私募债券正式启动发行，8 月，《银行间债券市场非金融企业资产支持票据指引》颁布实施，酝酿已久的资产支持票据业务正式开闸。9月，国家开发银行在银行间债券市场成功发行了2012年第一期开元信贷资产支持证券，信贷资产证券化重新启动。全年，债券市场新债（不含央行票据，下同）发行总额累计达80 688.68亿元，较2011年增长25.96%，再次轻松改写历史新高（见表1-1）。

表1-1　　　　　　　　　　最近两年债券市场主流品种发行情况　　　　　　　单位：亿元、%

2011年			2012年		
类别	发行总额	发行总额比重	类别	发行总额	发行总额比重
国债	15 417.59	24.07	国债	14 442.38	17.90
地方政府债	2 000.00	3.12	地方政府债	2 500.00	3.10
金融债	23 074.30	36.02	金融债	25 929.10	32.13
利率债合计	41 491.89	64.77	利率债合计	44 371.48	54.99
企业债	2 485.48	3.88	企业债	6 430.31	7.97
公司债	1 291.20	2.02	公司债	2 598.33	3.22
中期票据	8 199.93	12.80	中期票据	11 510.62	14.27
短期融资券	10 162.30	15.86	短期融资券	15 333.47	19.00
信用债合计	22 564.90	35.23	信用债合计	36 317.20	45.01
新债总计	64 056.79	100.00	新债总计	80 688.68	100.00

资料来源：中国证券报。

（四）股票市场震荡盘整，期货市场成交规模快速放大

1. 股票市场震荡盘整。受中国经济增速持续下滑、国际金融市场动荡加剧以及解禁压力加大等诸多因素影响，中国股票市场指数全年大多数时间震荡下行，直至11月底企稳，12月走出了近几年来少见的上攻行情。年末，上证综合指数和深证综合指数分别收于2 269点和881点，比2011年年末分别上升3.17%和1.68%。纵观全年，沪、深两市A股总市值累计蒸发4.3万亿元，平均市盈率分别从2011年年末的13.46倍和23.1倍回落到12.3倍和21.01倍，整体呈现出熊市特征。

股票市场成交量大幅下降，市场规模继续稳步扩大。2012年，沪、深股市交易清淡，全年累计成交31.5万亿元，同比下降25.4%，日均成交1 295亿元，同比少成交433亿元。年末，股票有效账户14 045.91万户，比2011年年底减少近4.5万户。股票市场筹资规模继续下滑，各类企业和金融机构在境内外股票市场上通过首次发行、增发、配股以及债券市场等累计筹资6 853亿元，同比减少8.7%。年末，境内上市公司（A、B股）2 494家，比2011年年末增加152家。沪、深股市（A、B股）流通市值18.2万亿元，比上年末增长10.2%。全年共有952家公司的1 532.35亿股解禁，占所有A股公司总股本的4.87%，解禁市值为11 737.12亿元，占所有A股公司总市值的5.25%。

2. 股票市场改革和创新力度加大。4月，证监会颁布了《关于进一步深化新股发行体制改革的指导意见》，重申新股发行体制改革的市场化方向。5月，发布《关于进一步落实上市公司现金分红有关事项的通知》，加大对上市公司分红义务的监管。6月，沪、深交易所分别发布《关于完善上海证券交易所上市公司退市制度的方案》等，创业板退市制度正式出台。全年3次大幅下调证券、期货市场收费标准，出台并落实11项支持证券公司创新发展的政策措施，着力改善政策环境，推动经营机构创新发展。同时，不断完善合格境外机构投资者（QFII）、合格境内机构投资者（QDII）制度以及人民币合格境外机构投资者（RQFII）制度。

3. 期货市场成交规模快速放大，品种结构进一步丰富。2012 年，全国期市累计成交量为14.5 亿手（以单边计算），略低于2010 年15.6 亿手的历史最高纪录，但比2011 年增长37.6%。累计成交金额为171.1 万亿元，创下历史新高，比2011 年增长24.4%。2012 年5 月10 日，白银期货正式在上期所挂牌交易，由此成为我国继黄金之后第二个贵金属期货品种。郑州商品交易所也于12 月成功推出了玻璃期货、油菜籽、油菜粕期货。期货市场创新步伐明显加快。5 月证监会公布了《期货公司资产管理业务试点办法》，11 月22 日，首批18 家期货公司资产管理业务牌照正式发放。随着国内期市创新业务相继开闸，期货业的并购热潮、增资扩股潮继续升温，券商系期货公司和民企系期货公司快速崛起。

（五）外汇市场走势跌宕起伏，黄金市场弱势盘整

2012 年前三个季度，美元、欧元持续反弹，人民币一路走低，然而从9 月开始，各主要货币汇率走势出现了大逆转。人民币汇率一改此前不断下跌的走势，持续走强，多个交易日更是出现"涨停"。美元兑人民币汇率中间价11 月27 日跌到6.2852 元，为四个月以来新低（如图1－3）。

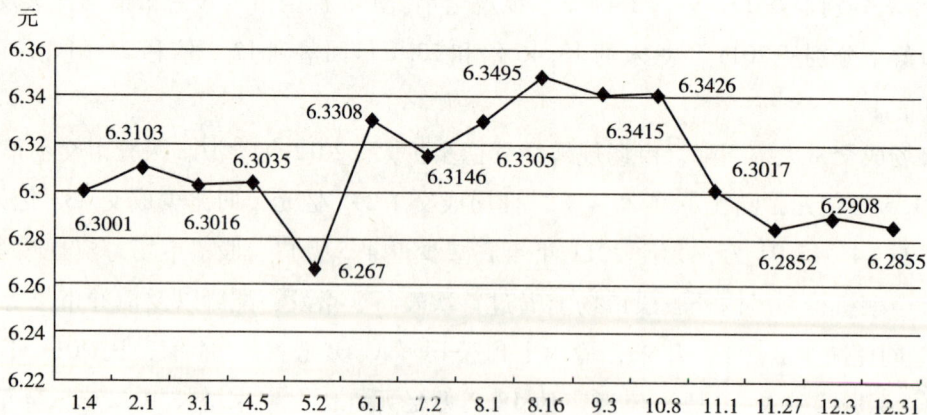

资料来源：Wind 资讯。

图1－3　2012 年美元兑人民币汇率中间价走势图

人民币汇率浮动区间扩大。4月16日，人民银行发布公告将银行间即期外汇市场人民币兑美元交易价浮动幅度由5‰扩大至1%，外汇指定银行为客户提供当日美元最高现汇卖出价与最低现汇买入价之差不得超过当日汇率中间价的幅度由1%扩大至2%，人民币汇率的灵活性扩大。随着汇率和利率市场化改革的快速推进，资本市场和资本账户开放程度提高，跨境人民币结算快速增长。全年，跨境贸易人民币结算业务累计达2.94万亿元，同比增长41.3%。

国际黄金现货价格开于1 569.70美元/盎司，震荡上升。2月达到1 784.24美元/盎司后，一路下行至1 600美元/盎司，并延续弱势盘整数月。9月至年底，美联储推出QE3，欧元区巩固救助信心，黄金重拾升势，10月初一度冲至年度最高位1 796.08美元/盎司，后又受财政悬崖担忧的拖累，上涨动能不足，冲高后迅速回调，年底收于1 675.35美元/盎司，年度涨幅6.7%。

（六）银行监管着力服务实体经济和防控系统性风险

一是引导银行业支持实体经济发展。银监会对银行业金融机构有效开展绿色信贷，严控"两高一剩"行业信贷规模提出明确要求[1]；继续推动小微企业金融服务转型升级；规范农户贷款的管理架构、政策、贷款基本要素等[2]；继续引导商业银行对保障房建设等的支持，深入推进农村中小金融机构阳光信贷工程。

二是重点优化系统性风险防范体系，统筹推进银行业监管新标准。6月，银监会发布《商业银行资本管理办法（试行）》，优化系统性风险防范体系。9月出台了实施高级方法银行的标准，12月发布了《关于商业银行资本工具创新的指导意见》，统筹推进新标准的实施。

三是完善监管法规框架，促进银行业规范发展。银监会草拟了《银行业金融机构董事（理事）和高级管理人员任职资格管理办法》；开展不规范经营专项治理，纠正部分银行业金融机构发放贷款时附加不合理条件和收费管理不规范等问题[3]；完善银行业金融机构客户投诉处理机制[4]；会同人民银行、发改委修改完成《商业银行服务价格管理办法》。

二、2013年中国商业银行经营环境展望

（一）国际环境依然复杂，但全球经济增长将趋于平稳

2013年，世界经济在各国"保增长"政策的强力干预下，有利因素逐渐增多，经济增长将

---

[1] 银监会《绿色信贷指引》（银监发〔2012〕4号），2月24日发布。
[2] 银监会《农户贷款管理办法》，9月17日发布。
[3] 《中国银监会关于整治银行业金融机构不规范经营的通知》（银监发〔2012〕3号）。
[4] 《关于完善银行业金融机构客户投诉处理机制 切实做好金融消费者保护工作的通知》（银监发〔2012〕13号）。

略有改善，预计全年增长3.4%左右，略高于2012年3.3%的水平。发达经济体中，美国经济将继续温和复苏。2012年以来，美国多项经济先行指标好转，虽然"财政悬崖"会使美国经济受到一定冲击，但短期内将继续实施刺激政策促进经济增长。1月，美联储预计2013年美国经济增长率为2.5%，IMF（国际货币基金组织）预测值为2%，略低于2.1%的先前预测。

欧元区重返经济复苏的时间将会放缓，日本经济将实现由内需主导的回升。2012年，欧债危机对欧洲经济和世界经济的冲击得到暂时缓解，但是欧元区债务危机最终解决方案仍存在很高的不确定性，预算的"过度"削减，将会冲击欧洲经济的复苏进程。IMF1月预测，欧元区经济将会在2013年出现0.2%的萎缩，欧洲央行也将预测增速下调至0.3%。日本政府1月预测2013年剔除物价变动影响的实际GDP将增长2.5%。

新兴经济体国家经济企稳回升。2013年，印度、俄罗斯、巴西等国将继续加快结构调整和开放步伐，遏制经济增速下滑局面，增长前景改善。IMF1月预测新兴经济体国家2013年经济增长5.5%。但是，由于国际大宗商品新增需求放缓，会冲击巴西、俄罗斯和南非等资源出口国。

（二）中国经济将继续维持温和增长

2012年第四季度以来，中国房地产投资、消费、制造业企业活跃度以及出口增速都呈现企稳回升态势。2013年，在城镇化建设等投资带动下中国经济将继续温和回升。中国建设银行1月预测全年经济增速将达8%左右，较2012年略有回升，中金预测2013年中国GDP增长8.1%，IMF预测增长8.2%。

一是房地产投资增速回升，国家新开工项目投资规模和数量持续增加，将推动2013年投资完成额较快增长；"新非公36条"细则的政策效应将充分调动民间投资积极性，扶持小微企业的系列减税政策，营业税改征增值税试点范围和领域扩大将激励服务业投资和民间投资扩张。中国建设银行预测2013年投资增速将达23%左右，比2012年提高约2个百分点。

二是消费增长略高于2012年。与以往经济下行阶段表现不同，2012年以来，中国就业保持稳定增长，没有随经济减速而下滑。全国城镇新增就业1 266万人，完成全年900万人目标的140%，达到历年最高。同时，我国城乡居民收入增长明显加快，国家把扩大消费需求作为经济增长的新的着力点，促进消费的政策、金融、信用等环境持续改善，为2013年消费增长提供了良好基础。但由于政府消费增长的减速，以及政策效应的显现需要一定时间，短期内消费对经济增长的拉动作用难以替代投资。

三是贸易增长略强于2012年，但仍将维持在较低水平。2013年世界经济增速回升以及全球贸易将维持缓慢增长（见表1-2），有利于中国出口增长和对外投资。但全球需求疲软、潜在贸易融资风险上升、贸易保护会进一步加剧等不利因素难以根本消除，中国对外贸易仍将低速增长。

表1-2　　　　　　　　　　　2012—2013年国际组织对贸易增长的预测　　　　　　　　　　单位：%

	国际货币基金组织		世界银行		联合国	
	2012年	2013年	2012年	2013年	2012年	2013
世界	3.2	4.5	5.3	7.0	4.1	5.5
出口	—	—	5.3	7.0	3.9	5.5
发达国家	2.2	3.6	4.8	6.5	2.7	4.7
发展中国家	4.0	5.7	6.8	8.4	5.6	6.7
进口	—	—	5.2	7.3	4.2	5.5
发达国家	1.7	3.3	4.0	6.6	2.1	3.8
发展中国家	7.0	6.6	8.1	8.8	6.8	8.0

注：表中贸易为实际量，即剔除物价和汇率因素。

资料来源：国际货币基金组织展望数据库，2012年10月；世界银行展望数据库，2012年6月；联合国展望数据库，2012年6月。

四是物价上涨压力减弱。2013年，中国相对平衡的货币环境、总供求宽松、粮食丰收和翘尾因素减弱等因素将抑制物价涨幅。但我国输入性通胀压力有所显现，资源价格改革和劳动力成本上升等因素将推动物价上涨。中国建设银行预计2013年全年CPI涨幅在3.5%左右，PPI涨幅在2%左右。

（三）中国金融市场运行更趋稳健

货币市场利率震荡上升，波动幅度减小。2013年，国内经济增速企稳回升态势比较确定，稳货币的大原则将得以继续，外汇占款的新增量有限，货币市场资金面有望保持总体平衡，甚至有可能比去年略紧，货币市场利率可能震荡上行。同时，逆回购将成为主要的基础货币投放及调节工具，逆回购利率对于货币市场利率的引导作用将进一步增强，货币市场利率波动性有望下降。

由于贷款不能有效放大，信托类贷款受到监管，发行债券、股票融资将成为社会融资总规模增长的主要因素。债券市场有望延续快速发展势头，新债供应规模或将在2012年的基础上进一步上升。中投证券认为，信用债市场将整体呈现出供给规模持续上升、机构需求更为分散的特征，预计2013年信用债净供给约为2.3万亿元。

中国股票市场的结构性慢牛行情逐渐成形，期货市场将迎来大发展和大变革。2013年，中国经济增速企稳并小幅回升，市场流动性的改善，政府基建投资增速加快，围绕城镇化、生态文明建设、节能环保及战略性新兴产业的主题投资将会贯穿全年，QFII规模进一步扩大，国内以养老金、公积金为代表的长期资金入市规模以及产业资本增持行为增加，以及市场整体秩序逐渐转好等各种有利因素，使中国股票市场会继续展开以价值重估、主题投资等为主题的轮动行情。但由于房地产投资依然受到政策限制，部分民间资本会流向海外，上市公司整体盈利能力能否保持，以及IPO重启，限售股解禁等会对股市形成压力，2013年全年合计解禁股数是

2012 年的近三倍。

期货市场将延续 2012 年创新发展的态势，原油期货、国债期货、铁矿石期货、商品期权、股指期权等有望取得实质性进展。期货公司的业务范围将进一步扩大，境外代理业务、代理发行基金业务等一系列创新业务将陆续浮出水面。同时，包括远期、调期、期权在内的 OTC 市场体系，多层次衍生品市场体系的发展将进一步加快。

人民币汇率将以双向波动为主，总体出现小幅升值。2013 年，中国经济增长宏观面明显改善，为人民币升值预期奠定了坚实的实体经济基础。国际资本大量流向新兴经济体，也将为人民币带来一定的升值压力。美国"财政悬崖"和欧债危机尽管没有根本解决，但已有所缓和，局势大致稳定，因此，美元的避风港作用暂时隐身，美元升值空间变小，却为人民币提供了升值可能。但考虑到外汇占款与贸易增速均转入低增长轨道，人民币汇率已经接近均衡水平，因此预计人民币汇率实际升值空间有限。预计 2013 年以双向波动为运行的主基调。

黄金价格将震荡盘跌。2013 年，导致金价走高的因素依然存在，但市场总体氛围对美国经济增长前景乐观，对美国提前终止量化宽松政策或压缩购债规模有所预期。加之，世界经济复苏，资本市场投资增加，打击黄金价值，使黄金的避险、保值功能弱化。这些都将使国际金价从高位回调，震荡幅度可能加大。

（四）中国宏观经济政策和银行监管将保持连续性和稳定性

2013 年，中国经济企稳回升的基础仍需要巩固，宏观经济政策将会继续保持稳中求进的总基调。

在财政政策方面，积极财政政策依然是经济保持稳定增长的要求，但将更注重通过结构性减税以及优化支出结构，着力扩大国内需求，加快培育一批拉动力强的消费新增长点。如继续加大民生领域的支持力度，完善强农惠农富农财税政策等。2012 年我国财政赤字率仅为 1.5% 左右，财政政策回旋余地较大，财政赤字可能进一步提高。

货币政策方面，将继续坚持稳健。但为保障市场流动性，有效降低社会融资成本、促进实体经济继续稳步复苏和健康转型，将适时适度地对基础货币投放和市场流动性进行精准调控。目前，我国存款准备金率保持在 20% 的高位，高于 1985—2012 年平均值 8 个百分点左右，有较大下降空间。降息的概率因为经济增长动能的回升和房价上涨而有所下降。信贷投放将保持近两年的增长水平。

产业政策方面，继续加快推进产业转型升级，一方面化解产能过剩矛盾，制订有针对性的调整和化解方案，继续严格控制"两高"和产能过剩行业盲目扩张，从严调控房地产；另一方面强化创新驱动，加快推进战略性新兴产业重大工程。同时，积极稳妥推进新型城镇化建设，支持中小企业、生产性服务业发展，加强生态建设等。

银行监管仍将延续 2012 年的主要工作措施，将防控系统性、区域性风险，进一步推动银行业深化改革和发展转型，支持实体经济发展作为重点。首要任务是严防平台贷款、房地产贷款、企业集群以及产能过剩行业风险。首先，加大对理财产品设计、销售和资金投向的监管，防范民间融资和非法集资等外部风险的冲击。其次，加大引导银行业支持实体经济发展的力度，加强对重点领域和薄弱环节的信贷支持，做好城镇化配套金融服务等。最后，以稳步实施新资本管理办法为契机，推动银行业金融机构完善公司治理，积极推进体制机制改革，提高银行业金融机构集约经营和服务水平，增强转型发展的内生动力。

第二章 中国商业银行发展趋势

2012 年，面对国内经济放缓、利率市场化提速、直接融资快速发展等复杂外部经济环境，中国商业银行坚持战略转型，完善经营机制，加强科技创新应用，规范理财业务发展，积极探索资本工具创新，有序参与资产证券化试点，同时提升综合经营协同能力，稳步实施国际化发展，在诸多方面取得了新进展。展望未来，中国商业银行将在既有基础上，深入推进战略转型和电子银行快速发展，稳步开展综合化和国际化经营，同时在机制完善、理财业务规范发展、资本工具创新、资产证券化试点等方面将取得进一步发展。

一、2012 年中国商业银行发展趋势回顾

（一）利率市场化加速，推动业务转型和定价机制完善

2012 年 6 月，中国人民银行将金融机构居民存款利率浮动区间的上限调整为基准利率的 1.1 倍，将贷款利率浮动区间的下限调整为基准利率的 0.8 倍。7 月，将贷款利率浮动区间的下限进一步调整为基准利率的 0.7 倍。此举表明中国利率市场化开始进入实质"攻坚阶段"。

利率市场化对中国经济影响巨大。宏观层面上，将实现政策利率由存贷款基准利率向中国人民银行公开市场利率转化，进而引导市场存贷款利率、调节货币和信贷总量、理顺货币政策传导机制。中观层面上，将使利率更真实反映资金价格，引导资金跨机构、跨市场、跨区域流动，对金融产业格局、金融市场发展、金融产品创新、金融监管等产生连锁影响。微观层面上，将对中国商业银行经营带来巨大影响。从国际经验看，存款利率上限放开后，价格对存款业务影响凸显出来，抢夺存款使得价格竞争加剧，综合付息成本显著抬升，资金在金融机构间加快流动，存款稳定性下降，存款结构变化较大，定期存款比例提高，但存款成本上升未必得到贷款利率的补偿，在中国商业银行 80% 左右的收入来源于利差收入的背景下，银行经营不善导致亏损的可能性要远大于此前。

中国商业银行已前所未有地感受到压力，正坚定不移地推进战略转型，加快业务结构、客户结构、收入结构等调整，向零售业务、中间业务、银行议价能力高的客户转型。例如，在客户结构调整上，因中小微企业数量庞大，银行议价能力强，贷款收益率较高，符合国家政策导

向，已成为中国商业银行的重要客户群体，纷纷采取多种措施来支持中小微企业发展，如成立中小企业客户部、开发适销对路的小微企业金融产品、创新"信贷工厂"营销服务模式、与中介合作推动小微企业融资等。据银监会统计，截至 2012 年年底，全国用于小微企业贷款（包括小型微型企业贷款、个体工商户贷款和小微企业主贷款）余额为 14.77 万亿元，占全部贷款余额的 21.95%，增速 19.73%。

与此同时，中国商业银行还不断完善金融产品市场化定价等相关机制。一是健全内部资金定价系统，综合考虑风险补偿、费用分摊、产品收益相关性等多种因素，科学、合理地确定内外部价格水平，银行的定价基准、价格管理方式、方法及流程正发生深刻的变化。二是培养精准的市场化综合定价能力。贷款定价既要覆盖成本与费用、风险损失和盈利目标，同时还必须兼顾同业市场竞争。三是提升资产负债管理和风险管理水平，包括建立全行统一的风险偏好，明确资产负债发展策略、优化信用风险管理政策和工具、加强对利率风险的识别、计量、监控和防范等。

（二）科技创新飞速发展，"智慧银行"呼之欲出

网络科技、移动科技、云计算等的快速发展，已深刻影响到银行业的经营模式，甚至威胁到银行未来的长久发展。首先，网络使用环境大为完善和成熟。智能手机、平板电脑等智能终端的普及，以及与居民生活密切相关的网络企业兴起，居民生活呈"在线化"趋势。据统计，中国网民规模 5.5 亿人，手机网民规模约 4 亿人，互联网普及率已达 40%。其次，人口变化改变居民金融消费行为。20 世纪 70 年代后出生的人更喜欢电子银行，足不出户办理金融业务。最后，信息技术加剧金融脱媒。第三方支付公司、电信运营商、连接资金供需双方的 P2P 便利贷网站、电商企业和银行卡组织等不断创新商业模式，以网络购物、便利支付、供应链金融等为切入点，不断向银行领域渗透，银行金融中介的地位受到巨大挑战。例如，社交网络平台利用开放的信息共享平台和先进的搜索引擎，可使虚拟社区内的用户直接实现资金供需的信息沟通和交易撮合。又如，手机钱包的发展，通过读卡器和智能手机的配合，可使消费者随时、随地完成付款，取代纸币和信用卡。总而言之，金融业正朝着"线上"快速发展，其所特有的成本优势，将对银行依靠网点扩张的传统业务模式带来巨大挑战，银行的最大威胁不再仅仅是直接融资的发展，而应包含非金融机构开办"线上金融"对传统银行的取代。

同时，现代网络科技发展也成为银行提升经营服务能力、降低成本的强大工具。比如，通过先进的信息挖掘系统和产品研发能力，使得为客户量身定制金融服务成为可能。又如，电子渠道的发展不仅大幅降低银行营运成本，更极大提升拓展了银行的服务和管理半径，使银行的服务突破了地域瓶颈而无限扩大。基于此，中国商业银行在信息科技发展上投入了巨大资源，实施科技兴行战略，变革经营思想和经营模式，大力推进系统应用建设，通过电子银行、移动银行打造"智慧银行"。

一是电子银行发展持续快速，渐成银行主渠道。电子银行逐步成为社会金融消费主流方式，

不仅快速替代传统银行柜台交易，同时其"渠道"概念也加速弱化，朝着采购与销售一体的以互联网运营为主的"线上金融超市"迈进。截至 2012 年年底，全国个人网银用户比例为 30.7%，个人网银柜台业务替代率达 56%，企业网银替代率为 65.8%。其中，四大银行电子银行客户平均超过 3 亿户，交易笔数占全部业务比重超过了 70%。

二是银行涉足"电商"，创造商务和金融结合新方式。中国建设银行建立了电子商务金融服务平台"善融商务"，既面向广大企业和个人提供电子商务服务，涵盖商品批发、商品零售和房屋交易等领域，为客户提供信息发布、交易撮合、社区服务、在线财务管理、在线客服等服务，同时还为客户提供支付结算、托管、担保、融资等全方位金融服务。"善融商务"的信用记录将成为客户宝贵的资源，信用良好的客户在平台上发出贷款申请，即可优先获得相应的贷款支持。截至 2012 年年底，"善融商务"入驻商户已经过万户，交易额突破了 35 亿元，融资规模接近 10 亿元。交通银行也开设了在线购物商城"交博汇"，打造企业馆、商品馆、收付馆、金融馆四个电子商务区。

三是以手机银行为代表的移动银行发展日新月异。相对传统的网点服务和日渐成熟的网上银行，手机等移动银行属于更加领先的服务平台，能够使人们不受时间和地点的限制享受优质的银行服务。中国通过手机接入互联网的网民数量已达到 3.88 亿人，超过了通过台式电脑上网的用户。因此，手机银行越来越成为各银行电子银行未来发展的战略核心，纷纷推出了 iPhone/Android 等手机银行客户端，提供包括账户管理、自助转账、信用卡管理、自助缴费等常规金融服务，还包括金融行情、网点地图、理财计算、特惠快讯和商户、投资资讯、财富内参、商旅预订、手机充值、网点排队信息等增值服务。例如，通过手机定位功能，客户除了能查询到所在位置附近或指定区域的银行网点，还可通过手机在线申请排号。截至 2012 年年底，工、农、中、建四大行的手机银行客户分别为 7 400 万户、5 685 万户、4 182 万户和 8 390 万户，合计比上年增长了约 67%。

（三）积极推进资本补充工具创新

2012 年 6 月，中国银监会发布《商业银行资本管理办法（试行）》（以下简称《资本办法》），对中国银行业资本管理提出了新要求。一是将资本划分为核心一级资本、其他一级资本和二级资本。二是资本工具定义更加严格。其他一级资本工具没有到期日，其他一级资本工具和二级资本工具必须含有减记或转股条款，已发行的不含有减记或转股条款的资本工具将作为不合格资本工具，要求从 2013 年起开始逐年扣减 10%，2022 年将不再记入监管资本。三是资本充足率要求更高。《资本办法》实施后，系统重要性银行和非系统重要性银行资本充足率最低要求分别为 11.5% 和 10.5%。

《资本办法》对中国银行业影响巨大。一是《资本办法》无疑会进一步加剧银行对资本的渴求程度。近些年，中国商业银行资产规模比股改上市前翻了一番，资本充足率呈不断下降趋势，考虑到银行未来发展，资本紧张程度有增无减。而按照《资本办法》规定，中国商业银行此前发行的次级债，因不含减记或转股条款，已不符合监管资本要求，将加剧银行资本渴求情形。二是引导中国商业银行优化资本构成。中国商业银行核心资本主要以普通股和留存收益为主，占比达99%左右，其他核心资本占比极低。在附属资本中，主要通过发行次级债筹资，其他资本工具缺乏，《资本办法》将促进中国商业银行创新资本工具，优化资本构成。三是为资本工具创新留下制度空间。《资本办法》对其他一级资本工具和二级资本工具已不再具体列示，只对资本工具合格标准进行了界定，只要银行发行的资本工具符合相应层级资本工具的合格标准，便可以视为合格资本工具，这为商业银行进行资本工具创新留下了制度空间。同时，巴塞尔Ⅲ和银监会《资本办法》都给出了实施新标准的过渡期，为资本工具创新留出了时间。2012年12月，银监会发布了《关于商业银行资本工具创新的指导意见》，提出了"以商业银行为主体、先易后难稳步推进、先探索后推广"的资本工具创新基本原则，要求商业银行发行的非普通股新型资本工具应通过合同约定的方式满足监管认定标准。

为此，借鉴国际银行业最新资本工具创新经验，结合中国国情，中国多家商业银行开始新型资本补充工具创新。如工商银行、建设银行建立了资本补充工具创新研究团队，积极探索资本补充渠道，明确创新资本工具工作思路，制订新型资本工具发行计划，并把资本创新的重点放在了含有减记或转股条款的一级资本债券和可减记次级债券、可减记混合债券、可转换资本债券及二级可转换或有资本工具等。在2012年武汉农村商业银行和北京农村商业银行发行的次级债中，发行文件中已经多了"核销或转股条件"，即当发生触发事件时，该期债券将被立即核销或转为普通股。

表2-1　　　　　　　　　　创新型其他一级资本工具主要特征

债券名称	可优先股	可减记一级资本债	可转换一级资本工具
监管处理	其他一级资本	其他一级资本	其他一级资本
计息方式	固定或浮动	固定或浮动	固定或浮动
利息支付	可分配利润不递延支付	可分配利润不递延支付	可分配利润不递延支付
存续期限	没有到期日，前五年不可赎回	没有到期日，前五年不可赎回	没有到期日，前五年不可赎回
损失吸收	本金部分或全额转为普通股	本金部分或全额减记	本金部分或全额转为普通股
触发门槛	商业银行核心一级资本充足率降至5.125%（或以下）		

资料来源：根据相关资料整理。

（四）注重理财业务规范发展

银行理财业务近五年来发展异常快速，发行规模和发行期数呈几何级数增长，产品品种极大丰富，基础资产从最初的国债、金融债券、短期融资券、银行贷款等发展到如今的公募基金、券商集合理财、企业股权等。2012年，银行发行理财产品约2.9万款，同比增长约50%；年底余额约7.1万亿元，同比增长约54%。

社会经济发展和金融市场竞争加剧，是推动理财业务持续快速发展的根本原因。首先，居民财富增长催生了客户资产保值增值的需求。瑞信私人银行发表的首份《全球财富报告》中预测：2015 年中国的家庭财富总值将由现有水平增长 111% 至 35 万亿美元，超越日本成为全球第二。其次，社会保障体系改革，客观上加大了个人对资金进行合理"规划和分配"的要求。再次，金融市场发展，尤其是资本市场和货币市场发展，使银行不得不面对基金、保险、证券等对存款的竞争。最后，民间融资发展间接促使银行大力发展理财业务。2012 年 3 月 28 日，国务院常务会议决定设立温州市金融综合改革试验区，批准实施《浙江省温州市金融综合改革试验区总体方案》，标志着民间融资开始迈向"合法化"。民间融资持续活跃的根本原因，就是民间利率通常可以达到年息 10% 以上，对居民有非常强的吸引力。

在理财业务快速发展中，也暴露出一些问题，如不规范价格竞争，误导消费者，"资金池"不透明操作，绕规模贷款，"影子银行"等。因此，中国商业银行在继续积极扩大理财业务的发行规模、创新理财产品的同时，更把重点放在了规范化发展方向上。一方面，贯彻落实银监会出台的《商业银行理财产品销售办法》、《关于进一步规范银信理财合作业务的通知》、《关于规范银信理财合作业务转表范围及方式的通知》等文件，持续规范银信、银保、银基等合作。另一方面，不断完善制度和流程来保障消费者权益。规范客户经理销售行为，加大客户经理培训力度，完善薪酬激励考核制度，增强运营系统的内部控制，对委托贷款、信托转让、信贷资产转让、监管套利的票据，以及高息揽存、银信合作等行为进行了自查自纠，将符合要求的理财资产逐步转入表内等。

（五）积极参与资产证券化再次试点

我国资产证券化试点开始于 2005 年，中国人民银行和中国银监会联合发布了《信贷资产证券化试点管理办法》，建设银行和国家开发银行获准进行了首批试点。2007 年，工商银行、浦发银行、兴业银行、浙商银行和上海通用汽车金融公司等机构成为第二批试点。在 2008 年的金融危机中，资产过度证券化被称为主要"元凶"之一，国内资产证券化试点暂时中断。随着银行业这几年信贷资产快速增长，不仅存贷比靠近 75% 红线，资本充足水平更是面临较大压力，2012 年颁布的《资本管理办法》更凸显了此压力。中国商业银行除在资本市场融资和加强资本补充工具创新外，主动调整资产负债水平和结构也变得刻不容缓。因此，2012 年 5 月，中国人民银行、银监会、财政部下发了《关于进一步扩大信贷资产证券化试点有关事项的通知》，首批给出了 500 亿元的试点额度。9 月 7 日，国家开发银行通过中信信托，在全国银行间债券市场发行了规模约为 102 亿元的"2012 年第一期开元信贷资产支持证券"，随后，中国银行、交通银行、上海通用汽车金融有限责任公司分别发行了 30 亿元、30 亿元、20 亿元信贷资产支持证券。截至 2012 年年底，国家开发银行等 7 家银行业金融机构获批发行信贷资产证券化产品。

资产证券化再次开闸意义重大，将会推进中国金融改革深化，促进债券市场发展，分散金融风险，带动金融产业增长，还将给商业银行带来新发展机遇，对资产负债管理、风险管理等带来较大影响。从经营方式来看，资产证券化建立了信贷资产的二级流通和批发市场，提高了银行经营灵活性，银行既可以在一级市场向企业发放贷款获利，还可以在二级市场进行贷款批发和交易获利，如进行信贷资产证券的承销、交易等。从资产负债管理来看，资产证券化会从多个方面使银行受益。一是增强资产的流动性。对流动性较差的资产通过证券化处理，将其转化为可以在市场上交易的证券，在不增负债的前提下，可以多获得资金来源，加快银行资金周转。另一方面，资产证券化可使银行在流动性短缺时获得除中央银行再贷款、再贴现之外的救助手段，为整个金融体系增加一种新的流动性机制，提高了流动性水平。二是获得低成本融资。资产证券化市场筹资一般情况下比股票等其他资本市场筹资的成本相对要低，为发起者增加了筹资渠道。三是优化资产负债表管理。资产证券化可将风险资产从资产负债表中剔除出去，改善各种财务比率，提高资本的运用效率，满足风险资本指标的要求，便于银行进行合理的资产负债匹配。

当然，任何创新都会蕴含一定风险，公众担心资产证券化可能会像国外一样过度发展，形成规模巨大的"影子银行"[1]，引发金融风险。但中国银行业当前资产证券化产品规模不到银行70余万亿元贷款规模的0.2%，资产证券化仍属探索起步阶段，难以构成较大风险。而从发展中国金融产业格局和培育其国际竞争力来看，发展资产证券化利大于弊。

（六）坚持综合化经营平台协同发展

直接融资的快速发展正改变着中国金融业格局。中国银行业占全部金融机构资产的比重由2007年的约92%下降到2012年的90%；中国银行业融资占社会融资比重由2007年的77%下降到2012年的69%。伴随着此种改变，中国不同类型的金融机构也正彼此快速深入融合。一方面，非银行金融机构控股、入股、参股银行机构，如平安保险控股深圳发展银行，使之与平安银行整合后统一称为平安银行；另一方面，更多的银行跨入非银行金融领域进行综合化经营。

2012年，由工商银行控股的工银安盛人寿保险有限公司在上海正式挂牌成立；中国保监会批准建设银行旗下的建信人寿保险有限公司的增资申请；农业银行增资入股嘉禾人寿后持有其51%的股权，更名为农银人寿保险股份有限公司；招商银行增资招商基金取得51%的控股权。除境外成立的和境内正在筹建的外，境内已有8家商业银行设立了基金管理公司，6家商业银行入股境内保险机构，9家商业银行设立或入股了金融租赁公司，3家商业银行投资入股信托公司。

表2-2 中国商业银行控股参股的主要非银行金融机构

银行	保险	基金	证券	信托	金融租赁
工商银行	工银安盛	工银瑞信	工银国际（境外）		工银金融租赁
农业银行	农银人寿	农银汇理	农银国际（境外）		农银金融租赁

---

[1] 影子银行主要是指银行监管体系之外，可能引发系统性风险和监管套利等问题的信用中介体系。

续表

银行	保险	基金	证券	信托	金融租赁
中国银行	中银集团保险（境外） 中银集团人寿（境外） 中银保险	中银基金	中银国际控股（境外） 中银国际证券（境内）		中银航空租赁（境外）
建设银行	建信人寿	建信基金	建银国际（境外）	建信信托	建信金融租赁
交通银行	交银保险 交银康联	交银施罗德	交银国际（境外）	交银国信	交银金融租赁
招商银行		招商基金			招银金融租赁
光大银行					光大金融租赁
民生银行		民生加银			民生金融租赁
浦发银行		浦银安盛			
兴业银行				兴业国际信托	兴业金融租赁
华夏银行					华夏金融租赁
北京银行	中荷人寿				

资料来源：各家银行年报。

发展综合化经营是银行改善收入结构、应对金融脱媒以及利率市场化等的需要，也是满足客户金融需求多样化的需要。当前，中国商业银行综合化经营主要是在大中型银行展开，如工、农、中、建、交五大国有控股商业银行，以及招商银行、民生银行、光大银行等中型股份制商业银行。因银行所控股的非银行金融机构普遍较小，平均利润贡献不到1%，银行的综合经营模式多采取银行控股模式，即以银行为母公司控股非银行金融子机构，仅有中信集团和光大集团等少数几家采取了银行和非银行金融机构平行的金融控股模式。

综合经营目的之一是建立协同效用。金融危机过后，中国监管部门要求银行集团强化并表管理，并在腕骨（CARPALs）监管体系中特别针对附属机构设置了资本回报率指标，2011年又强调要建立综合化经营试点的后评估制度和退出机制。为此，2012年，中国商业银行重点是建立母子公司协同运营机制，从而增强不同经营平台的协同效应，真正实现渠道、客户、管理等资源共享和优势互补。从当前来看，这些举措取得了很大成效，不仅促进了母体银行非利息收入增加，也极大促进了子公司发展。例如，建设银行接手建信人寿后，2012年其保费收入增长165%，达到了177.69亿元。

（七）继续稳步推进国际化经营步伐

顺应中国企业"走出去"趋势，中国大型商业银行正加快构建海内外一体化发展格局，包括加速国际化机构布局，大力发展跨境贸易人民币结算，完善海外子公司经营机制，建设境内外一体化运营业务系统等。2012年，中国商业银行国际化发展又取得新进展。

一是海外客户数量资产规模持续快速增长，业务经营能力不断提升。境内外一体化 IT 系统、海外分支机构风险管理、海外人力资源管理等也正不断完善，海外经营基础得到进一步巩固。截至 2012 年年底，中国商业银行海外机构资产总额约 5.3 万亿元人民币，同比增长约 13%。其中，五大国有控股商业银行海外经营机构资产约 5.27 万亿元，同比增长 13.82%，占它们全部资产的 8.41%，比上年提高了约 0.12 个百分点。

二是境外机构数量稳步拓展，海外布局持续优化。中国商业银行国际化发展的中长期重点仍是增加境外机构数量和所辐射的区域。2012 年，工商银行新设立秘鲁有限公司等 5 家海外分支机构，收购美国东亚银行、阿根廷标准银行 80% 的股权获得当地监管部门批准；农业银行新设立纽约分行等 3 家海外分支机构；中国银行新设立中东（迪拜）有限公司等 6 家海外分支机构；交通银行新设立台北分行；中国民生银行新设立香港分行。截至 2012 年年底，16 家中资银行业金融机构在海外设立 1 050 家分支机构，覆盖亚洲、欧洲、美洲、非洲和大洋洲的 49 个国家和地区。

三是跨境贸易人民币结算业务持续快速发展。中国商业银行以跨境人民币各项产品为依托，通过进一步完善全球人民币清算网络，实现了跨境人民币业务的迅猛发展，业务范围已覆盖全球 200 多个国家和地区，跨境金融产品创新活跃，不仅为境外主体和我国企业"走出去"提供更多人民币金融产品，同时为境外人民币回流境内提供多种渠道和服务。例如，2012 年 11 月，建设银行（伦敦）有限公司在伦敦首次成功发行了 10 亿元离岸人民币债券，成为中资金融机构在伦敦市场上发行的首只离岸人民币债券。据人民银行统计，2012 年全年跨境贸易人民币结算业务累计为 2.94 万亿元人民币，同比增长 41.3%；直接投资人民币结算业务为 2 802 亿元，同比增长 152.66%。

二、2013 年及未来几年中国商业银行发展趋势展望

（一）利率市场化继续推进，银行将"差异化"发展

今后几年，居民存款利率很可能会分阶段、分期限地逐步扩大上浮比例，贷款利率限制可能会更早完全放开，商业银行必须加快转型步伐，尽快完善利率市场化所要求的经营机制。除综合化和国际化发展外，大型商业银行未来转型将继续着重于结构调整、业务创新和机制完善。其一，中小微客户是银行调整客户结构的着力点，未来五年其贷款占比可能上升到 20% 左右。其二，中间业务仍将是非息收入的着力点，产品创新是带动其持续增长的主要驱动途径，非息收入占比会提高到 30% 以上。其三，持续完善机制，提高集约化经营能力，仍是大型商业银行的重要任务。其中，利率市场化下的客户评价机制、产品定价机制、利率风险管理机制、资产负债管理等将是银行未来迫切解决的重点问题。对于中小商业银行，转型有几个方向：一是寻

求与大型商业银行的差异化竞争之路，在客户结构、区域结构、业务结构等方面形成自己的优势和专业化特色。二是根据自身管理能力和资本状况，择机扩大经营区域。三是专注于细分客户或细分市场，有针对性地开展优势业务。四是注重电子银行发展，充分利用现代科技走低成本运营和扩张之路。

（二）科技作用更加凸显，电子银行将快速发展

未来，科技对商业银行的引领作用将更加突出。一是银行可利用的科技成果将更加丰富。二是新技术在银行应用更加广泛和深入。三是银行竞争力更加取决于科技创新和应用的能力。其中，电子银行业务将会更快发展，尤其是以手机银行为代表的移动金融更将日新月异地发展。就目前和今后几年而言，银行多采取"线上＋线下"结合模式，即"网点＋电子银行＋自助设备"的运营模式。但长期来看，以大后台专业化运营为支撑的、完全以互联网为主渠道的"线上银行"有可能出现，即"电子银行＋自助设备"模式，基本没有网点或较大规模网点。同时，线上银行有着无限扩展性，所提供的不仅仅是存款、信贷、信用卡、保险、证券、基金、结算等金融产品，甚至提供客户所需要的一切社会产品和服务，就像建设银行建立的"善融商务"电子购物平台一样，全面融入居民生活。

（三）资本工具创新更为活跃，资本补充方式日益灵活

中国银行业面临的风险依然非常复杂，既有经济放缓所可能带来的不良资产增加，还有房地产和地方政府融资平台可能蕴含的风险暴露，加之银行还要保持一定的资产增长速度，对资本的渴求仍会有增无减。中国商业银行必然会积极开展资本工具创新研究，不断拓展资本补充渠道和空间。一是资本补充工具会多元化发展。当前以含有减记或转股条款的一级资本债券和二级资本工具创新等为主，优先股会在将来合适时机推出。二是银行资本补充方式更为灵活主动。银行可全盘分析自身资本结构、未来发展、市场状况等多种因素，灵活自主选择资本补充方式，不仅可以股市融资、内部留存收益补充，还可以在债券市场筹集长期资本。三是境外债券市场会成为银行补充资本的重要场所。与国内不同，境外市场对新型资本创新工具的制度基础比较成熟，对投资者的发行和分销难度也较小，更加适合中国商业银行长期资本补充工具的筹集。

（四）资产证券化平稳试点，加深资产"表外"化趋势

中国资产证券化还只是试点阶段，今后几年仍是要积极探索和着力发展的。一是资产证券化的试点规模会逐步扩大到1 000亿~2 000亿元，大中型商业银行都将获得试点资格。二是资产证券化试点前期仍将以信贷类资产为主，其他非信贷类资产如证券类资产为辅，其后会慢慢扩展到更大资产范围。三是为防范形成"影子银行"，资产证券化会纳入统一监管，进行场内交易，同时会增加资产证券化产品透明度，提高银行资产证券化及其衍生品的风险定价能力和风

险管控能力。四是资产证券化主要以增强银行业资产负债管理灵活性为主，产品设计要求简单，复杂的资产证券化衍生品会受到较强约束。

资产证券化的发展长期将导致银行资产负债结构等多方面变化。一是银行表外资产规模将显著上升。在资产证券化发达的国家，多数大型商业银行表外资产规模超过表内资产，其中证券化资产占表外资产的 50% ~ 80%，国内表外资产占比普遍在 20% 以下，全行业资产证券化规模仅有几百亿元规模，未来增长空间极大。二是导致银行表内证券类资产规模增长。银行既是资产证券化产品发起者，同时也是重要投资者。例如，国外大型银行除持有表外资产证券化产品外，表内同时还持有约 15% 的资产证券化债券，而据中国银行间市场清算所数据显示，2012 年 10 月底该所托管的合计 121.66 亿元信贷资产支持证券中，银行持有 76.6%，即国内银行当前仅持有不到 93 亿元的资产证券化债券，未来将会有较大的规模增长。

（五）理财规模会继续增长，规范将是重中之重

一方面，银行发展理财业务受居民财富增长等长期因素推动，目前金融机构理财产品余额尚不到金融机构存款余额的 10%，理财未来增长空间依然很大。另一方面，银行理财产品年发行额超过 20 万亿元人民币，基本脱离了爆发增长阶段，未来增长速度可能会逐步趋缓。同时，因理财业务带来的一些较大问题，潜在风险不容忽视，对理财业务下大气力进行规范将成为该业务监管的主导思想，理财业务发展会越来越受到监管的约束和影响，理财产品的发行方式、资金运作方式、产品披露信息、消费者权益保护等都会朝着规范化方向变化。例如，限制"资产池"运作模式，严格规范银行资金流向，做到理财资金和理财资产标的一一对应；改革按预期收益率发行的方式，比照基金按照净值发行；加强理财产品行业信息的透明度，建立理财产品行业信息公开共享平台，帮助商业银行及时掌握行业动态，适时调整发售节奏和产品定价；利用行业自律组织加强市场自我约束，避免恶性竞争；详细披露产品信息，保护消费者权益。

（六）综合化、国际化发展将稳中有进

今后几年，中国商业银行将在综合化经营既有的基础上进一步拓展。一是大力发展非牌照类非银行业务。增加对子公司的资源投入，加强和银行业务的整合，把子公司经营融入银行业务流程中，完善子公司公司治理和相应考核机制，促进银行系非银行机构的发展壮大。五年内预计境内非银行金融机构对银行利润的贡献度提升到 3% 左右。二是积极争取境内投行牌照突破。目前，银行尚不能参股证券、期货等，这是未来综合化经营突破的重点。

在稳步拓展综合经营的同时，中国商业银行国际化发展仍面临难得的历史机遇。今后五年，预计境内非金融企业对外投资将继续保持 10% 以上的增长速度，以服务国内企业"走出去"为主，有条件开展当地金融服务仍将是国内银行业国际化发展的主要策略，而跨境贸易人民币结算仍将是国际化发展的最重要切入点。与此同时，中国商业银行会不断完善海外经营机制，包

括 IT 建设、风险管理、海外人力资源、海内外业务联动、境内外产品一体化整合等。在海外机构布局上，大型商业银行海外机构设置重点仍然在亚洲、北美洲和欧洲，非洲和南美洲的机构布局也会适当加快，而中小商业银行除个别银行外，整体国际化步伐会比较谨慎，与境内业务联系紧密的边境贸易国家和地区会有较大发展机会。

第三章 中国商业银行改革

2012 年，中国商业银行改革梯次推进，大型商业银行改革重点转向公司治理和组织架构等内部体制机制改革，中小商业银行引进民间资本增多、股权转让活跃，农村金融机构改革加速。展望未来，中国银行业公司治理改革将从注重形似转向追求神似，重点提高公司治理的科学性、有效性和适用性；组织架构改革将进一步深化和完善；在国家政策鼓励和民间资本逐利动机的驱动下，民间资本入股银行业步伐将渐进加大；由于 IPO 前途未卜，部分上市条件成熟的地方商业银行可能转赴 H 股市场启动 IPO；在国家政策引导下，随着城镇化发展，农村金融机构改革速度将不断加快。

一、2012 年中国商业银行改革回顾

（一）外部治理环境①不断改善

第一，公司治理监管规则趋于完备。重组改制上市以来，中国银行业监管部门陆续颁发了《股份制商业银行公司治理指引》、《股份制商业银行独立董事、外部监事制度指引》（2002 年 5 月），《中国银行、中国建设银行公司治理改革与监管指引》（2004 年 3 月），《股份制商业银行董事会尽职指引（试行）》（2005 年 9 月），以及《国家控股商业银行公司治理及相关监管指引》（2006 年 4 月）等公司治理监管法规，但一直没有形成针对所有商业银行的全面的公司治理监管规定。2011 年 7 月，中国银监会发布《商业银行公司治理指引（征求意见稿）》，广泛征求社会意见；2012 年 3 月，国务院批转发改委《关于 2012 年深化经济体制改革重点工作的意见》，提出将出台商业银行公司治理指引，这些举措标志着中国商业银行公司治理监管规则正逐步完备。

第二，信息披露制度渐成体系。近年来，中国银行业信息披露规范不断完备，先后出台了《商业银行信息披露暂行办法》（2002 年），《商业银行信息披露办法》（2007 年 7 月），《商业银行信息披露特别规定》（2008 年 7 月）。为加强商业银行杠杆率披露，2011 年 6 月，在中国银监会发布的《商业银行杠杆率管理办法》中，对商业银行杠杆率披露的规则和程序作了详细规定；

---

① 外部治理是指来源于债权人、雇员（劳动者）、供应商、消费者等利害相关者的治理。从中国实际情况看，外部治理行为主要包括法律约束、政府监管、信息披露、治理评价和劳动者监督等。

为加强商业银行流动性风险披露，2011年11月，在中国银监会发布的《商业银行流动性风险管理办法》中，对流动性风险的披露原则和方法作了具体规定；为推进巴塞尔Ⅲ在中国全面实施，2012年6月，在中国银监会发布的《商业银行资本管理办法（试行）》中，对商业银行披露资本充足情况进行了强制性约束。由此可见，到2012年，约束中国商业银行信息披露的制度已经渐成体系。

第三，董事履职评价制度逐步建立。2010年12月，中国银监会发布《商业银行董事履职评价办法（试行）》，要求商业银行制定董事履职评价细则，建立董事履职跟踪记录制度，逐年对商业银行董事的履职情况作出评价，从而建立了对董事履职评价和淘汰机制。截至2012年年末，大部分商业银行都制定了适合自身情况的董事履职评价办法。

第四，银行员工监督制度进一步完善。为保障员工对银行经营的监督权和管理权，中国商业银行在重组改制上市之初就建立了职工监事制度，按照《公司法》规定，监事会成员中本银行职工监事比例不低于1/3；与此同时，建立职工代表大会制度，逐步成立各级职代会，邀请员工代表参加工作会议、专题会议，这些措施为银行员工了解公司真实情况，提供合理化建议、自主管理、共同决策等提供了制度依据。2012年，这些制度和措施被进一步完善，如中国工商银行增选了一名职工代表监事，中国银行也将职工代表监事由2名增加到3名。

（二）内部治理机制改革逐步深化

第一，强化股东权益保障。商业银行股东参与经营管理决策主要通过行使投票表决权的方式实现。2012年，中国各商业银行通过各种方式加强股东权益保障。如，工商银行在股东大会议事规则中规定了选举董事、监事可以实行累积投票制。与此同时，多家中国商业银行采用京港两地卫星连线同时召开股东会，用网络投票保障中小股东参与股东大会等方式，有效保证了全体股东尤其是中小投资者享有同等决策参与权、建议权和质询权。

第二，积极探索董事会治理机制。中国商业银行借鉴欧美金融业改革经验，着重强化董事会履职能力。2012年，针对董事会下设委员会在实际运作中难以充分发挥作用的问题，各银行继续结合自身实际采取有效措施，如民生银行坚持独立董事上班制；再如，多家商业银行在董事会下设的专门委员会中，由独立董事担任委员会主席，以增强董事会的履职能力。

第三，根据形势变化完善全面风险管理体系。2012年，中国银行业主动应对形势变化，全面加强风险防控。中国商业银行通过制订或完善风险管理规划，明确风险管理的重点和要求；通过修订风险管理限额和评估办法，确保风险管理制度的适应性和前瞻性；适应国际化发展、集团化发展和声誉风险重要性提高的要求，通过加强国别风险、并表风险和声誉风险管理，进一步提升了全面风险管理能力。

第四，不断完善激励约束机制建设。2012年，中国银行业继续深化干部制度改革，不断完善薪酬激励机制。在以前若干年包括干部人事和激励约束机制在内的一揽子改革的基础上，随着经营国际化的拓展，逐步构建全球雇员薪酬激励体系；随着经营集团化的发展，全面推进集团薪酬治理的制度体系建设，将激励约束机制改革推进到子公司层面；持续完善以岗位价值、履职能力和工作业绩为核心的市场化薪酬激励体系。

第五，建立市场化选拔聘任机制。2012 年，银行职业经理人市场迅速成长，市场化的选拔聘任机制在中国商业银行中越来越普遍得以实施，部分银行甚至与国外人才市场定价体制和流动体制匹配。但受传统干部选拔任用制度和股权结构制约，公开透明、市场化的职业经理选聘机制还不够成熟和完善。

（三）深化组织架构改革，适应经营战略调整

组织架构是商业银行实现战略目标和构建核心竞争力的载体。改制上市以来，中国银行业充分借鉴国际银行业组织架构改革经验，对组织架构改革和业务流程再造进行了不懈探索。截至 2012 年，中国商业银行以客户为中心，以市场为导向，以提高组织机构效率和优化业务流程为重点，进一步加大了组织机构改革调整力度。

第一，积极推进组织机构扁平化。为减少管理层次、扩大管理半径、提高管理效率，以二级分行为重点，推行组织机构扁平化改革。将分理处和储蓄所升格为二级支行，使组织架构从原来的二级分行、支行、分理处（储蓄所）三个层级变为二级分行、支行两个层级，并辅之以营销架构、业务支持和内部控制系统扁平化。2012 年，中国商业银行分支行层面扁平化改革继续推进，上下级行业务架构整合对接逐步实现。如，工商银行完成全部一级（直属）分行授信审批集中管理体制改革，并继续积极推动省区分行营业部深化改革和县支行改革；建设银行大力推进实施以综合性网点、综合柜员制、综合营销队伍为主要内容的营业网点综合化，即网点"三综合"建设。

第二，渐进推进垂直管理。以客户为中心梳理和整合主要业务板块，前台建立企业与机构业务板块、零售与私人银行业务板块和市场与资金业务板块；而在中后台构成风控、营运、IT、战略和人事等板块。首先，选择一些中台管理部门，如授信审批、风险监控和审计部门，率先实行垂直管理。其次，推进业务条线垂直运作、管理与考核。先在信用卡、个人金融等业务板块试点，在总行层面形成相对独立的垂直领导体制，不断加强对分支机构垂直管理；加快推进业务条线垂直管理和运作，使事权、人权和财权逐步过渡到以纵向管理为主，横向管理为辅的模式。截至 2012 年，一些大型商业银行和全国性中小股份制商业银行已经在某些中台管理板块构建了垂直管理体系。在前台业务方面，大致合理划分了业务板块，在总行层面设置了业务板块或条线的委员会制度，对于垂直推进业务发展起到了较好作用。

第三，推进中后台业务集中整合。将后台重复性、共性的业务处理和管理职能单独提出来，成立专业化集中式作业和处理中心，有助于提高规模效益和运营效率。近年来，中国银行业在营运改革和后台集中方面投入了大量财力和人力，通过成立真正意义上的总行业务处理中心，并成立若干分中心，包括结（清）算中心、单证处理中心、票据中心、信用卡账户管理中心、放款中心和托管业务处理中心等纯业务操作中心，将过去分支机构处理的后台业务，包括复核、

授权、审批、单证处理、财务处理和风险监控等工作集中到中心来处理，实现前台业务受理、中心后台处理的运营模式，使基层机构网点真正成为客户营销和服务平台。2012 年，工商银行建立了集约化、工厂式的后台集中处理模式；建设银行已经实现了总行级实时业务集中处理，有效增强了客户服务能力，并提高了业务运营效率。

（四）民间资本入股银行业步伐加快

近年来，银行业利润的高速增长，投资于银行业的可观回报对民营企业具有较大吸引力。随着监管层鼓励和引导民间资本进入银行业政策的不断出台，民间资本投资入股银行业占比平稳发展。

为给民间资本入股银行业创造更加有利的条件，2012 年 5 月，中国银监会发布《关于鼓励和引导民间资本进入银行业的实施意见》（以下简称《意见》），明确民间资本进入银行业与其他资本遵守同等条件，具有里程碑意义。《意见》实施后，民间资本可以进入的银行业领域放宽至：（1）商业银行增资扩股；（2）城市商业银行的重组，持股比例可以适当放宽至 20% 以上；（3）农村商业银行和农村信用社的并购重组，阶段性持股比例可超过 20%；（4）村镇银行发起设立；（5）小贷公司改组为村镇银行；（6）可以入股设立其他银行类金融机构，比如：信托公司、消费金融公司、财务公司、金融租赁公司和汽车租赁公司等。

2012 年，民间资本入股银行业的渠道进一步拓展。2012 年《意见》出台后，随着监管政策的放宽，民间资本可以通过参与商业银行 IPO、增资扩股、农村信用社股改、村镇银行发起等多种形式进入银行业，更多民营企业将有机会进入银行业。

2012 年，民间资本入股银行业的步伐进一步加快。数据显示，截至 2012 年年末，股份制商业银行和城市商业银行总股本中，民间资本占比分别为 41% 和 54%。农村中小金融机构股本中，民间资本占比超过 90%，其中，村镇银行股本中，民间资本占比为 73.3%，这对银行业金融机构优化股本结构、提高治理水平产生了积极影响。总体看，2012 年民间资本在各类银行业金融机构总股本中占比与上年基本持平。但在民间资本活跃的浙江省，民间资本入股银行业的步伐相对较快。截至 2012 年年末，浙江省辖内 164 家地方法人银行业金融机构民间资本股本占比达 87.81%，比年初提高 13% 左右，其中，农村中小金融机构、股份制商业银行、城市商业银行民间资本占比分别达到 94.55%、83.17% 和 76.48%，有 2 家城市商业银行、89 家农村中小金融机构为 100% 民间资本持股。

（五）地方商业银行股权交易活跃

2012 年，地方商业银行关注的首要问题是改革上市，但无一家商业银行 IPO 成功。目前，在证监会排队等待上市的八百余家企业中，有包括城市商业银行和农村商业银行在内的 16 家地方商业银行，其中，成都银行和无锡农村商业银行为 2012 年新增。

表 3 – 1　　　　　　　　　　首次公开发行股票申报企业信息表

序号	申报企业	状态
1	江苏常熟农村商业银行	初审中
2	盛京银行	初审中
3	大连银行	初审中
4	江苏银行	初审中
5	锦州银行	初审中
6	徽商银行	初审中
7	上海银行	初审中
8	贵阳银行	初审中
9	成都银行	初审中
10	无锡农村商业银行	初审中
11	杭州银行	落实反馈意见中
12	重庆银行	落实反馈意见中
13	东莞银行	落实反馈意见中
14	江苏吴江农村商业银行	落实反馈意见中
15	江苏张家港农村商业银行	落实反馈意见中
16	江苏江阴农村商业银行	落实反馈意见中

注：本表信息截至 2013 年 3 月 21 日。

资料来源：中国证监会网站。

　　2012 年，地方商业银行股权转让异常活跃。据不完全统计，涉及股权转让的地方商业银行数量约 28 家（见表 3 – 2），大大超出 2011 年的 17 家和 2010 年的 6 家。与此同时，2012 年地方商业银行股权转让具有一个突出特点，即前十大股东出现在转让方中的频率较高，其中不乏地方财政股东，明显不同于 2011 年的主要为内部员工持股股权转让。如，2012 年上半年，张家口市财政局转让其持有的张家口商业银行 1. 88 亿股股份，合 18. 81% 的股权；北京农村商业银行第三大股东北京华融综合投资公司转让其持有的北京农村商业银行 5 亿股股份，合 5. 23% 的股权；新疆汇和银行第一大股东奎屯市财政局转让 3 898. 27 万股股份，合 13. 44% 的股权；天津滨海农村商业银行第一大股东华融资产管理公司，转让其 7. 09% 的股权；烟台银行第二大股东华电集团转让其持有的烟台银行全部股份，合 13. 65% 的股权；2012 年 9 月，宁波东海银行的大股东新疆联和投资向巨星科技转让其持有的 4 915. 65 万股股份，占宁波东海银行总股本的 9. 657%。

表 3 – 2　　　　　　　　　　2012 年部分地方商业银行股权转让情况　　　　　　　　　　单位：万股

序号	银行	转让股权数量
1	自贡市商业银行	3 100
2	唐山市商业银行	1 000
3	上海农村商业银行	16 000

续表

序号	银行	转让股权数量
4	宁波瑾州农村合作银行	2 000
5	上海银行	76
6	宁夏银行	75
7	无锡农村商业银行	243
8	宁波东海银行	4 915
9	大连银行	4 000
10	平安银行	71
11	兰州银行	4 000
12	重庆农村商业银行	2
13	广发银行	1 000
14	乌鲁木齐商业银行	8 031
15	常熟农村商业银行	1 268
16	厦门银行	662
17	新疆汇和银行	5 738
18	北京农村商业银行	50 598
19	安徽淮南通商农村合作银行	1 036
20	烟台银行	27 300
21	温州银行	10 700
22	天津滨海农村商业银行	1 500
23	南昌银行	4 000
24	漳州农村商业银行	—
25	江苏吴江农村商业银行	12
26	江苏江南农村商业银行	5 000
27	张家口商业银行	18 814
28	武汉农村商业银行	150

资料来源：Wind及各外部公开资料。本表商业银行基本按转让时间由近及远顺序排列，如自贡市商业银行股权转让时间在2012年12月，而武汉农村商业银行股权转让时间在2012年3月。

2012年地方商业银行股权交易异常活跃的原因，从地方商业银行的角度来说，是由于地方商业银行股权结构较为复杂，成为其上市的一大瓶颈。在筹划上市过程中，为满足上市条件，股权交易就成为地方商业银行清理股权、清除上市障碍的重要路径。而从股东角度来说，从2012年第一季度开始，部分城市商业银行和农村商业银行的不良贷款余额上升较快，一部分股东对地方商业银行资产质量担忧而采取减持措施；另外，在经济和投资增速下滑的情况下，部分持有地方商业银行股份的企业（主要是受经济下滑影响较大的民营企业）自身现金流出现困难，被迫作出战略调整，减持所持有的银行股份。

（六）农村金融机构改革持续推进

农村金融机构改革在一定程度上决定中国银行业未来发展水准。近年来，中国银行业系统地推进农村金融机构体制机制改革，重点是不断深化农村信用社产权制度改革，建立现代金融制度。2012 年，中国主要农村金融机构坚持服务"三农"的市场定位，按照建立现代农村金融制度的要求，稳步推进农村信用社改革，积极培育新型农村金融机构，农村金融服务得到全面改善。

第一，农村信用社资格股①占比大幅度降低。银监会确定了 2015 年之前全面取消农村信用社资格股的改革目标，目前，全国农村信用社资格股占比已经降至 30% 以下，河北等省份农村信用社投资股②占比已经达到 100%。

第二，新组建农村商业银行数量大大增加。2012 年，在银监会全力推动下，各地组建农村商业银行的步伐明显提速。截至 2012 年年末，全国共组建农村商业银行 337 家，当年新组建125 家，农村合作银行 147 家，比上年减少 43 家，农村信用社 1 927 家，比上年下降 338 家。

第三，村镇银行等新型农村金融机构快速组建。截至 2012 年年末，全国共组建村镇银行876 家，其中开业 800 家，筹建 76 家，比 2011 年年末增加 150 家。

第四，农村金融服务全面改善。一是农村金融服务覆盖面进一步扩大。自 2009 年中国银监会启动全国金融机构空白乡镇基础金融服务全覆盖工作以来，截至 2011 年年末，全国银行业金融机构空白乡镇已经减少到 1 696 个，实现乡镇机构和服务双覆盖的省份（含计划单列市）从工作启动时的 9 个增加到 24 个。2012 年，中国银监会又印发《关于做好老少边穷地区农村金融服务工作有关事项的通知》，明确对老少边穷地区在信贷投放、网点建设、金融创新等方面的差异化政策，要求银行业金融机构继续巩固和扩大乡镇基础金融服务成果，并取得了积极进展。二是农村金融服务质量显著提升。为使贫困地区广大农民真正享受到金融业改革发展的成果，2012 年，中国银监会启动实施"金融服务进村入社区"、"阳光信贷"和"富民惠农金融创新"三大工程，以提升"三农"服务的便利度、透明度和契合度，缓解农民贷款难问题。截至 2012年年底，银行业金融机构涉农贷款余额为 17.6 万亿元，占全部贷款的 26.2%，同比增长20.7%，高于各项贷款平均增速 5.6 个百分点，涉农信贷投放力度不断加大。

---

　　① 是取得信用社社员资格所必须缴纳的基础股金，是社员获得农村信用社优先、优惠服务的前提。资格股入股起点可根据实际情况确定额度，资格股可转让、继承，实行一人一票。

　　② 是由具有一定条件和实力的社员在资格股金外投资形成的股份，额度由投资人自行确定。根据投资额多少确定投票权，以强化对农村信用社的约束、监督机制。

表 3-3　　　　　　　　　　2012 年中国主要农村金融机构情况　　　　　　　　　　单位：个

机构名称	机构数	营业网点数
农村信用社	1 927	49 034
农村商业银行	337	19 910
农村合作银行	147	5 463
村镇银行	800	1 426
贷款公司	14	14
农村资金互助社	49	49
合计	3 274	75 896

资料来源：中国银监会。

二、2013 年中国商业银行改革展望

（一）公司治理改革将重点攻坚

近年来，中国银行业公司治理取得了较大成效。2013 年，随着外部治理环境日益完善，内部组织架构和治理机制建立健全，中国银行业公司治理改革将进一步深化，关注的重点可能转移到以下几个方面。

第一，进一步完善公司治理目标。目前，关于公司治理目标一般有股东至上论、投资者利益保护论和利益相关者理论三类。尽管对公司治理目标的争论由来已久，但在商业银行公司治理问题上，利益相关者理论占据了绝对上风。受行业特征影响，商业银行经济主体之间的利益冲突比一般企业复杂，除一般公司治理所需解决的问题之外，还需解决股东与债权人、股东与员工、股东与监管者等之间的利益冲突；与此同时，银行公司治理不仅要实现自身价值最大化，还要照顾到宏观经济稳定和金融体系稳健。因此，如何处理好包括股东、客户、员工，乃至政府和社会之间的关系问题，是商业银行公司治理所要解决的关键问题。目前，中国银行业公司治理目标主要体现为实现股东价值最大化，而随着公司治理改革走向更高阶段和更深层次，中国银行业需要进一步理清公司治理的目标，加强对利益相关者理论的研究，逐步将对利益相关者的关注纳入公司治理的主要目标中来。

第二，进一步理清委托—代理关系。从中国商业银行公司治理实践来看，对于大型商业银行来说，虽然中央政府已经建立政府出资人制度，代表政府对大型商业银行行使委托权，但国有控股仍占据主导地位。对于全国性中小商业银行来说，其股权也有较大一部分集中在地方政府或国有大企业，私营企业、自然人以及外资股东持股比例偏低，其高级管理人员的任命更多地受地方政府影响，甚至在有些地方银行领导的选择要与行政级别挂钩而不是依据其所作出的业绩和所具备的才能。在这种委托—代理关系下，使得股东大会、董事会、监事会职责弱化，

影响中国商业银行公司治理效率。因此，在未来的改革中，中国银行业将通过进一步分散化股权、发展职业经理人市场等途经，进一步理清委托—代理关系，进而提高公司治理的有效性。

第三，进一步提高公司治理的科学性。对于大型商业银行来说，如何有效地平衡公司治理的成本和收益，既不使管理和决策链条增长，降低公司经营效率，又能体现众多利益相关者意志，较好地实现科学的利益制衡机制，是需要认真研究的新问题。而对一些规模较小，业务品种单一的小型商业银行，不能简单复制大银行复杂的公司治理架构，如何根据规模大小和业务复杂程度来搭建必要的银行公司治理架构，也是需要考虑的一个重要问题。

（二）组织架构改革将进一步深化

中国银行业组织架构改革和业务流程再造是一项长期的艰巨任务，未来将从以下三个方面进一步深入推进。

第一，深化业务条线垂直运作管理和考核为主、横向管理为辅的改革。在目前建立垂直条线委员会制度的基础上，强化委员会对整个条线的协调、管理和考核，加快业务条线经营步伐。将进一步以客户为中心梳理和整合主要业务板块。在前台建立公司与机构、零售与私人银行和市场与资金业务板块，中台整合形成风控、营运、IT、战略和人事等业务板块的基础上，协调板块内部构成的关系，提高分支机构相应板块的协调性。在此基础上，加快推行业务条线垂直运作、管理和考核。将进一步加强对分支机构的垂直管理，逐步将事权、人权和财权过渡到以纵向管理为主，横向管理为辅的模式。

第二，推进营运条线改革，真正实现后台业务集中化处理。要成立真正意义上的总行后台处理中心，实现网点前台业务受理，中心后台处理的业务模式，并在新建机构后台业务集中化快速推进的基础上，对存量机构后台业务集中持续推进。

第三，加快流程银行建设。目前，加快流程银行建设成为激烈的同业竞争下中国银行业的共同选择。传统部门银行和行政体制的弊端在中国银行业尤其是国有商业银行中表现得尤为突出，职责划分不清、协调联动困难、流程效率低下，控制力、执行力弱，对中国银行业竞争力造成了损害。近年来，中国主要商业银行已经开始谋求从部门银行向以客户为中心的流程银行转变。2013年，中国银行业将进一步加快以流程银行为目标重构经营管理体制和组织架构。

（三）民间资本入股银行业步伐将渐进加大

目前，民间资本入股银行业仍存在一些现实问题。

第一，民间资本入股银行业存在政策限制。无论是支持民营企业参与商业银行增资扩股，还是参与城市商业银行风险处置，持股比例可适当放宽至20%以上，都仅仅是买入现有银行存量和增量股权。而真正放开民间资本进入银行业涉及的两个关键问题还没有解决：一是允许民间资本出资新组建商业银行，而不是买卖现有银行股权。二是放开村镇银行必须由商业银行牵头发起的规定。

第二，监管部门对民间资本入股银行业审批比较严格。出于对金融业审慎监管的考虑和对民间资本风险控制能力的担忧，监管部门对民营企业经营管理能力会进行多方考核，对财务状况、资产规模等指标设置了较高门槛。

第三，自身的不足导致民资主体银行发展难度较大。民资主体银行资金实力弱、抗风险能力和优秀人才不足，不具备广泛的经营网络和先进的技术，相比国有商业银行、股份制商业银行和城市商业银行，其市场认可度低、吸储能力差，拓展经营的难度较大。

第四，民间资本大量入股银行业存在一定风险。一是如果民间资本入股银行业步伐过快，导致区域内银行数量过多，超过区域经济发展水平支撑能力，将可能造成恶性竞争。二是如果准入不严，监管不到位，将可能造成民资主体银行经营不规范，引起金融秩序混乱。三是民资主体银行的关系型经营可能引发利益输送，引起信用风险和银行破产倒闭。四是资金流入投机、炒作渠道的风险较大。

鉴于以上问题的存在，加上与其他行业相比，银行业具有显著的外部性风险。因此，在当前中国金融改革逐步进入深水区、风险防范举足轻重的形势下，放开银行业对于民间资本的限制，进度不会很快。即民间资本真正进入银行业并站稳脚将经历一个漫长而艰难的过程。

尽管如此，民间资本进入银行业的进程是不可逆转的。就五家大型国有控股商业银行来说，目前以汇金公司、财政部为代表的国有资本占比非常高，截至2012年年末，除交通银行外都在50%以上，最高的达80%以上，无论是从进一步提高国有资本配置效率，还是从提高五家大型银行公司治理水平的角度来讲，适度降低国有资本在国有银行的占比在未来都是可行的。而就全国性中小股份制商业银行、城市商业银行和农村商业银行来说，由于其天然具有股份多样化、机制灵活的优势，在国家政策鼓励和民间资本逐利动机的驱动下，民间资本将越来越多地通过增发、配股、参与发起设立等多个渠道进入其中。也就是说，尽管存在重重障碍和多方面困难，2013年，民间资本在银行业的股本占比必将进一步提高，民间资本入股的银行业金融机构数量也将持续增加，民间资本入股银行业的地域范围也会逐步扩大。

（四）地方商业银行可能启动H股IPO

2012年一度被认为是中国商业银行重启上市的破冰之年，排队银行从年初的14家增至16家，最终却没有一家银行获得IPO资格。

展望2013年，地方商业银行IPO仍困难重重。

第一，地方商业银行自身存在诸多不足。地方商业银行的上市障碍包括股权结构复杂、公司治理不完善、风险内控体系不健全等，加之证监会拟出台的中小商业银行上市指引仍无时间表。在目前A股市场低迷的形势下，地方商业银行要在排队等待上市的800多家企业中脱颖而出，难度之大可想而知。

第二，多家地方商业银行或转战H股市场或延迟上市。IPO前途不定，导致一些早先潜伏其中的地方商业银行股东们，开始了一轮接一轮的股权挂牌转让行动。2013年，迫于补充资本金等方面的压力，证监会公布的申请上市的 16 家地方商业银行中，将有多家处于落实反馈意见中的银行或者转战 H 股市场，或者作出延迟上市的决定，其中包括重庆银行、上海银行、龙江银行、南昌银行等。上海银行资产总额排名第一，被看做是城市商业银行 IPO 的大热门。在上市预期一再落空，多次延迟上市期限后，上海银行将上市重心转移到 H 股市场。同样被视为本轮城市商业银行上市第一梯队成员的江苏银行，2013 年第一次股东大会通过了《延长首次公开发行境内人民币普通股（A 股）股票并上市决议有效期的议案》。重庆银行 IPO 早已万事俱备，但在目前的情况下，决定将第三次延长上市有效期。2012 年 10 月，汉口银行召开临时股东大会，审议了该行增资扩股和上市延期事宜。

第三，H 股可能成为分流地方商业银行 IPO 的重要渠道。为缓解 A 股上市压力，监管层 2012 年降低了内地企业赴海外上市的门槛。2013 年可能会试点 H 股 IPO 全流通，并简化 H 股再融资审批。因此，H 股市场将成为分流 A 股 IPO 的主要渠道之一。预计众多排队等候上市的地方商业银行可能会于 2013 年启动 H 股 IPO。

（五）农村金融机构改革速度将加快

2012 年中央经济工作会议的召开为农村金融今后的发展指明了道路，城镇化建设将为农村金融带来活力和增长契机，"深化改革"必将贯穿于农村金融领域 2013 年全年的工作当中。

第一，农村银行业金融机构体制机制改革的步伐将加快。农村银行业金融机构的股份制改革会加快步伐，农村银行制度会逐步建立和完善，整体的农村金融服务功能与核心竞争力都会得到显著提升。农村信用社转制为农村商业银行的数量将进一步增加，省联社将进一步淡出行政管理职能。与此同时，商业银行和政策性银行也将加快推进农村金融服务建设，加大对水利、粮食生产和抗旱减灾等重点涉农信贷投放的力度。

第二，城镇化建设配套金融服务将大大加强。包括农村中小金融机构在内的银行业金融机构将积极创新完善小城镇建设金融服务功能，创新小城镇系列信贷产品，设计符合小城镇建设的金融服务产品。

第三，农村金融机构改革将坚持服务"三农"的方向和市场定位不动摇。由于广大农村中小金融机构长期扎根农村，在农村金融市场上具有先天比较优势，因此，坚持服务"三农"的市场定位，是农村中小金融机构实现差异化、特色化发展的内在需要，而从宏观上说，农村金融机构坚持服务"三农"是提升金融整体服务功能的客观要求。

第四章　中国商业银行资产业务

2012 年，受政策调控、市场需求及银行主动转型等因素综合影响，银行业金融机构总资产增速下降；中小银行资产份额进一步提高；"三类资产"① 占总资产比重齐降，买入返售金融资产占总资产比重上升；新增银行贷款在社会融资总量中占比显著下降；中长期贷款占比趋降，中西部地区贷款占比提高，贷款行业集中度下降；个人贷款占比上升。展望 2013 年，银行业金融机构资产总额仍将稳定增长，市场格局仍将分化，买入返售金融资产占比可能小幅上升；强力监管干预下新增银行贷款占社会融资总量比重或将上升，贷款的期限、区域、行业及客户结构仍将调整。

一、2012 年中国商业银行资产业务回顾

（一）资产总额增速下降，市场格局继续分化

2012 年，受政策调控持续深入、市场有效需求相对不旺等因素综合影响，银行业金融机构总资产增速下降。截至 2012 年年末，银行业法人金融机构本外币合计资产总额 133.62 万亿元，同比增长 17.95%，增速比上年下降 0.92 个百分点；16 家上市银行资产总额 85.9 万亿元②，同比增长 15.31%，增速比上年下降 0.96 个百分点（见表 4-1）③。

表 4-1　　　　　　　　2012 年上市商业银行资产总额及其变化　　　　　单位：亿元、%、个百分点

银行机构	规模			增加额			增速		
	2012 年	2011 年	2010 年	2012 年	2011 年	变动	2012 年	2011 年	变动
工商银行	175 422	154 769	134 586	20 653	20 183	470	13.34	15	-1.66
农业银行	132 443	116 776	103 374	15 667	13 402	2 265	13.42	12.96	0.46
中国银行	126 806	118 301	104 599	8 505	13 702	-5 197	7.19	13.1	-5.91

---

① 指贷款及垫款、证券投资类资产、现金类资产。
② 除特别说明外，均为本部及所属子公司本外币合计资产总额的合并数据。
③ 为使总资产增速更具有可比性，表中针对平安银行数据作如下调整：2012 年较 2011 年增速计算采用集团对集团口径，2011 年较 2010 年增速计算采用本行对本行口径，即 2011 年增加额、同比增速均剔除了因吸收合并引发的口径差异影响。下文关于贷款总额、证券投资类资产等增加额、增速的计算均作类似调整。

续表

银行机构	规模			增加额			增速		
	2012 年	2011 年	2010 年	2012 年	2011 年	变动	2012 年	2011 年	变动
建设银行	139 728	122 818	108 103	16 910	14 715	2 195	13.77	13.61	0.16
交通银行	52 734	46 112	39 516	6 622	6 596	26	14.36	16.69	-2.33
国有控股商业银行小计	627 133	558 776	490 178	68 357	68 598	-241	12.23	13.99	-1.76
招商银行	34 082	27 950	24 025	6 132	3 925	2 207	21.94	16.34	5.60
中信银行	29 599	27 659	20 813	1 940	6 846	-4 906	7.02	32.89	-25.87
光大银行	22 793	17 333	14 840	5 460	2 493	2 967	31.50	16.8	14.70
民生银行	32 120	22 291	18 237	9 829	4 054	5 775	44.09	22.23	21.86
浦发银行	31 457	26 847	21 914	4 610	4 933	-323	17.17	22.51	-5.34
兴业银行	32 510	24 088	18 497	8 422	5 591	2 831	34.96	30.23	4.73
华夏银行	14 889	12 441	10 402	2 448	2 039	409	19.67	19.6	0.07
平安银行	16 065	12 582	7 272	3 483	2 606	877	27.69	35.84	-8.15
全国性中小股份制商业银行小计	213 515	171 191	136 000	42 324	32 487	9 837	24.72	23.88	0.84
北京银行	11 200	9 565	7 332	1 635	2 233	-598	17.09	30.46	-13.37
南京银行	3 438	2 818	2 215	620	603	17	22.00	27.22	-5.22
宁波银行	3 735	2 605	2 633	1 130	-28	1 158	43.39	-1.06	44.45
城市商业银行小计	18 373	14 988	12 180	3 385	2 808	577	22.58	23.05	-0.47
16 家银行合计	859 021	744 955	638 358	114 066	103 893	10 173	15.31	16.27	-0.96

资料来源：各银行年报。

随着股份制商业银行、城市商业银行、农村商业银行及外资银行法人机构数量的增加及跨区域经营的稳步推进，中小商业银行资产规模扩张速度显著快于大型商业银行，致使大型银行资产份额继续下降，中小银行资产份额相应提升。截至 2012 年年末，大型商业银行资产份额占比为 44.93%，较上年下降 2.41 个百分点，股份制商业银行、城市商业银行、农村中小金融机构和邮政储蓄银行、非银行金融机构资产份额占比分别为 17.61%、9.24%、15.61% 和 2.42%，分别较上年上升 1.38 个百分点、0.43 个百分点、0.42 个百分点和 0.12 个百分点。从上市银行看，5 家大型商业银行资产份额占比为 73.01%，较上年下降 2 个百分点，8 家全国性中小股份制商业银行、3 家城市商业银行资产份额占比分别为 24.86% 和 2.13%，较上年分别提高 1.88 个百分点和 0.12 个百分点（见表 4－2）。

表 4－2　　　　　　　　　　2012 年上市商业银行资产业务市场格局变化　　　　　　　　单位：%

银行机构	资产总额市场占比		贷款市场占比		证券投资类资产市场占比		现金类资产市场占比	
	2012 年	2011 年	2012 年	2011 年	2012 年	2011 年	2012 年	2011 年
工商银行	20.42	20.78	20.23	20.41	25.03	27.22	20.06	19.65
农业银行	15.42	15.68	14.78	14.75	17.47	18.26	16.08	16.71

续表

银行机构	资产总额 市场占比		贷款市场占比		证券投资类 资产市场占比		现金类资产 市场占比	
	2012 年	2011 年	2012 年	2011 年	2012 年	2011 年	2012 年	2011 年
中国银行	14.76	15.88	15.78	16.62	13.54	13.91	15.16	16.02
建设银行	16.27	16.49	17.27	17.02	17.56	19.05	17.02	16.95
交通银行	6.14	6.18	6.77	6.71	5.38	5.55	5.53	5.32
国有控股商业银行小计	73.01	75.01	74.83	75.51	78.98	83.99	73.85	74.65
招商银行	3.97	3.75	4.38	4.30	3.18	3.19	4.21	3.01
中信银行	3.45	3.71	3.82	3.76	2.45	1.74	3.72	4.79
光大银行	2.65	2.33	2.35	2.33	2.93	1.12	1.86	2.13
民生银行	3.74	2.99	3.18	3.16	1.48	1.47	3.67	3.61
浦发银行	3.66	3.61	3.55	3.49	2.99	2.23	4.13	4.05
兴业银行	3.78	3.23	2.82	2.58	2.41	1.80	3.11	2.34
华夏银行	1.73	1.67	1.65	1.59	1.12	0.90	1.76	1.75
平安银行	1.88	1.69	1.66	1.63	1.77	1.41	1.75	1.28
全国性中小股份制商业银行小计	24.86	22.98	23.41	22.84	18.33	13.86	24.21	22.96
北京银行	1.30	1.28	1.14	1.06	1.53	1.31	1.16	1.53
南京银行	0.40	0.38	0.29	0.27	0.56	0.51	0.34	0.34
宁波银行	0.43	0.35	0.33	0.32	0.60	0.33	0.44	0.52
城市商业银行小计	2.13	2.01	1.76	1.65	2.69	2.15	1.94	2.39
16 家银行合计	100.00	100.00	100.00	100.00	100.00	100.00	100.00	100.00

资料来源：各银行年报。

（二）"三类资产"占总资产比重全面下降，买入返售金融资产占比提高

1. 贷款增速及占总资产比重下降。2012 年，银行业金融机构着力落实国家产业结构调整政策，基于市场形势变化加大业务结构调整力度，控制房地产、产能过剩行业、政府融资平台贷款新增，重点支持"三农"、小微企业和战略性新兴产业发展，以信贷投放节奏的合理安排实现了对贷款增速的有效控制。截至 2012 年年末，银行业金融机构本外币各项贷款总额 67.29 万亿元[①]，同比增长 15.64%，占总资产比重由上年末的 51.36% 降至 50.36%；16 家上市商业银行贷款及垫款总额 43.52 万亿元[②]，同比增速和占总资产比重分别为 14.02% 和 50.66%，分别较上年下降 0.13 个百分点和 0.57 个百分点（见表 4-3）。

[①] 统计口径为法人金融机构各项贷款余额，数据来源于中国银监会 2012 年年报。
[②] 为本部及所属子公司本外币贷款及垫款总额的合并数据。

表4-3　　　　　　　　　2012年上市商业银行贷款及垫款总额及其变化　　单位：亿元、%、个百分点

银行机构	贷款及垫款总额		贷款及垫款增速		贷款及垫款在资产总额中占比		
	余额	新增额	2012年	2011年	2012年	2011年	变化
工商银行	88 037	10 148	13.03	14.70	50.19	50.33	-0.14
农业银行	64 334	8 047	14.30	13.56	48.57	48.20	0.37
中国银行	68 647	5 219	8.23	12.05	54.14	53.62	0.52
建设银行	75 123	10 159	15.64	14.59	53.76	52.89	0.87
交通银行	29 473	3 855	15.05	14.52	55.89	55.56	0.33
国有控股商业银行小计	325 614	37 428	12.99	13.84	51.92	51.57	0.35
招商银行	19 045	2 634	16.05	14.64	55.88	58.72	-2.84
中信银行	16 629	2 289	15.96	13.43	56.18	51.85	4.33
光大银行	10 232	1 328	14.91	14.23	44.89	51.37	-6.48
民生银行	13 846	1 794	14.89	13.96	43.11	54.07	-10.96
浦发银行	15 446	2 132	16.01	16.13	49.10	49.59	-0.49
兴业银行	12 292	2 459	25.01	15.10	37.81	40.82	-3.01
华夏银行	7 202	1 087	17.78	15.84	48.37	49.15	-0.78
平安银行	7 208	1 002	16.14	14.96	44.87	49.32	-4.45
全国性中小股份制商业银行小计	101 900	14 725	16.89	14.68	47.72	50.92	-3.20
北京银行	4 967	911	22.46	21.18	44.35	42.40	1.95
南京银行	1 253	225	21.89	22.53	36.45	36.48	-0.03
宁波银行	1 456	229	18.66	20.77	38.98	47.10	-8.12
城市商业银行小计	7 676	1 365	21.63	21.32	41.78	42.11	-0.33
16家银行合计	435 190	53 518	14.02	14.15	50.66	51.23	-0.57

资料来源：各银行年报。

2. 证券投资类资产增速提高，但占比下降。2012年，银行业整体资金面相对上年趋松，银行业金融机构证券投资类资产规模有所增长。同时，商业银行基于国际金融市场形势及外币流动性变化，适度增加外币债券投资，证券投资类资产增速提高。但受证券投资类资产增速低于总资产增速，以及上年基数差异等影响，证券投资类资产占总资产比重有所下降。截至2012年年末，16家上市银行证券投资类资产余额16.32万亿元，同比增长13.44%，增速较上年末提高11.19个百分点，占总资产比重为19%，同比下降0.32个百分点（见表4-4）。

表4-4　　　　　　　2012年上市商业银行证券投资类资产增速和占比　　单位：亿元、%、个百分点

银行机构	2012年						2011年			
	余额	余额增长	增速	增速变化	占比	占比变化	余额	增速	占比	占比变化
工商银行	40 839	1 680	4.29	-0.63	23.28	-2.02	39 159	4.92	25.30	-2.43
农业银行	28 514	2 233	8.50	4.52	21.53	-0.98	26 281	3.98	22.51	-1.94

续表

银行机构	2012 年						2011 年			
	余额	余额增长	增速	增速变化	占比	占比变化	余额	增速	占比	占比变化
中国银行	22 105	2 097	10.48	13.13	17.43	0.52	20 008	-2.65	16.91	-2.74
建设银行	28 666	1 248	4.55	10.17	20.52	-1.80	27 418	-5.62	22.32	-4.55
交通银行	8 784	792	9.92	11.16	16.66	-0.67	7 992	-1.24	17.33	-3.15
国有控股商业银行小计	128 908	8 050	6.66	6.19	20.56	-1.07	120 858	0.47	21.63	-2.91
招商银行	5 178	594	12.96	-4.04	15.19	-1.21	4 584	17.00	16.40	0.09
中信银行	4 005	1 495	59.54	66.20	13.53	4.46	2 510	-6.66	9.07	-3.85
光大银行	4 783	3 172	196.89	210.88	20.98	11.69	1 611	-13.99	9.29	-3.33
民生银行	2 422	308	14.55	-2.37	7.54	-1.94	2 114	16.92	9.48	-0.43
浦发银行	4 882	1 671	52.04	24.32	15.52	3.56	3 211	27.72	11.96	0.49
兴业银行	3 942	1 356	52.42	48.31	12.12	1.38	2 586	4.11	10.74	-2.69
华夏银行	1 834	536	41.28	-7.74	12.32	1.89	1 298	49.02	10.43	2.06
平安银行	2 881	857	42.34	9.31	17.93	1.84	2 024	33.03	16.09	0.78
全国性中小股份制商业银行小计	29 927	9 989	50.09	37.79	14.02	2.37	19 938	12.30	11.65	-1.05
北京银行	2 494	606	32.09	16.90	22.27	2.53	1 888	15.19	19.74	-2.61
南京银行	913	190	26.29	15.57	26.56	0.90	723	10.72	25.66	-3.83
宁波银行	983	501	103.90	61.30	26.31	7.81	482	42.60	18.50	5.65
城市商业银行小计	4 390	1 297	41.93	24.33	23.89	3.25	3 093	17.60	20.64	-0.96
16 家银行合计	163 224	19 335	13.44	11.19	19.00	-0.32	143 889	2.25	19.32	-2.64

资料来源：各银行年报。

3. 现金类资产增速与占比双降。由于 2012 年存款准备金率总体下行，商业银行现金、存放中央银行及同业款项减少，银行业金融机构现金类资产占总资产比重有所下降。截至 2012 年年末，16 家上市商业银行现金类资产余额 17.88 万亿元，同比增速为 14.09%，较上年下降 17.78 个百分点，占总资产比重为 20.82%，较上年末下降 0.22 个百分点（见表 4 - 5）。

表 4 - 5　　　　　　　　　2012 年上市商业银行现金类资产增速和占比　　　单位：亿元、%、个百分点

银行机构	2012 年						2011 年			
	余额	余额增长	增速	增速变化	占比	占比变化	余额	增速	占比	占比变化
工商银行	35 869	5 073	16.47	-8.37	20.45	0.55	30 796	24.84	19.90	1.57
农业银行	28 753	2 564	9.79	-11.44	21.71	-0.72	26 189	21.23	22.43	1.53
中国银行	27 099	1 993	7.94	-5.66	21.37	0.15	25 106	13.60	21.22	0.09
建设银行	30 440	3 875	14.59	-23.32	21.78	0.15	26 565	37.91	21.63	3.81
交通银行	9 892	1 556	18.66	-14.97	18.76	0.68	8 336	33.63	18.08	2.29
国有控股商业银行小计	132 053	15 061	12.87	-11.76	21.06	0.12	116 992	24.63	20.94	1.79
招商银行	7 523	2 810	59.62	14.11	22.07	5.21	4 713	45.51	16.86	3.38
中信银行	6 648	-881	-11.71	-134.26	22.46	-4.76	7 529	122.55	27.22	10.97
光大银行	3 325	-14	-0.42	-40.13	14.59	-4.67	3 339	39.71	19.26	3.15
民生银行	6 566	915	16.19	-27.86	20.44	-4.91	5 651	44.05	25.35	3.84
浦发银行	7 389	1 041	16.39	-58.58	23.49	-0.16	6 348	74.97	23.65	7.09

续表

银行机构	2012 年						2011 年			
	余额	余额增长	增速	增速变化	占比	占比变化	余额	增速	占比	占比变化
兴业银行	5 563	1 903	51.99	40.57	17.11	1.92	3 660	11.42	15.19	-2.57
华夏银行	3 146	405	14.76	-69.32	21.13	-0.90	2 741	84.08	22.03	7.71
平安银行	3 136	1 131	56.43	-2.55	19.52	3.58	2 005	58.98	15.94	4.24
全国性中小股份制商业银行小计	43 296	7 310	20.31	-37.25	20.28	-0.74	35 986	57.56	21.02	4.71
北京银行	2 078	-324	-13.48	-78.45	18.56	-6.55	2 402	64.97	25.11	5.25
南京银行	597	60	11.19	-79.91	17.37	-1.69	537	91.10	19.06	6.37
宁波银行	787	-18	-2.22	-105.50	21.07	-9.83	805	103.28	30.90	15.88
城市商业银行小计	3 462	-282	-7.52	-83.05	18.84	-6.14	3 744	75.53	24.98	7.47
16 家银行合计	178 811	22 087	14.09	-17.78	20.82	-0.22	156 722	31.87	21.04	2.52

资料来源：各银行年报。

4. 买入返售金融资产①占比提高。近年来，16 家上市商业银行贷款及垫款、证券投资类资产、现金类资产占总资产比重呈"此消彼长"态势，"三类资产"合计占比总体保持稳定。但 2012 年这一"相对稳态"发生变化，贷款及垫款、证券投资类资产、现金类资产占总资产比重出现全面下降，"三类资产"合计占比为 89.11%，较上年下降约 1 个百分点（如图 4 - 1）。

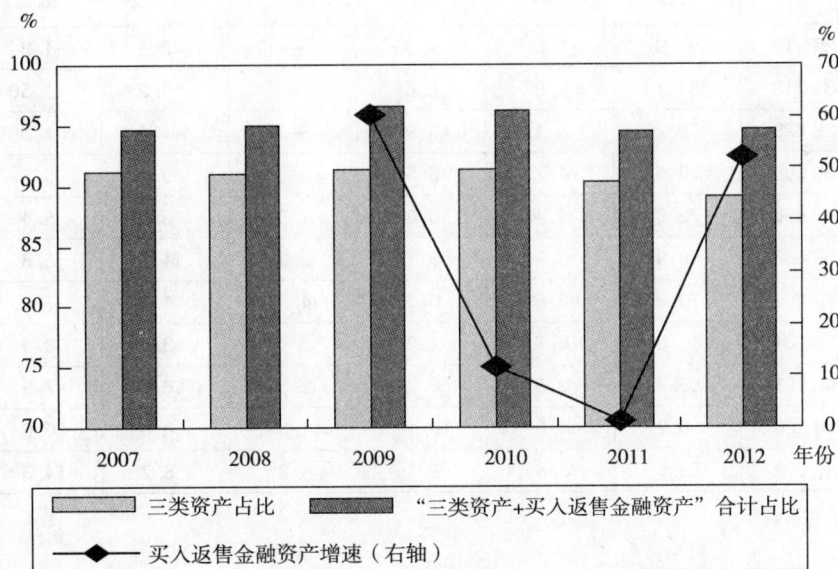

资料来源：各银行年报。

图 4 - 1 "三类资产"及买入返售金融资产占比或增速

---

① 所谓买入返售，是指商业银行按约定先买入再按固定价格返售包括票据、证券、贷款等标的金融资产的行为，属银行同业业务。

打破总资产结构"相对稳态"的主因，是市场整体资金紧张局面趋于缓解环境下，买入返售金融资产的快速增长（如图4－1）。截至2012年年末，16家上市商业银行买入返售金融资产合计占总资产比重为5.55%，比上年末提高1.34个百分点，升幅较大。

（三）新增银行贷款在社会融资总量中占比显著下降

虽然某些年份新增银行贷款占社会融资总量比重呈现阶段性上升，但近十年来总体下降的趋势并未改变。2012年，随着酝酿已久的"新三板"①破茧问世，全国范围内产权市场清理整顿有序推进，以及债券市场稳步发展，社会融资主体对银行贷款的单一依赖进一步弱化，新增银行贷款占社会融资总量比重降幅扩大。2012年，我国社会融资总量15.76万亿元，其中，新增人民币贷款8.20万亿元，新增外币贷款折人民币0.91万亿元，其他融资工具合计新增6.64万亿元；社会融资总量中新增银行贷款占比为57.9%，较2011年下降4.8个百分点，新增人民币贷款占比为52.1%，较2011年下降6.1个百分点（见表4－6）。

表4－6　　　　　　　　2002—2012年社会融资总量及其结构变化　　　　　　　单位：亿元、%

年度	社会融资总量	各类融资工具占社会融资总量比重						
		新增人民币贷款	新增外币贷款	新增委托贷款	新增信托贷款	新增未贴现银行承兑汇票	企业债券融资	非金融企业境内股票融资
2002	20 112	91.9	3.6	1.0	—	-3.3	1.8	3.1
2003	34 113	81.1	6.8	2.0	—	6.2	1.50	1.6
2004	28 629	79.2	5.1	10.9	—	-1.0	1.6	2.4
2005	30 008	78.5	4.7	6.5	—	0.2	6.7	1.1
2006	42 696	73.8	3.4	6.3	1.9	3.5	5.4	3.6
2007	59 663	60.9	6.5	5.7	2.9	11.2	3.8	7.3
2008	69 802	70.2	2.8	6.1	4.5	1.5	7.9	4.8
2009	139 104	69.0	6.7	4.9	3.1	3.3	8.9	2.4
2010	140 191	56.7	3.5	6.2	2.8	16.7	7.9	4.1
2011	128 286	58.2	4.5	10.1	1.6	8.0	10.6	3.4
2012	157 600	52.1	5.8	8.1	8.2	6.7	14.3	1.6

资料来源：中国人民银行。

（四）贷款结构调整继续深化

1. 中长期贷款占比趋降。2012年，全社会固定资产投资低速增长、房地产调控趋于严厉，融资主体对银行中长期信贷的需求继续受到抑制。同时，面对更加复杂的市场环境和更为严格

---

① 2012年8月国务院批准同意"三板"市场扩容，新增上海张江高新产业开发区、武汉东湖新技术产业开发区和天津滨海高新区企业挂牌交易。

的监管要求，商业银行着力于信贷结构的主动调整，缩短资金运用周期，偏好于发放短期贷款，中长期贷款增速放缓，占比趋降。截至2012年年末，银行业金融机构本外币中长期贷款累计新增1.63万亿元，同比少增0.56万亿元，增速继续放缓。上市国有控股商业银行中长期贷款占比为63.15%，同比下降3.18个百分点；上市全国性中小股份制商业银行中长期贷款占比为42.66%，同比下降6.98个百分点；全部城市商业银行中长期贷款占比为36.65%，同比下降4.45个百分点。

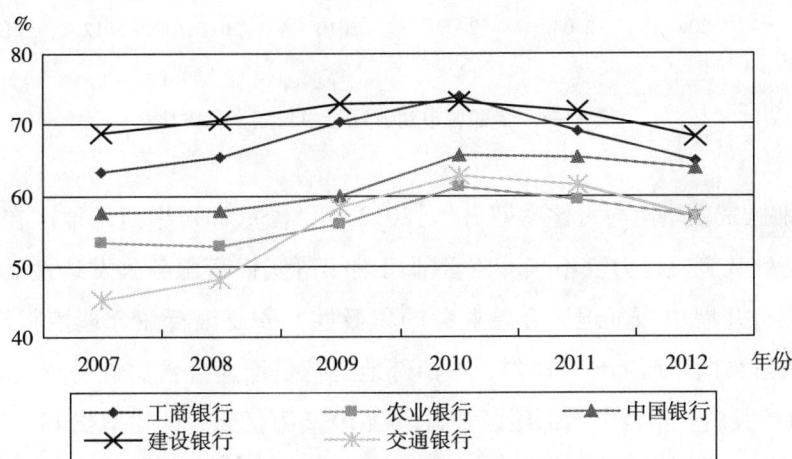

图4-2　5家上市国有控股商业银行中长期贷款占比

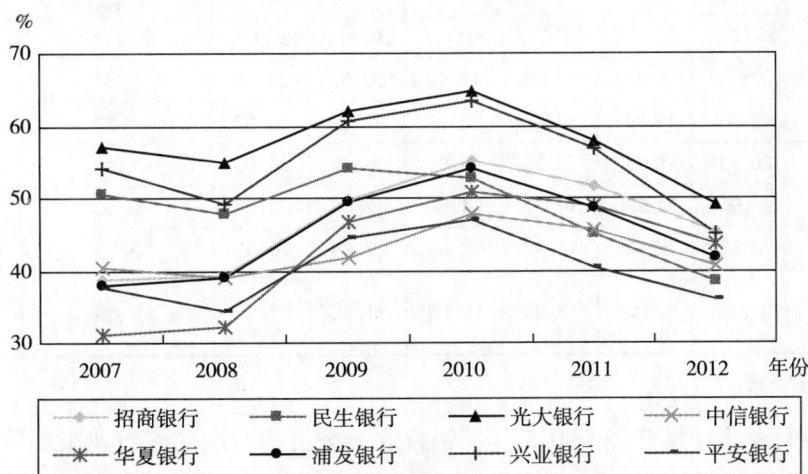

图4-3　8家上市全国性中小商业银行中长期贷款占比

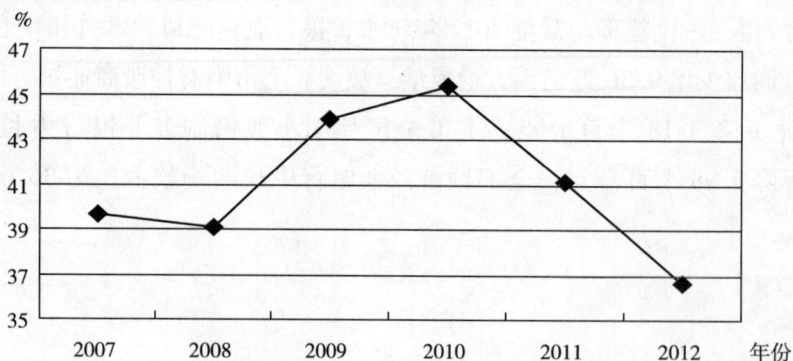

图 4 - 4　全部城市商业银行中长期贷款占比

2. 中西部地区贷款增速与占比"双升"。2012 年，国家针对中西部地区在建续建工程及重要产业基地的特殊政策支持力度不减，监管部门继续落实银行服务欠发达地区的优惠政策，有效调动了商业银行开展中西部地区金融业务的积极性。商业银行在合理控制投放节奏前提下，将信贷资源配置适当向中西部地区倾斜，中西部地区信贷增速及占比进一步提高。截至 2012 年年末，5 家国有控股商业银行中西部地区贷款余额 10.2 万亿元，同比增长 13.39%，增速较上年提高 0.3 个百分点，占贷款及垫款余额比重为 31.35%，较上年提高 0.11 个百分点（见表 4 - 7）。

表 4 - 7　　　　　五大国有控股上市商业银行中西部贷款增速和占比变化　　　　单位：亿元、%

银行机构	贷款余额		贷款增速		贷款占比		2012 年较 2011 年增速变化	2012 年较 2011 年占比变化
	2012 年	2011 年	2012 年	2011 年	2012 年	2011 年		
工商银行	27 144	23 591	15.06	14.42	30.83	30.29	0.64	0.54
农业银行	21 867	19 093	14.53	12.96	33.99	33.92	1.57	0.07
中国银行	20 091	18 563	8.23	9.69	36.14	35.63	-1.46	0.51
建设银行	24 659	21 599	14.17	14.53	32.83	33.25	-0.36	-0.42
交通银行	8 323	7 181	15.90	13.82	28.24	28.03	2.08	0.21
国有控股商业银行小计	102 084	90 027	13.39	13.09	31.35	31.24	0.30	0.11

资料来源：各银行年报。

3. 公司贷款行业集中度略降。2012 年，银行业金融机构持续实施行业限额管理，限制高耗能、高污染、资源性、产能过剩及房地产、政府融资平台等贷款投放，并依托银团贷款等方式化解贷款行业集中度风险，电力、燃气及水的生产和供应业、房地产等调控行业信贷余额占比下降，公司贷款行业集中度略降。截至 2012 年年末，16 家上市银行前五大行业贷款占公司贷款总额比重为 74.92%，同比下降 0.1 个百分点，其中，5 家国有控股上市商业银行前五大行业贷款占公司贷款比重为74.53%，同比下降0.6个百分点（见表4-8）。

但同时，因商业银行加大了对先进制造业的信贷支持，制造业贷款余额占公司贷款比重有所提高。截至2012年年末，16家上市银行制造业贷款占公司贷款比重27.72%，同比提高1.41个百分点，其中，上市国有控股商业银行、上市全国性中小股份制商业银行、上市城市商业银行制造业贷款占公司贷款比重分别提高1.26个百分点、1.63个百分点和3.89个百分点（见表4-8）。由于上市全国性中小股份制商业银行、上市城市商业银行制造业贷款余额占比升幅较大，虽然调控行业贷款余额下降，其公司贷款行业集中度仍提高。截至2012年年末，上市全国性中小股份制商业银行、上市城市商业银行前五大行业贷款占公司贷款比重同比分别提高1.43个百分点和0.53个百分点（见表4-8）。

表4-8　　　　　　　　2012年上市商业银行行业贷款集中度及变化　　　　　单位：%、个百分点

银行机构	前五大行业贷款占比		前五大行业排序	制造业贷款占比	
	2012年	升降		2012年	升降
工商银行	73.58	-0.62	制造业，交通运输、仓储和邮政业，批发和零售业，电力、燃气及水的生产和供应业，房地产业	23.82	2.32
农业银行	71.97	-1.49	制造业，交通运输、仓储和邮政业，批发和零售业，电力、燃气及水的生产及供应业，房地产业	29.75	0.41
中国银行	82.64	0.76	制造业，商业及服务业，运输业及物流业，房地产业，电力、燃气及水的生产和供应	29.77	0.58
建设银行	70.2	-1.68	制造业，交通运输、仓储和邮政，电力、燃气及水的生产和供应业，房地产，租赁及商业服务业	24.95	0.38
交通银行	74.6	2.13	制造业，批发及零售，交通运输、仓储和邮政业，服务业，房地产	29.99	4.42
国有控股商业银行小计	74.53	-0.6	—	27.18	1.26
招商银行	79.62	-0.58	制造业，批发和零售业，交通运输、仓储和邮政业，房地产业，电力、燃气及水的生产和供应	31.72	0.74
中信银行	73.6	4.31	制造业，批发和零售业，交通运输、仓储和邮政业，房地产开发业，建筑业	28.46	1.43
光大银行	78.37	1.72	制造业，批发和零售业，房地产业，交通运输、仓储和邮政业，租赁和商务服务业	32.1	3.12
民生银行	71.71	1.27	制造业，房地产，租赁和商务服务，批发零售，采矿	22.65	0.58
浦发银行	72.87	0.29	制造业，批发和零售、贸易、餐饮业，房地产，交通运输、仓储和邮电通信业，社会服务业	30	1.23
兴业银行	73.97	1.17	制造业，批发和零售业，房地产业，租赁和商务服务业，交通运输、仓储和邮政业	28.66	3.79
华夏银行	78.78	1.69	制造业，批发和零售业，房地产业，租赁业和商务服务业，建筑业	32.71	1.79
平安银行	88.05	1.19	制造业（轻工业），商业，社会服务、科技、文化、卫生业，房地产业，建筑业	33.35	0.86

续表

银行机构	前五大行业 贷款占比		前五大行业排序	制造业贷款占比	
	2012 年	升降		2012 年	升降
全国性中小股份制商业 银行小计	76.11	1.43	—	29.56	1.63
北京银行	71.86	1.62	制造业，房地产业，贸易业，租赁和商务服务业，水 利、环境和公共设施管理	24.49	6.16
南京银行	80.87	-0.7	制造业，租赁和商务服务，批发和零售业，建筑业， 房地产业	27.79	1.31
宁波银行	83.06	-2.15	制造业，商业贸易业，租赁和商务服务业，房地产开 发，建筑业	32.51	-2.08
城市商业银行小计	75.27	0.53	—	26.45	3.89
16 家银行合计	74.92	-0.1	—	27.72	1.41

注：小计、合计指标值以贷款余额加总数据计算得来。

资料来源：各银行年报。

4. 小微企业贷款增速相对较快。2012 年，国家重点加大对实体经济的政策支持，监管部门有序落实针对小微企业信贷给予金融机构的市场准入、税收等优惠政策。银行业金融机构针对小微企业深入实施专业化经营，致力于向小微企业客户提供专业、高效和便捷的金融服务，小微企业信贷投放力度进一步加大。截至 2012 年年末，银行业金融机构小微企业贷款余额 11.58 万亿元，同比增长 16.6%，增速分别高于同口径大型企业贷款、中型企业贷款 8 个百分点和 1 个百分点；全年新增人民币小微企业贷款占全部企业贷款增量 34.6%。

5. 个人贷款占比上升。2012 年，银行业金融机构适应市场需求和政策调整，加快消费类贷款、个人经营性贷款、差别化房贷等产品创新和升级，在资本监管趋严背景下，依托低经济资本占用的个人信贷业务拓展，持续优化信贷结构，虽然受到贷款总额增速下降大环境的影响，个人贷款增速下降，但在贷款总额中占比有所提升。截至 2012 年年末，16 家上市银行个人贷款余额 11.38 万亿元，同比增长 18.92%，增速比上年下降 2 个百分点，但个人贷款在贷款总额中占比达 26.15%，较上年末提高 1.21 个百分点（见表 4-9）。

表 4-9　　　　　　2012 年上市商业银行个人贷款余额及其变化情况　　单位：亿元、%、个百分点

银行机构	余额	新增额	增速			占比		
			2012 年	2011 年	变化	2012 年	2011 年	变化
工商银行	22 871	2 722	13.51	21.93	-8.42	25.98	25.57	0.41
农业银行	17 080	2 774	19.39	25.02	-5.63	26.55	25.42	1.13
中国银行	18 843	2 668	16.49	14.21	2.28	27.45	25.50	1.95

续表

银行机构	余额	新增额	增速			占比		
			2012 年	2011 年	变化	2012 年	2011 年	变化
建设银行	20 511	3 672	21.81	23.01	-1.20	27.30	25.92	1.38
交通银行	6 015	922	18.11	21.87	-3.76	20.41	19.88	0.53
国有控股商业银行小计	85 320	12 758	17.58	20.94	-3.36	26.2	25.10	1.10
招商银行	6 868	1 156	20.23	15.16	5.07	36.06	34.81	1.25
中信银行	3 346	665	24.78	23.99	0.79	20.12	18.70	1.42
光大银行	3 115	780	33.41	20.49	12.92	30.44	26.22	4.22
民生银行	4 656	1 015	27.87	30.41	-2.54	33.63	30.21	3.42
浦发银行	2 770	157	6.02	19.92	-13.90	17.94	19.63	-1.69
兴业银行	2 999	393	15.06	15.82	-0.76	24.40	26.50	-2.10
华夏银行	1 007	257	34.29	24.79	9.50	13.98	12.26	1.72
平安银行	2 258	606	36.68	15.74	20.94	31.33	22.40	8.93
全国性中小股份制商业银行小计	27 019	5 029	22.86	20.16	2.70	26.52	24.93	1.59
北京银行	900	233	34.99	49.89	-14.90	18.12	16.44	1.68
南京银行	196	28	16.67	34.4	-17.73	15.64	16.34	-0.70
宁波银行	356	58	19.58	12.88	6.70	24.45	24.29	0.16
城市商业银行小计	1 452	319	28.22	35.9	-7.68	18.92	17.95	0.97
16 家银行合计	113 791	18 105	18.92	20.92	2.00	26.15	24.94	1.21

资料来源：各银行年报。

二、2013 年中国商业银行资产业务展望

（一）资产总额将稳定增长

2013 年，制约银行业金融机构总资产增长的因素依然存在。一是在外汇占款回落及信贷调控力度不减等综合作用下，货币政策总体稳健，M_1、M_2 增速将趋于下降；二是受房地产调控加码、宏观经济主动减速等多重因素影响，经济增长仍面临下行压力，全社会固定资产投资增速可能进一步回落，实体经济对商业银行信贷的有效需求仍疲弱。

但银行业金融机构资产总额稳定增长的宏观环境依然具备。一方面，当前经济下行压力仍然较大，为抑制经济周期性下滑，改善企业盈利水平，促进企业扩大投资及保持实体经济平稳较快增长，需要以相对宽松的货币政策环境为依托，为商业银行贷款及总资产的平稳增长构成

一定支撑。另一方面，因人民币升值减缓，境外融资、银行结售汇顺差走弱等综合影响，我国外汇储备及外汇占款的增长大幅放缓，央行可能以此为契机适度放松货币政策，进而成为银行业金融机构资产总额适度增长的有利条件。

总体上，在压制与支撑因素的综合影响下，中国商业银行资产总额仍然可能保持相对稳定的增长态势，总资产增速与上年大致持平。

（二）市场份额及资产结构继续呈分化态势

1. 大型银行资产份额将下降，中小银行资产份额将上升。未来一段时期，城市商业银行、农村商业银行仍将加快改革步伐，机构与人员总量、业务规模及领域将快速扩张，尤其是随着部分城市商业银行、农村商业银行境内外 IPO 陆续破冰并有序推进后，中小银行资产规模增长可能显著提速，并持续快于大型银行。与此同时，随着外资银行本土化经营能力的增强、人民币结算规模快速壮大及国际化进程不断加快，外资银行的人民币资产业务竞争能力将越来越强，资产扩张速度必将进一步加快。总体而言，未来一段时期大型商业银行总资产市场占比将进一步下降，而中小商业银行尤其是城市商业银行、农村商业银行资产份额将进一步提升。

2. "三类资产"占比将下降。2013 年，国家针对房地产市场的限购、限价政策还可能继续加码，基于落后产能、政府融资平台的调控仍将持续，房地产开发贷款、个人按揭贷款等难以显著反弹，对商业银行的贷款增长构成抑制，贷款占总资产的比重可能小幅下降。但当前我国商业银行法定存款准备金率仍处于历史高位，人民银行下调商业银行存款准备金率的概率高过上调，银行业金融机构现金类资产占比可能下降，再考虑到社会融资总量将适度增长，及货币政策略有放松等因素，相对趋松的资金面对银行贷款投放能力构成积极支撑，银行贷款及垫款仍将稳定增长。同时，在货币政策略松、银行业整体资金面较难大幅改善，以及银行监管仍然趋严的复杂背景下，证券投资类资产的增速或趋降，在总资产中的占比可能略降。

3. 买入返售金融资产占比将小幅上升。经验表明，商业银行返售与回购金融业务[①]主要发生于大中型商业银行与小型商业银行之间，其中，大中型商业银行一般为标的金融资产的买入方，即资金融出方，而小型商业银行为标的金融负债的卖出方，即资金融入方[②]。通常而言，买入返售金融资产规模的增长与银行业整体资金面松紧及其所引致的资金价格高低有关，资金面偏紧时大中型商业银行的买入需求及资金融出偏好不强，而资金面偏松时其买入需求及资金融出需求则增强（如图 4-1、如图 4-5）。

[①] 在商业银行资产负债表上主要体现为买入返售金融资产和售出回购金融负债款。

[②] 截至 2012 年年末，16 家上市商业银行买入返售金融资产余额 4.77 万亿元，售出回购金融负债款余额 1.19 万亿元，其中，大型商业银行买入返售金融资产余额 1.97 万亿元，售出回购金融负债款余额 0.35 万亿元；上市全国性股份制商业银行买入范畴金融资产余额 2.62 万亿元，售出回购金融负债款余额 0.71 万亿元。

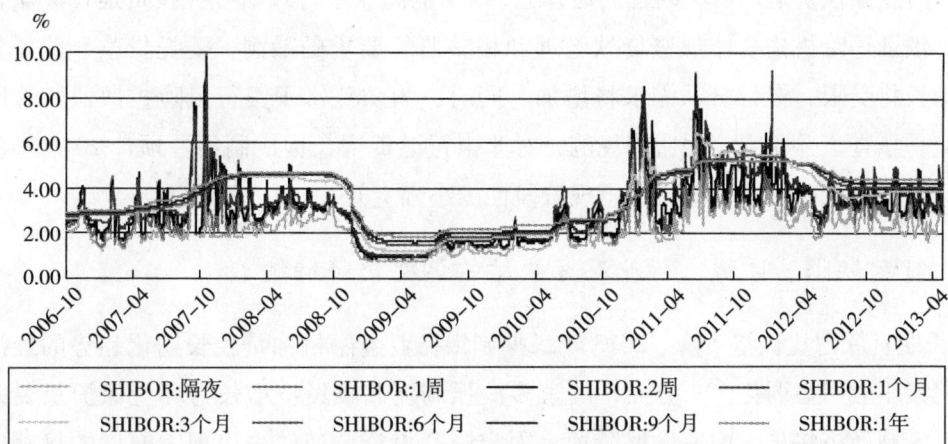

| SHIBOR:隔夜 | SHIBOR:1周 | SHIBOR:2周 | SHIBOR:1个月 |
| SHIBOR:3个月 | SHIBOR:6个月 | SHIBOR:9个月 | SHIBOR:1年 |

资料来源：Wind 资讯。

图 4 – 5　2006—2012 年 SHIBOR 走势图

2013 年，支撑买入返售金融资产继续增长的因素较多。一是货币政策将稳健趋松，市场流动性状况有望改善，返售金融业务买入方的资金融出需求趋增；二是因宏观经济下行压力较大及固定资产投资仍将低速增长，整体意义上的有效信贷需求较难大幅反弹，更加依赖大客户、大项目的大型商业银行业务拓展压力相对增加，开展返售金融业务的积极性仍较强；三是因监管部门深入开展针对理财产品、影子银行的专项监管措施，可能会使"三农"、小微企业等实体经济薄弱环节市场融资主体的融资需求更多地通过银行贷款实现，进而推动以该类融资主体为重点战略客户的小型商业银行开展回购金融业务融入资金；四是买入返售金融资产本身具有减少资本消耗、规避监管、提高收入等多重优势，资金融出方的业务拓展动力强劲。

同时，国家针对票据会计核算等进行的监管仍将持续，而票据一般是返售与回购金融业务的最主要标的，票据监管的深入实施可能抑制买入返售金融资产快速增长，预计 2013 年商业银行买入返售金融资产占总资产比重升幅不大。

（三）新增银行贷款占社会融资总量比重短期内或上升

在结构性失衡的融资体制下，规模庞大的产能落后行业贷款、地方政府融资平台贷款、地方性债务风险过多地积聚于银行系统，银行系统的风险分担比例过高，股票、债券等直接融资应有的风险分担功能严重抑制。为充分释放金融系统的风险分担功能，有效缓释系统性金融风险，国家将长期持续地致力于股票市场、中长期债券市场等多层次资本市场建设，在提高直接融资占比及缓释银行系统性风险中稳步推进社会融资结构多元化战略，未来一段时期新增银行贷款在社会融资总量中占比下降的趋势仍将持续。

但2013年，国家基于信贷资金表外化运作趋势加剧等加大了监管力度，出台了《关于规范商业银行理财业务投资运作有关问题的通知》，以规范商业银行理财业务投资运作，堵住跨业交易，银信、银证等跨机构合作规避贷款管理和相关监管要求的漏洞，委托贷款、信托贷款、票据融资等增长将受限，银行贷款需求将增加。同时，为防范影子银行风险扩散，监管层将深入开展债券交易核查，并制定相关监管规范，对非银行融资增长构成制约。预计2013年新增银行贷款占社会融资总量的比重可能再次出现阶段性的小幅上升。

（四）贷款期限、区域、行业及客户结构调整仍将持续

1. 中长期贷款占比仍将下降。2013年，抑制银行业金融机构贷款长期化趋势的经济基本面及政策面因素不会明显弱化。一方面，国家多次强调要兼顾经济增长与环境保护及要素承载能力的关系，宏观经济将步入中速发展阶段，固定资产投资增速较难出现大幅度的显著回升。同时，房地产调控力度有增无减，个人住房贷款需求显著反弹的概率并不大。来自企业及个人的中长期信贷需求并不旺盛，进而抑制商业银行中长期贷款的快速增长。另一方面，由于通胀预期扑朔迷离，央行的利率调控工具可能暂时处于"空窗期"，银行业金融机构主动选择贷款期限的倾向性并不强。

2. 贷款投放突出中西部地区。未来一段时期，商业银行发展中西部地区信贷业务的空间依然广阔。一是深化实施西部大开发；加快中西部地区经济社会发展，是党中央、国务院多次重申的国家战略，其蕴含的投资及对商业银行信贷资金的需求潜力巨大且持续；二是随着经济发展环境及各项优惠政策的加快落实，中西部地区承接东部沿海先进产业转移的积极性渐进增强，颇具产业集群特征的产业转移示范基地将陆续形成，更多地区将形成自己的产业优势，符合商业银行信贷投放标准的客户群体将更加壮大，商业银行信贷投放积极性和投放力度有望持续增强；三是中国区域经济发展极端不平衡，相对于日趋饱和的东南部市场来说，商业银行将长期持续地从中西部地区挖掘到更多的包括存贷款等在内的业务机会。预计2013年中国商业银行中西部地区贷款增速仍将快于东部，占比进一步提高。

3. 公司贷款行业集中度将降低。2013年，国家行业调控政策将持续，要求银行严控房地产、地方政府融资平台及相关调控行业信贷投放，增量意义上银行信贷行业结构将持续优化。同时，对于部分行业贷款集中度上升的中小商业银行，监管部门将继续敦促其加大行业限额管理，落实"压"、"退"等信贷政策，有效防控和化解行业风险，存量意义上的信贷行业集中度有望降低。此外，银团贷款作为化解主要商业银行贷款集中度风险的有力工具，主要参与者及市场规模均有望保持扩大态势，有助于公司贷款行业集中度的降低。预计2013年银行业金融机构贷款的行业集中度将下降。

4. 小微企业客户贷款仍会高速增长。未来一段时期，支撑银行业金融机构小微企业贷款高速增长的因素依然较强。一是在银行监管及资本约束日渐增强的经营环境下，小微企业贷款高收益、低资本占用的优势将更加凸显，商业银行拓展小微企业信贷业务的主动性会更强。二是

在利率市场化进程加快的背景下，大型企业集团对银行贷款及服务的议价能力更加强化，商业银行必将加快贷款客户结构调整步伐，以保持经营指标的稳步增长，进而加大小微企业客户的营销拓展力度。三是伴随中国经济总量及经济实力的日益增强，小微企业群体及规模更加壮大，其科技创新、增加就业等多重优势会有更充分的体现，国家针对小微企业的扶持政策也将不断加码和落实，在国家支持与小微企业经济不断扩展的良性互动下，来自小微企业群体的优质客户及"达标"信贷需求必将持续扩大和有序释放，进而推动2013年银行业金融机构小微企业客户贷款快速增长。

5. 个人贷款占比可能提高。2013年，中国主要商业银行个人类贷款仍将快速增长，占总资产比重可能提升，原因在于：一是在国家政策支持、监管优惠逐步落实基础上，商业银行将继续加大对个体经营户等的信贷支持，个人经营贷款有望保持高速增长。二是基于国家战略部署，城镇居民人均可支配收入和农村居民纯收入有望保持较高增速，居民消费水平必将进一步提高，尤其是随着中等收入群体比重扩大及财富阶层的崛起，居民消费水平有望进一步提高，个人消费贷款市场前景广阔。三是在手机支付、网上支付等新兴业务爆发式增长的推动下，个人信用卡透支业务仍将保持快速增长。四是依托个人业务调整优化信贷结构是商业银行战略转型的重要依托，相关银行必将加大针对差别化房贷政策、新型消费市场等个人类信贷产品的研发力度，提升优质个人客户综合服务能力，对于个人消费贷款的增长起到促进作用。

第五章 中国商业银行负债业务

　　2012年，商业银行存款竞争更趋激烈，负债总额增速同比略降，客户存款、公司存款增速平稳，公司存款中定期存款占比上升较快，同业存款、主动负债在总负债中的比重明显上升。展望2013年，商业银行总负债和各项存款增速将出现回升势头，公司存款增速趋缓，个人存款、活期存款在各项存款中的比重下降，而定期存款和同业存款占比则上升，商业银行负债付息率将进一步提高。国有控股商业银行存款市场份额下降趋缓，中小银行面临的存款增长压力会进一步加大。

一、2012年中国商业银行负债业务回顾

（一）负债①规模稳步增长，增速同比略降

　　截至2012年年末，中国银行业金融机构②负债总额达124.95万亿元③，增长17.79%，增速比上年下降0.2个百分点。其中，大型商业银行④负债总额56.09万亿元，同比增长11.6%；股份制商业银行⑤负债总额22.21万亿元，同比增长28.4%；城市商业银行负债总额11.54万亿元，同比增长23.8%；其他类金融机构负债总额35.11万亿元，同比增长20.3%。分季度看，第一季度增加8.76万亿元，第二季度增加5.76万亿元，第三季度大幅下滑，仅增加1.44万亿元。第四季度，受货币信贷投放力度加大等因素影响，负债增加额反弹明显，达4.66万亿元（如图5-1）。

---

　　① 口径为中国银行业金融机构境内本外币负债总额。
　　② 包括政策性银行、大型国有控股商业银行、全国中小型股份制商业银行、城市商业银行、农村商业银行、农村合作银行、城市信用社、农村信用社、中国邮政储蓄银行、外资银行和非银行金融机构。
　　③ 从2012年9月起，原深圳发展银行与原平安银行合并为新平安银行，数据未作可比口径调整，下同。
　　④ 包括中国工商银行、中国农业银行、中国银行、中国建设银行、交通银行。
　　⑤ 包括中信银行、中国光大银行、华夏银行、广东发展银行、平安银行、招商银行、上海浦东发展银行、兴业银行、中国民生银行、恒丰银行、浙商银行、渤海银行。

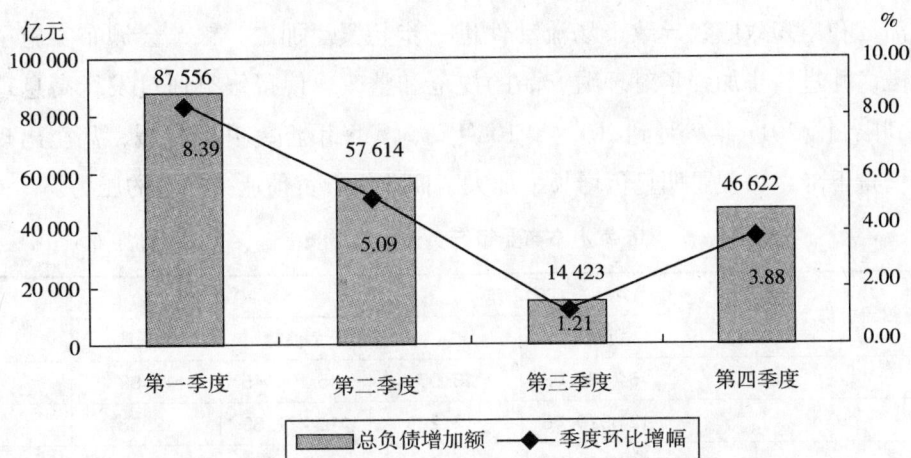

资料来源：根据中国银监会网站数据整理。

图 5-1 2012 年中国银行业金融机构季度负债增加额及增幅

分机构看，大型商业银行占全部银行业金融机构负债总额的比重仍处于绝对优势，但同比下降 1.71 个百分点，股份制商业银行、城市商业银行和其他类金融机构占比分别上升 1.28 个百分点、0.34 个百分点和 0.2 个百分点（如图 5-2）。

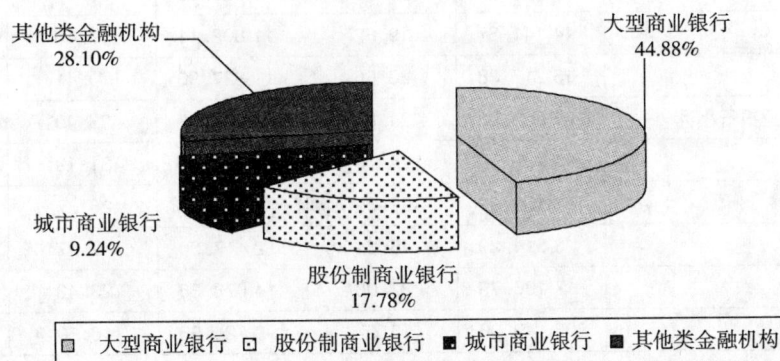

资料来源：根据中国银监会网站数据整理。

图 5-2 2012 年年末不同银行业金融机构负债总额占比

16 家上市商业银行负债总额达 80.51 万亿元，比上年新增 15.07%，增速同比下降 1.43 个百分点（见表 5-1）。

2012 年，中国商业银行负债总额稳步增长，但增速比上年略降，主要原因是：2011 年货币信贷增长平稳回调、上调存贷款基准利率、存款准备金率、实施差别准备金动态调整①等货币政策继续产生滞后和累积效应，导致市场流动性进一步趋紧。加之，银监会颁布实施了更为严格的新监管标准，并进一步加强了对理财产品的规范和整改，使得银行通过发行高息理财产品揽储的做法受到限制。2011年7月到2012年10月间，人民币汇率升值减缓，甚至出现贬值，外汇占款环比增量下降，出现了明显负增长，加大了商业银行负债业务经营的压力。

表5-1　　　　　　　　　　16家上市商业银行负债余额增长率　　　　单位：亿元、%、个百分点

银行机构	2012年		2011年		同比变动
	负债额	增长率	负债额	增长率	
工商银行	164 137.58	13.05	145 190.45	14.89	-1.84
农业银行	124 929.88	13.29	110 277.89	12.58	0.70
中国银行	118 190.73	6.73	110 741.72	13.19	-6.46
建设银行	130 232.19	13.59	114 651.73	13.41	0.18
交通银行	48 919.32	12.76	43 383.89	16.38	-3.62
国有控股商业银行小计	586 409.70	11.86	524 245.68	13.83	-1.98
招商银行	32 077.12	21.97	26 299.61	15.93	6.03
中信银行	27 568.53	6.56	25 871.00	32.21	-25.65
光大银行	21 649.73	32.24	16 371.96	16.74	15.50
民生银行	30 434.57	45.28	20 949.54	21.91	23.37
浦发银行	29 660.48	17.00	25 351.51	22.58	-5.58
兴业银行	30 803.40	34.35	22 927.20	30.44	3.91
华夏银行	14 141.37	19.82	11 802.11	17.46	2.36
平安银行	15 217.38	28.66	11 827.96	70.41	-41.75
全国性中小股份制商业银行小计	201 552.58	24.88	161 400.89	25.40	-0.52
北京银行	10 482.78	15.70	9 060.65	31.19	-15.50
南京银行	3 189.81	22.69	2 599.87	28.37	-5.68
宁波银行	3 514.20	45.34	2 417.84	-2.27	47.61
城市商业银行小计	17 186.79	22.08	14 078.36	23.43	-1.35
16家上市商业银行合计	805 149.08	15.07	699 724.93	16.50	-1.43

资料来源：各家银行年报。

（二）客户存款②增速同比持平

2012年上半年，受上年宏观调控政策的滞后影响，中国商业银行客户存款增长率继续下降，但从下半年开始，我国实际利率由负转正，信贷规模平稳适度增长，存款准备金率开始从高位回落，存款增速形成低位反弹势头，全年存款增速与上年持平。由于客户存款平均增长速度低

---

① 差别准备金动态调整：指对金融机构存款准备金与其资本充足率、资产质量状况等指标挂钩。
② 包括个人存款和公司存款。

于同期负债总额增长速度，客户存款在负债总额中的比重比上年下降了 1.77 个百分点。2012年，16 家上市商业银行客户存款余额总计 64.03 万亿元，比上年新增 7.15 万亿元，增长率为12.57%，增速同比持平。其中，上市城市商业银行客户存款新增 1 776.03 亿元，比上年增长18.55%，增长率上升 5.02 个百分点，在三类银行中增速上升最为明显（见表 5 - 2）。

表 5 - 2　　　　　　　　　　16 家上市商业银行客户存款增长率　　　　　单位：亿元、%、个百分点

银行机构	2012 年		2011 年		同比变动
	新增额	增长率	新增额	增长率	
工商银行	13 816.91	11.27	11 156.62	10.01	1.26
农业银行	12 409.09	12.90	7 341.21	8.26	4.64
中国银行	3 560.34	4.04	12 788.08	16.96	-12.92
建设银行	13 556.29	13.57	9 120.81	10.05	3.52
交通银行	4 451.80	13.56	4 153.85	14.48	-0.93
国有控股商业银行小计	47 794.43	10.87	44 560.57	11.28	-0.41
招商银行	3 123.84	14.07	3 228.82	17.02	-2.95
中信银行	2 870.90	14.59	2 372.35	13.71	0.88
光大银行	2 481.41	21.05	1 490.89	14.48	6.57
民生银行	2 814.56	17.11	2 277.99	16.08	1.04
浦发银行	2 833.10	15.31	2 123.75	12.96	2.35
兴业银行	4 679.87	34.79	2 125.12	18.76	16.03
华夏银行	1 399.76	15.62	1 284.02	16.73	-1.11
平安银行	1 702.63	20.01	2 879.33	51.15	-31.14
全国性中小股份制商业银行小计	21 906.07	18.32	17 782.27	17.47	0.85
北京银行	995.31	16.20	565.17	10.13	6.07
南京银行	472.32	28.38	267.00	19.11	9.27
宁波银行	308.41	17.45	309.09	21.20	-3.75
城市商业银行小计	1 776.03	18.55	1 141.25	13.53	5.02
16 家上市商业银行合计	71 476.53	12.57	63 484.09	12.56	0.01

资料来源：各家银行年报。

　　由于业务模式不同或者吸收客户存款的能力不同，16 家上市商业银行客户存款在负债中的占比有升有降，最高的中信银行上升了 5.73 个百分点，而最低的民生银行下降了 15.22 个百分点（见表 5 - 3）。

表 5 - 3　　　　　　　　　16 家上市商业银行客户存款占总负债的比例　　　　　单位：亿元、%、个百分点

银行机构	2012 年		2011 年		同比变动
	客户存款额	占比	客户存款额	占比	
工商银行	136 429.10	83.12	122 612.19	84.45	-1.33
农业银行	108 629.35	86.95	96 220.26	87.25	-0.30
中国银行	91 739.95	77.62	88 179.61	79.63	-2.01

续表

银行机构	2012 年		2011 年		同比变动
	客户存款额	占比	客户存款额	占比	
建设银行	113 430.79	87.10	99 874.50	87.11	- 0.01
交通银行	37 284.12	76.22	32 832.32	75.68	0.54
国有控股商业银行小计	487 513.31	83.14	439 718.88	83.88	- 0.74
招商银行	25 324.44	78.95	22 200.60	84.41	- 5.47
中信银行	22 551.41	81.80	19 680.51	76.07	5.73
光大银行	14 269.41	65.91	11 788.00	72.00	- 6.09
民生银行	19 261.94	63.29	16 447.38	78.51	- 15.22
浦发银行	21 343.65	71.96	18 510.55	73.02	- 1.06
兴业银行	18 132.66	58.87	13 452.79	58.68	0.19
华夏银行	10 360.00	73.26	8 960.24	75.92	- 2.66
平安银行	10 211.08	67.10	8 508.45	71.94	- 4.83
全国性中小股份制商业银行小计	141 454.59	70.18	119 548.52	74.07	- 3.89
北京银行	7 137.72	68.09	6 142.41	67.79	0.30
南京银行	2 136.56	66.98	1 664.24	64.01	2.97
宁波银行	2 075.77	59.07	1 767.37	73.10	- 14.03
城市商业银行小计	11 350.06	66.04	9 574.02	68.01	- 1.97
16 家上市商业银行合计	640 317.95	79.53	568 841.42	81.30	- 1.77

资料来源：各家银行年报。

（三）公司存款增速低于个人存款增速

2012 年，16 家上市商业银行公司存款余额 34.74 万亿元，增长 11.95%，比上年上升 0.04 个百分点；个人存款余额 26.51 万亿元，增长 14.31%，比上年上升 3.29 个百分点（见表 5 - 4）。城市商业银行公司存款和个人存款的增长率相差最大，公司存款低于个人存款增长率 12.13 个百分点。国有控股商业银行和全国性中小股份制商业银行公司存款增速分别低于个人存款增速 2.76 个百分点和 7.86 个百分点。

表 5 - 4　　　　　　　　16 家上市商业银行公司和个人存款增速　　　　单位：%、个百分点

银行机构	2012 年			2011 年		
	公司存款增长率	个人存款增长率	变动	公司存款增长率	个人存款增长率	相差
工商银行	11.73	10.92	0.81	8.60	11.45	- 2.86
农业银行	9.50	14.15	- 4.65	3.46	11.07	- 7.61
中国银行	5.59	11.44	- 5.85	12.25	4.12	8.13
建设银行	12.36	15.08	- 2.72	10.08	10.02	0.06
交通银行	12.25	16.40	- 4.15	32.54	16.37	16.17

续表

银行机构	2012 年			2011 年		
	公司存款增长率	个人存款增长率	变动	公司存款增长率	个人存款增长率	相差
国有控股商业银行小计	10.31	13.07	-2.76	10.85	9.92	0.93
招商银行	13.42	15.21	-1.79	18.70	14.17	4.53
中信银行	13.54	19.21	-5.67	13.09	15.03	-1.94
光大银行	8.16	47.68	-39.52	9.12	31.40	-22.28
民生银行	12.98	36.43	-23.46	14.26	24.83	-10.57
浦发银行	12.59	21.23	-8.64	2.88	16.95	-14.07
兴业银行	34.30	33.11	1.19	9.66	20.94	-11.28
华夏银行	13.03	13.17	-0.14	43.58	25.21	18.37
平安银行	26.11	24.43	1.69	50.45	72.54	-22.09
全国性中小股份制商业银行小计	15.77	23.64	-7.86	15.12	20.67	-5.55
北京银行	14.31	21.26	-6.95	7.21	15.35	-8.14
南京银行	27.15	54.19	-27.04	15.28	25.91	-10.63
宁波银行	15.69	36.83	-21.14	4.13	18.84	-14.71
城市商业银行小计	16.66	28.79	-12.13	7.90	17.36	-9.46
16 家上市商业银行合计	11.95	14.31	-2.36	11.91	11.02	0.89

资料来源：各家银行年报。

由于增速不同，2012 年，16 家上市商业银行公司存款在客户存款中的占比较上年略降 0.3 个百分点，为 54.25%。其中，国有控股商业银行较上年下降 0.25 个百分点，全国性中小股份制商业银行和城市商业银行公司存款占比较上年分别下降 1.53 个百分点和 1.17 个百分点（见表 5-5）。

表 5-5　　　　　　　　　　　16 家上市商业银行的公司存款占比　　　　　单位：亿元、%、个百分点

银行机构	2012 年			2011 年			占比变动
	公司存款余额	新增额	余额占比	公司存款余额	新增额	余额占比	
工商银行	66 385.28	6 967.57	48.66	59 417.71	4 704.62	48.46	0.20
农业银行	40 210.76	3 489.06	37.02	36 721.70	1 228.83	38.16	-1.15
中国银行	47 229.58	2 501.22	51.48	44 728.36	4 881.05	50.72	0.76
建设银行	62 091.09	6 829.92	54.74	55 261.17	5 058.81	55.33	-0.59
交通银行	25 237.68	2 754.51	67.69	22 483.17	5 519.97	68.48	-0.79
国有控股商业银行小计	241 154.39	22 542.28	49.47	218 612.11	21 393.28	49.72	-0.25
招商银行	16 069.41	1 901.71	63.45	14 167.70	2 231.91	63.82	-0.36
中信银行	18 362.74	2 189.78	81.43	16 172.96	1 872.34	82.18	-0.75
光大银行	8 743.63	659.60	61.28	8 084.03	675.77	68.58	-7.30
民生银行	15 285.62	1 755.71	79.36	13 529.91	1 688.80	82.26	-2.91
浦发银行	13 855.76	1 548.94	64.92	12 306.82	344.41	66.49	-1.57

续表

银行机构	2012 年			2011 年			占比变动
	公司存款余额	新增额	余额占比	公司存款余额	新增额	余额占比	
兴业银行	12 696.22	3 242.62	70.02	9 453.60	832.47	70.27	-0.25
华夏银行	6 918.64	797.35	66.78	6 121.29	1 857.87	68.32	-1.53
平安银行	6 063.96	1 255.66	59.39	4 808.30	1 612.26	56.51	2.87
全国性中小股份制商业银行小计	97 995.98	13 351.37	69.28	84 644.61	11 115.83	70.80	-1.53
北京银行	5 333.08	667.50	74.72	4 665.58	313.95	75.96	-1.24
南京银行	1 475.27	315.00	69.05	1 160.27	153.76	69.72	-0.67
宁波银行	1 410.63	191.33	67.96	1 219.30	48.32	68.99	-1.03
城市商业银行小计	8 218.98	1 173.83	72.41	7 045.15	516.03	73.59	-1.17
16 家上市商业银行合计	347 369.36	37 067.49	54.25	310 301.87	33 025.14	54.55	-0.30

资料来源：各家银行年报。

（四）定期存款①增速远快于活期存款增速，占比快速上升

2012 年，16 家上市商业银行定期存款增长率为 17.77%，较同期活期存款增长率高 9.23 个百分点，比上年高 1.72 个百分点。其中，全国性中小股份制商业银行定期存款增长率为比同期活期存款增长率高 10.65 个百分点（见表 5-6）。

2012 年，中国商业银行定期存款增速和占比上升的原因主要是：人民银行虽两次下调存款基准利率，但同时将金融机构存款利率浮动区间的上限调整为基准利率的 1.1 倍，所有商业银行均选择将定期存款利率上浮，大部分中小股份制银行和城市商业银行更是选择"一浮到顶"，定期存款利率在基准利率连续下调后并没有实质性下降。而同期国有大型商业银行的活期存款利率仍执行基准利率，从而吸引客户增加定期存款。另外，公众尤其是企事业单位和机构等，投资房地产市场和股票市场收益下降，转而将大量活期存款转为定期存款和结构性存款，以提高投资收益。

表 5-6　　　　　　　　　16 家上市商业银行定期存款增速对比　　　　单位：亿元、%、个百分点

银行机构	2012 年		2011 年	定期存款增长率变动
	定期存款增长率	活期存款增长率	定期存款增长率	
工商银行	17.17	6.26	11.38	5.79
农业银行	17.58	8.61	10.25	7.33
中国银行	9.41	6.88	8.93	0.48
建设银行	18.57	9.36	16.09	2.48
交通银行	21.08	5.73	42.29	21.21
国有控股商业银行小计	16.26	7.63	13.77	2.49

---

① 银行与存款人双方在存款时事先约定期限、利率，到期后支取本息的存款。

续表

银行机构	2012 年		2011 年	定期存款增长率变动
	定期存款增长率	活期存款增长率	定期存款增长率	
招商银行	19.97	9.16	23.23	-3.26
中信银行	19.45	8.42	22.24	-2.79
光大银行	15.40	16.17	17.93	-2.53
民生银行	26.02	4.95	23.86	2.16
浦发银行	18.91	8.41	15.40	3.51
兴业银行	43.63	24.96	15.36	28.27
华夏银行	13.55	12.53	65.20	-51.65
平安银行	26.23	25.11	54.12	-27.89
全国性中小股份制商业银行小计	22.58	11.93	24.12	-1.54
北京银行	15.87	15.51	18.03	-2.16
南京银行	44.71	17.46	28.20	16.51
宁波银行	27.13	13.49	31.32	-4.18
城市商业银行小计	22.72	15.44	21.87	0.86
16 家上市商业银行合计	17.77	8.54	16.05	1.72

资料来源：各家银行年报。

由于 16 家上市商业银行定期存款增长率明显快于活期存款，使定期存款在客户存款中占比上升。2012 年，16 家上市商业银行定期存款余额 30.55 万亿元，占客户存款的 47.72%，同比上升 2.11 个百分点。其中，国有控股商业银行定期存款占比上升 2.18 个百分点（见表 5 - 7）。

表 5 - 7　　　　　　　　　　16 家上市商业银行定期存款占比　　　　单位：亿元、%、个百分点

银行机构	2012 年		2011 年		占比变动
	定期存款余额	余额占比	定期存款余额	余额占比	
工商银行	64 159.53	47.03	54 758.29	44.66	2.37
农业银行	45 151.60	41.56	38 400.93	39.91	1.66
中国银行	45 882.49	50.01	41 936.01	47.56	2.46
建设银行	54 193.98	47.78	45 707.09	45.76	2.01
交通银行	20 248.14	54.31	16 723.12	50.93	3.37
国有控股商业银行小计	229 635.74	47.10	197 525.44	44.92	2.18
招商银行	12 098.97	47.78	10 084.68	45.43	2.35
中信银行	13 010.70	57.69	10 892.37	55.35	2.35
光大银行	6 041.15	42.34	5 234.79	44.41	-2.07
民生银行	11 928.83	61.93	9 465.65	57.55	4.38
浦发银行	10 512.19	49.25	8 840.58	47.76	1.49
兴业银行	8 204.68	45.25	5 712.38	42.46	2.79
华夏银行	4 397.39	42.45	3 872.69	43.22	-0.78
平安银行	4 373.93	42.84	3 464.97	40.72	2.11
全国性中小股份制商业银行小计	70 567.84	49.89	57 568.11	48.15	1.73
北京银行	3 285.57	46.03	2 835.58	46.16	-0.13
南京银行	1 052.82	49.28	727.56	43.72	5.56
宁波银行	993.09	47.84	781.13	44.20	3.64
城市商业银行小计	5 331.49	46.97	4 344.27	45.38	1.60
16 家上市商业银行合计	305 535.07	47.72	259 437.82	45.61	2.11

资料来源：各家银行年报。

（五）同业存款增速同比下降，但占负债总额比重上升

2012 年，16 家上市商业银行同业存款新增 1.93 万亿元，增长率为 25.57%，比上年下降 5.67 个百分点（见表 5 - 8）。其中，国有控股商业银行同业存款增速同比下降 5.74 个百分点，全国性中小股份制商业银行同业存款增速同比下降 9.58 个百分点，城市商业银行同业存款增速同比下降幅度较大，达 95.32 个百分点。

表 5 - 8　　　　　　　　　　16 家上市商业银行同业存款增长率　　　　　　单位：亿元、%、个百分点

银行机构	2012 年		2011 年		同比变动
	新增额	增长率	新增额	增长率	
工商银行	1 411.29	12.93	1 691.25	18.34	-5.41
农业银行	1 690.71	27.48	890.31	16.92	10.56
中国银行	1 822.49	13.29	951.29	7.46	5.84
建设银行	112.58	1.17	2 826.92	41.36	-40.19
交通银行	463.75	7.00	624.42	10.40	-3.40
国有控股商业银行小计	5 500.82	11.69	6 984.19	17.42	-5.74
招商银行	529.93	25.76	26.88	1.32	24.44
中信银行	-1 654.38	-30.89	3 938.83	278.04	-308.93
光大银行	2 569.34	94.94	734.13	37.23	57.72
民生银行	4 729.60	179.91	725.95	38.15	141.76
浦发银行	1 056.56	23.96	1 030.89	30.52	-6.55
兴业银行	2 676.05	42.69	2 091.76	50.08	-7.39
华夏银行	936.10	69.01	420.65	44.95	24.06
平安银行	1 988.13	127.93	730.40	88.67	39.26
全国性中小股份制商业银行小计	12 831.32	48.72	9 699.49	58.30	-9.58
北京银行	731.56	43.53	1 129.59	205.06	-161.53
南京银行	2.60	0.60	111.07	34.23	-33.63
宁波银行	283.68	175.38	88.07	119.54	55.84
城市商业银行小计	1 017.84	44.69	1 328.72	140.01	-95.32
16 家上市商业银行合计	19 349.99	25.57	18 012.41	31.23	-5.67

资料来源：各家银行年报。

16 家上市商业银行同业存款平均增长速度较上年下降，但仍高于同期总负债增长率，使得同业存款在负债总额中比重明显上升。2012 年，16 家上市商业银行同业存款余额为 9.5 万亿元，占负债总额的 11.8%，比上年上升 0.99 个百分点（见表 5 - 9）。

表 5-9　　　　　　　16 家上市商业银行同业存款在负债总额中的占比　　　单位：亿元、%、个百分点

银行机构	2012 年		2011 年		同比变动
	同业存款余额	占比	同业存款余额	占比	
工商银行	12 326.23	7.51	10 914.94	7.52	-0.01
农业银行	7 843.52	6.28	6 152.81	5.58	0.70
中国银行	1 5531.92	13.14	13 709.43	12.38	0.76
建设银行	9 774.87	7.51	9 662.29	8.43	-0.92
交通银行	7 090.82	14.49	6 627.07	15.28	-0.78
国有控股商业银行小计	52 567.36	8.96	47 066.54	8.98	-0.02
招商银行	2 586.92	8.06	2 056.99	7.82	0.24
中信银行	3 701.08	13.43	5 355.46	20.70	-7.28
光大银行	5 275.61	24.37	2 706.27	16.53	7.84
民生银行	7 358.51	24.18	2 628.91	12.55	11.63
浦发银行	5 465.64	18.43	4 409.08	17.39	1.04
兴业银行	8 944.36	29.04	6 268.31	27.34	1.70
华夏银行	2 292.55	16.21	1 356.45	11.49	4.72
平安银行	3 542.23	23.28	1 554.10	13.14	10.14
全国性中小股份制商业银行小计	39 166.90	19.43	26 335.57	16.32	3.12
北京银行	2 412.00	23.01	1 680.44	18.55	4.46
南京银行	438.15	13.74	435.55	16.75	-3.02
宁波银行	445.44	12.68	161.75	6.69	5.99
城市商业银行小计	3 295.59	19.18	2 277.74	16.18	3.00
16 家上市商业银行合计	95 029.84	11.80	75 679.86	10.82	0.99

资料来源：各家银行年报。

　　上市商业银行同业存款增速下降的原因是：2012 年，我国中小银行及信用社、财务公司等非银行金融机构资金普遍趋紧，同业存款减少。加之，商业银行从资金成本角度主动控制规模，银监会先后出台了《商业银行理财产品销售办法》、《关于进一步规范银信理财合作业务的通知》、《关于规范银信理财合作业务转表范围及方式的通知》等文件，持续规范理财产品资金通过信托形式投向同业存款，以及银行之间通过互相持有理财产品直接形成同业存款等操作，客观上降低了上市商业银行同业存款的增速。

（六）主动负债①增速下降，但仍维持在高位

表 5 - 10　　　　　　　　16 家上市商业银行主动负债占负债总额的比重　　单位：亿元、%、个百分点

银行机构	2012 年		2011 年		同比变动
	主动负债	占比	主动负债	占比	
工商银行	22 908.91	13.96	17 322.34	11.93	2.03
农业银行	12 986.68	10.40	11 544.49	10.47	-0.07
中国银行	22 418.69	18.97	19 257.18	17.39	1.58
建设银行	14 181.67	10.89	11 046.01	9.63	1.26
交通银行	10 456.21	21.37	9 552.23	22.02	-0.64
国有控股商业银行小计	82 952.16	14.15	68 722.25	13.11	1.04
招商银行	6 131.70	19.12	3 676.07	13.98	5.14
中信银行	4 595.48	16.67	5 875.22	22.71	-6.04
光大银行	6 796.12	31.39	4 041.38	24.68	6.71
民生银行	9 872.32	32.44	3 651.12	17.43	15.01
浦发银行	7 342.29	24.75	6 280.63	24.77	-0.02
兴业银行	12 166.52	39.50	9 050.45	39.47	0.02
华夏银行	3 570.81	25.25	2 631.93	22.30	2.95
平安银行	4 743.60	31.17	2 378.04	20.11	11.07
全国性中小股份制商业银行小计	55 218.84	27.40	37 584.85	23.29	4.11
北京银行	3 216.30	30.68	2 805.18	30.96	-0.28
南京银行	1 003.68	31.47	895.93	34.40	-3.00
宁波银行	1 360.37	38.71	605.25	25.03	13.68
城市商业银行小计	5 580.35	32.47	4 306.36	30.59	1.88
16 家上市商业银行合计	143 751.35	17.85	110 613.46	15.81	2.05

资料来源：各家银行年报。

2012 年，16 家上市商业银行主动负债的平均增速为 29.96%，同比下降 5.44 个百分点，但仍比同期负债总额平均增速高 14.89 个百分点。其中，民生银行、宁波银行和平安银行主动负债增速比同期负债总额增速分别高出 125.12 个百分点、79.42 个百分点和 70.82 个百分点，中信银行和南京银行分别低 28.34 个百分点和 10.67 个百分点。16 家上市商业银行主动负债余额约 14.38 万亿元，较上年增加 3.31 万亿元，占负债总额的 17.85%，比上年上升 2.05 个百分点。在三类银行中，全国性中小股份制商业银行主动负债在总负债中的占比上升最多达 4.11 个百分点（见表 5 - 10）。

---

① 包括同业和其他金融机构存放款项、向中央银行借款、拆入资金、交易性金融负债、衍生金融负债、卖出回购金融资产款、应付债券等。

分业务品种看，2012 年 3.31 万亿元主动负债增加额中，同业和其他金融机构存放款项增加最多，达 1.93 万亿元，占全部增加额的 58.39%，向中央银行借款、拆入资金、交易性负债、卖出回购金融资产、应付债券分别增加 690.49 亿元、2 899.71 亿元、734.49 亿元、2 031.93 亿元和 7 480.53 亿元。衍生负债下降了 49.26 亿元（如图 5-3）。

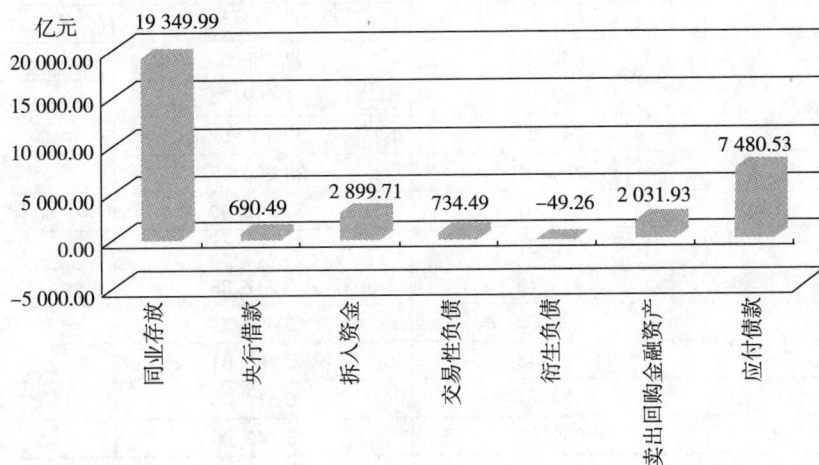

资料来源：各家银行年报。

图 5-3 2012 年 16 家上市商业银行主动负债分业务品种增加额

主动负债增速比上年略降的主要原因是：2011 年同业存款增速过快，负债成本上升幅度较大，各商业银行主动控制同业存放款项规模，占主动负债比重较高的同业存放款项增速趋于平稳。同时，货币市场资金趋紧，拆入资金、卖出回购金融资产、交易性负债等增加额较上年减少，降低了主动负债增速。全年拆入资金 2 899.71 亿元，同比少增加 1 994.79 亿元，卖出回购金融资产 2 031.93 亿元，同比少增加 1 454.19 亿元。

（七）负债付息率①同比大幅上升

2012 年，16 家上市商业银行利息支出 1.69 万亿元，比上年增加 4 575.38 亿元，增长 37.17%。北京银行增长幅度最大，达 54.26%，平安银行和中信银行增长幅度也均超过 50%，分别达到 53.76% 和 52.53%，宁波银行增长幅度最小，为 11.68%。16 家上市商业银行 2012 年平均负债付息率为 2.1%，其中南京银行负债付息率达 2.84%，而农业银行负债付息率仅为 1.79%，低于 16 家银行平均值 30 个基点（见表 5-11）。

---

① 负债付息率＝利息支出/吸收的负债总额×100%。

表 5－11   2012 年 16 家上市商业银行负债成本率   单位：亿元、%

银行机构	利息支出	负债额	负债付息率
工商银行	3 036.11	164 137.58	1.85
农业银行	2 241.84	124 929.88	1.79
中国银行	2 495.64	118 190.73	2.11
建设银行	2 500.39	130 232.19	1.92
交通银行	1 204.70	48 919.32	2.46
招商银行	617.27	32 077.12	1.92
中信银行	633.24	27 568.53	2.30
光大银行	537.08	21 649.73	2.48
民生银行	747.34	30 434.57	2.46
浦发银行	768.81	29 660.48	2.59
兴业银行	835.62	30 803.40	2.71
华夏银行	380.51	14 141.37	2.69
平安银行	415.78	15 217.38	2.73
北京银行	292.99	10 482.78	2.80
南京银行	90.46	3 189.81	2.84
宁波银行	86.24	3 514.20	2.45
16 家上市商业银行合计	16 884.03	805 149.08	2.10

资料来源：各家银行年报。

    16 家上市商业银行平均负债付息率比上年上升 34 个基点。其中，北京银行和中信银行负债付息率上升最多，达 70 个基点，中国银行、平安银行和交通银行也分别上升了 44 个基点、44 个基点和 43 个基点。宁波银行、民生银行和华夏银行分别下降 74 个基点、4 个基点和 4 个基点（如图 5－4）。

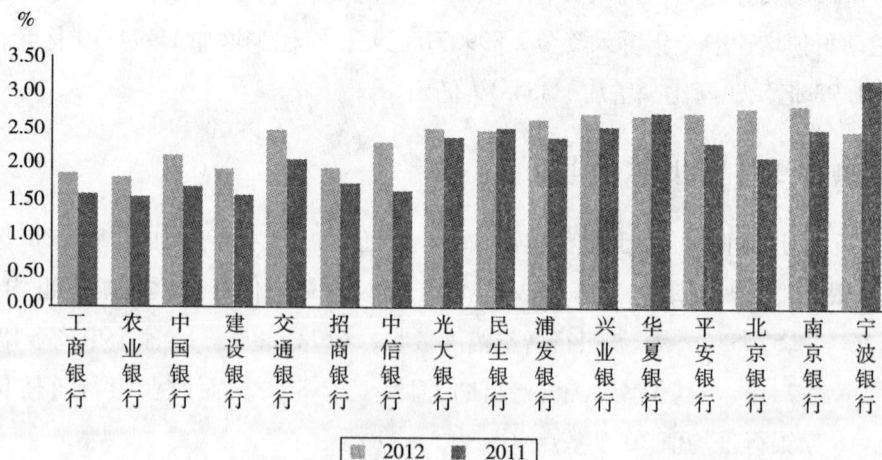

资料来源：各家银行年报。

图 5－4   16 家上市商业银行负债付息率变化

商业银行负债付息率上升的主要原因：一方面，我国存款利率上限放开，可上浮1.1倍，价格对存款业务影响凸显出来，商业银行为了吸收存款，均选择将存款利率上浮，其结果是综合付息成本显著抬升。另一方面，存款结构发生了显著变化，同业存款等高利息支出的存款高速增长，占比上升，相应增加了利息支出，提高了商业银行负债成本。

（八）国有控股商业银行负债集约化经营水平提升加快

2012 年，16 家上市商业银行共有境内分支机构①74 380 家，同比增加 2 195 家。16 家上市商业银行境内共有从业人员②194.74 万人，同比增加 11.65 万人。16 家上市商业银行机构平均负债余额为 10.82 亿元，同比增长 11.67%，人均负债余额 4 134.47 万元，同比增长 8.18%（见表 5 - 12、表 5 - 13）。

表 5 - 12　　　　　　　16 家上市商业银行机构负债集约化经营情况　　　　单位：亿元、%

银行机构	机构平均负债余额		机构平均负债增长额	机构平均负债增长率
	2012 年	2011 年		
工商银行	9.61	8.72	0.88	10.13
农业银行	5.32	4.70	0.62	13.23
中国银行	11.23	10.83	0.40	3.72
建设银行	9.22	8.44	0.78	9.25
交通银行	16.96	15.53	1.43	9.20
上市国有控股商业银行小计	8.61	7.86	0.75	9.59
招商银行	33.55	29.48	4.07	13.80
中信银行	31.12	33.43	-2.31	-6.91
光大银行	27.94	23.73	4.21	17.73
民生银行	43.42	35.57	7.85	22.06
浦发银行	36.00	34.26	1.74	5.07
兴业银行	42.90	35.38	7.52	21.25
华夏银行	29.71	27.64	2.07	7.49
平安银行	33.74	37.19	-3.45	-9.28
上市全国性中小股份制商业银行小计	34.83	31.78	3.04	9.58
北京银行	44.61	44.20	0.41	0.93
南京银行	31.58	28.26	3.32	11.76
宁波银行	20.31	22.81	-2.50	-10.94
上市城市商业银行小计	33.77	34.93	-1.17	-3.34
16 家上市商业银行合计	10.82	9.69	1.13	11.67

资料来源：各家银行年报。

---

① 境内分支机构数量包含总行、总行直属机构、分行、分行营业部、支行、基层营业网点等各类机构网点，不包括子公司。

② 境内分支机构从业人员同境内分支机构对应，不包括子公司从业人员。

城市商业银行由于机构数较上年大幅扩张26.3%，使其机构平均负债额较上年下降1.17亿元。国有控股商业银行机构平均负债余额和人均负债余额仍远低于全国性中小股份制商业银行和城市商业银行，其在负债业务集约化经营方面还有很大潜力可挖。但其机构平均负债增长率已超过全国性中小股份制商业银行和城市商业银行，人均负债增长率也超过了全国性中小股份制商业银行，集约化经营能力提升步伐加快。

表 5 - 13　　　　　　　　　　16家上市商业银行员工负债集约化经营情况　　　　　　单位：万元、%

银行机构	人均负债余额		人均负债增长额	人均负债增长率
	2012 年	2011 年		
工商银行	3 840.77	3 551.11	289.66	8.16
农业银行	2 709.39	2 464.86	244.53	9.92
中国银行	3 913.39	3 819.33	94.07	2.46
建设银行	3 732.06	3 480.22	251.84	7.24
交通银行	5 082.05	4 812.46	269.59	5.60
上市国有控股商业银行小计	3 585.10	3 348.11	236.99	7.08
招商银行	6 620.25	5 800.02	820.23	14.14
中信银行	6 664.70	6 955.50	-290.81	-4.18
光大银行	6 772.31	5 791.90	980.41	16.93
民生银行	6 387.11	5 252.49	1134.62	21.60
浦发银行	8 466.44	8 117.42	349.02	4.30
兴业银行	7 237.47	6 624.25	613.22	9.26
华夏银行	6 150.83	6 156.87	-6.04	-0.10
平安银行	6 274.95	8 584.67	-2 309.72	-26.91
上市全国性中小股份制商业银行小计	6 849.19	6 469.49	379.70	5.87
北京银行	12 692.56	12 345.89	346.66	2.81
南京银行	8 259.49	7 451.63	807.86	10.84
宁波银行	6 594.48	5 062.47	1 532.01	30.26
上市城市商业银行小计	9 849.16	9 022.28	826.89	9.16
16 家上市商业银行合计	4 134.47	3 821.79	312.67	8.18

资料来源：各家银行年报。

二、2013 年中国商业银行负债业务展望

（一）商业银行各项存款增速出现回升势头

根据稳中求进的工作总基调，2013 年我国将继续维持货币政策环境的稳定。从影响银行存

款增速变动的主要因素来看：一是实际负利率①从 2012 年年初开始由负转正，较 2011 年中期的最低点提高超过 4%（如图 5 - 5）。未来一段时期，我国通胀率趋于稳定，实际利率水平能基本保持。二是货币信贷规模将平稳适度增长，短期将会对存款增速起到明显拉动作用。三是存款准备金率②下调可能性加大。2011 年年底和 2012 年上半年的三次降准后，存款准备金率开始从高位回落，存款增速形成低位反弹势头。目前，我国存款准备金率仍保持在 20% 的高位，高于 1985—2012 年平均值 8 个百分点左右，有较大下降空间。四是从 2013 年开始，在贸易顺差和人民升值导致的资本净流入等因素影响下，金融机构外汇占款增速回升。实际利率提高、新增贷款规模扩大、外汇占款增加以及降低存准率的累积效应均会提高存款增速。综合考虑监管机构加强监管和规范，"影子银行"融资规模将有所下降，有利于资金留在银行，预计 2013 年存款增速将稳步回升。

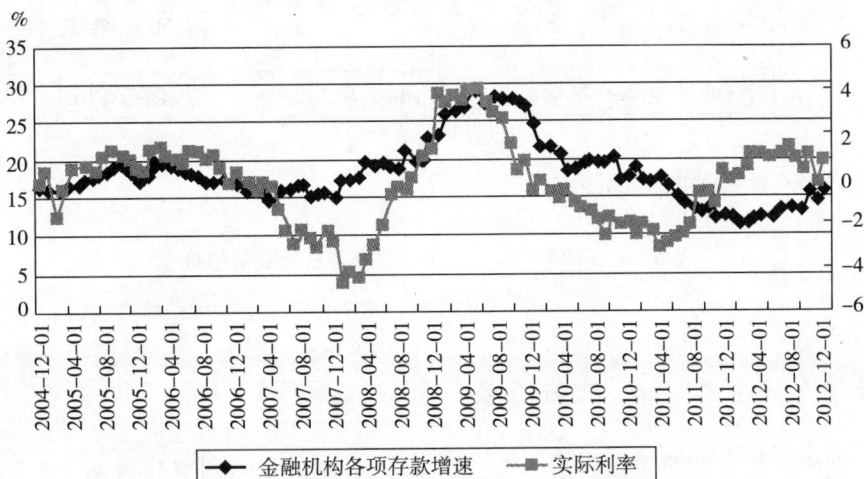

资料来源：Wind 资讯。

图 5 - 5　2005 年以来实际利率和存款增速变动趋势

（二）个人存款占总负债的比重下降，同业存款占总负债的比重将稳步上升

2013 年，我国资本市场行情将逐步好转，财富管理类产品的普及程度和可选范围不断加大，对个人存款的分流将进一步加剧，个人金融资产的"去存款化"速度会进一步加快。加之，我国促进消费增长的政策力度也将逐步增大，倾向于更多消费的居民占比上升，会进一步加剧个人存款的分流，个人存款在总负债中的占比将进一步下降，与 2000 年以来我国储蓄存款占比的

---

① 为一年期定期存款利率与当月 CPI 的差。
② 指大型存款类金融机构法定准备金率。

长期变化趋势相吻合（如图5-6）。同时，由于利差的存在，为提高投资收益，大量企事业单位及居民存款"理财化"、"同业化"趋势也将进一步加剧，同业存款仍将维持高速增长，在商业银行总负债中的比重稳步上升。

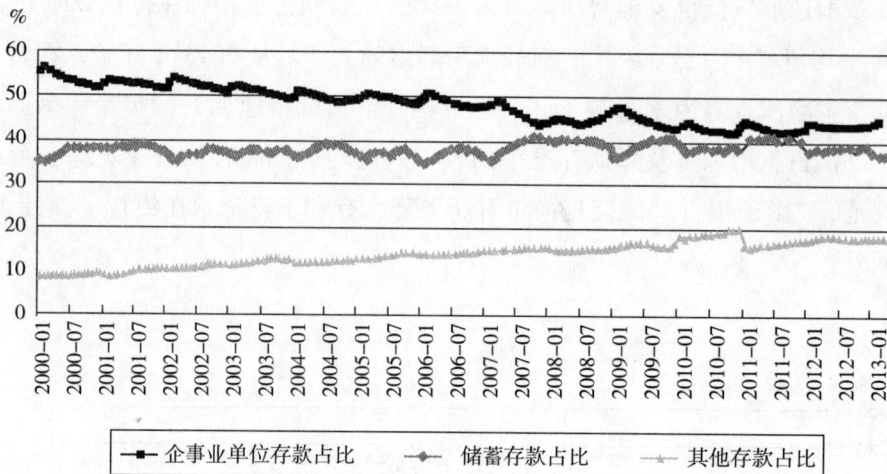

注：企事业单位存款包括企业存款和财政存款。
资料来源：Wind资讯。

图5-6　2000年以来不同种类存款占比变动趋势

（二）活期存款占比下降，定期存款占比将继续上升

2013年，利率市场化改革力度将进一步加大，定期存款实际利率与活期存款利率的差距可能扩大，并维持在高位，企业和居民户将倾向于将大量活期存款转为定期存款。同时，我国仍处于转变经济发展方式，进行经济结构调整阶段，企业盈利预期下降，现金流趋于紧张，在银行系统的活期存款稳定性变差、减少。由于活期存款增速低于客户存款增速，其在客户存款中的占比将继续下降，定期存款增速和占比将上升。

（四）国有控股商业银行存款市场份额下降趋缓，中小银行面临的存款增长压力会进一步加大

2003—2012年，国有控股商业银行存款占银行业金融机构各项存款比重从66%下降到52%；股份制商业银行从10%左右上升到15%；城市商业银行从2004年的0.9%上升到2012年的1.2%。2013年，在新的资本标准、存贷比、规范理财业务等监管新规下，国有控股商业银行在经营规模、信息资源、客户基础、网点分布、ATM等方面相对中小银行的优势逐步显现，在经过前期的市场份额下降后，国有控股商业银行存款市场份额下降趋势将趋于稳定，中小股份

制商业银行和城市商业银行面临的存款增长压力会进一步加大。

（五）负债付息率将继续上升，负债集约化经营差距呈缩小趋势

2013年，随着利率市场化的不断推进，商业银行存款市场竞争更趋激烈，通过利率上浮吸收存款的总量和幅度会进一步提高，将推动商业银行综合付息成本上升。同时，2013年商业银行低成本的活期存款占比会继续下降，而同业存款、定期存款、主动负债等高利息支出负债的增速仍会高于总负债的平均增速，在总负债中的比重会进一步提高，从而增加商业银行负债的付息水平，使负债成本率继续上升。

在负债集约化经营方面，2013年，国有控股商业银行将继续加大机构网点集约化建设力度，通过对产出效能较低的网点进行改造、升级与转型，深化前后台分离，简化业务流程，完善网点功能，提高网点服务水平，加大电子银行的推广使用，使网点的综合化、特色化和专业化水平持续提高，网点效率和经营贡献将进一步提升。而中小商业银行由于竞争加剧及经营战略的不同，仍将在机构、人员扩张上保持较快速度，从而拉低其负债集约化水平。随着国有控股商业银行进一步加大机构、网点综合化、集约化经营力度，科技信息系统大量使用，业务集中处理以及ATM、网上银行、自助银行等的使用，其机构、人员的经营效率与全国性中小股份制商业银行和城市商业银行的差距将逐步缩小。

第六章　中国商业银行中间业务

2012 年，中国商业银行中间业务受更加严格的监管影响，部分业务规模有所减少，使中间业务收入增长明显减缓。尽管如此，商业银行积极调整中间业务结构，大力发展银行卡、代理、新兴托管、理财等业务，确保了中间业务收入的增长。2013 年，商业银行将更加重视中间业务规范经营，在 2012 年受挫的结算与清算、担保与承诺、顾问与咨询等业务将实现恢复性增长，在 2012 年为中间业务增长作出重大贡献的银行卡、代理、托管与理财等业务将进一步受到重视。

一、2012 年中国商业银行中间业务回顾

（一）监管层加强对不规范经营监管，银行中间业务受影响

第一，银行业整治不规范经营和纠正乱收费问题，对部分中间业务产生较大影响。2012 年，银监会出台《关于整治银行业金融机构不规范经营的通知》，开展了银行业不规范经营专项治理活动，提出"七不准①"。紧接着，发改委、央行、银监会共同出台《商业银行服务价格管理办法（征求意见稿）》，要求提价、新设收费项目时及时向三部门报告。之后，"坚决纠正银行业金融机构乱收费问题"又被列为国务院纠正行业不正之风办公室 2012 年主要任务，收费问题的整治力度再度升级。发改委、银监会等多部门在全国范围开展了"乱收费"大检查，特别针对商业银行乱收费问题进行了清理整顿，以规范行业秩序。一系列监管举措对商业银行中间业务产生较大的影响，对大众服务收费，以及财务顾问费、融资顾问费、担保及承诺费、资金管理费等受质疑最大的项目，各家银行纷纷采取或减免收费，或压缩业务的策略，致使相关手续费收入锐减或增长缓慢。从上市商业银行合计情况看（见表 6-1），结算与清算、担保与承诺、顾问与咨询手续费收入都出现了占比减少、增速减慢的现象。

---

① "七不准"是指不准以贷转存、不准存贷挂钩、不准以贷收费、不准浮利分费、不准借贷搭售、不准一浮到顶、不准转嫁成本。

表 6 – 1　　　　　　　2012 年上市商业银行手续费及佣金各项收入结构① 　　　单位：%、个百分点

各项收入	各项收入占手续费及佣金收入的比重		各项收入新增额占手续费及佣金收入新增额比重		各项收入增速	
	2012 年	增/减	2012 年	增/减	2012 年	增/减
结算及清算手续费收入	21.08	−1.72	7.91	−13.86	4.53	−30.81
顾问与咨询业务收入	18.09	−2.09	2.06	−22.60	1.33	−49.02
担保与承诺业务收入	7.14	−1.39	−3.83	−14.02	−5.69	53.72
银行卡业务收入	21.10	3.93	51.16	36.03	38.90	7.08
代理业务收入	13.86	1.08	22.16	17.52	22.66	11.60
托管及受托业务收入	8.81	1.01	14.29	6.40	27.46	−12.79
理财业务收入	10.42	0.94	16.37	5.23	27.07	−19.57
16 家上市商业银行手续费及佣金收入平均	N	N	N	N	13.06	−24.70

注："N"表示不适用。"顾问与咨询业务收入"中工商银行、交通银行、招商银行和北京银行为投资银行收入；"担保与承诺业务收入"中因平安银行未公布相关数据，故不包含平安银行数据；"托管及受托业务收入"因北京银行和宁波银行未公布相关数据，故不包含这两家银行数据。理财业务收入仅包括建设银行、招商银行、中信银行、光大银行、华夏银行、平安银行、北京银行这 6 家银行，其余 10 家银行中，工商银行虽披露数据，但与前 6 家银行的表现完全相反，且数额较大，故剔出做特殊案例，而其余 9 家银行则未披露相关数据。

资料来源：各家银行年报。

第二，应对中间业务监管趋严的挑战，银行积极调整中间业务结构。2012 年，商业银行加强了银行卡、代理、新兴托管、理财业务的发展力度，以弥补监管趋严对部分中间业务的影响，确保中间业务的持续增长。从上市商业银行合计情况看（见表 6-1），银行卡、代理、托管、理财业务增速均超过手续费及佣金收入平均增速，是推动中间业务收入增长的关键业务。其中，银行卡业务和代理业务表现最好。

表 6 – 2　　　　　　　2012 年上市商业银行非利息净收入及占比情况　　　单位：亿元、%、个百分点

银行名称	2012 年非利息净收入			比上年增/减		
	数额	增速	占比	数额	增速	占比
工商银行	1 191.17	5.93	22.18	66.67	−39.97	−1.48
农业银行	800.85	13.54	18.98	95.53	−32.59	0.31
中国银行	1 091.27	9.02	29.81	90.25	−11.80	−0.69
建设银行	1 075.44	16.24	23.34	150.26	−12.28	0.04
交通银行	272.11	15.97	18.47	37.48	−5.98	−0.01
上市国有控股商业银行小计	4 430.84	11.03	22.92	440.19	−22.25	−0.48
招商银行	249.93	25.91	22.05	51.43	−12.89	1.40
中信银行	139.49	17.79	15.60	21.07	−37.41	0.21
光大银行	96.53	45.55	16.11	30.21	15.72	1.72

① 各家商业银行在年报中所披露的各项收入名称和口径有一定差异，本行数据也会出现变更，数据对比仅供参考。

续表

银行名称	2012 年非利息净收入			比上年增/减		
	数额	增速	占比	数额	增速	占比
民生银行	259.58	47.93	25.17	84.11	-49.33	3.87
浦发银行	95.90	48.06	11.56	31.13	8.83	2.02
兴业银行	154.26	68.85	17.61	62.90	0.41	2.35
华夏银行	44.33	36.36	11.14	11.82	-52.76	1.45
平安银行①	67.13	54.22	16.89	23.60	-48.91	2.20
上市全国性中小股份制商业银行小计	1 107.15	39.99	17.98	316.27	-18.59	1.92
北京银行	31.94	63.38	11.48	12.39	-5.74	2.05
南京银行	14.19	49.37	15.57	4.69	10.48	2.84
宁波银行	11.26	-0.62	10.89	-0.07	-42.78	-3.34
上市城市商业银行小计	57.39	42.12	12.14	17.01	-11.00	0.97
16 家上市商业银行合计	5 595.38	16.04	21.55	773.47	-20.97	-0.03

资料来源: 各家银行年报。

第三, 非利息净收入受到影响, 增长能力明显降低。尽管商业银行积极调整中间业务经营战略, 以弥补监管趋严所造成的部分业务收缩, 但收入依然受到影响, 增量和增速明显低于上年水平。2012 年, 16 家上市商业银行非利息净收入合计 5 595.38 亿元, 增量达 773.47 亿元, 增量比上年减少 529.14 亿元 (见表 6-2)。其中, 工商银行非利息净收入虽依然保持最高, 达 1 191.17 亿元, 但增量只有 66.67 亿元, 增量比上年减少了 287.11 亿元, 是上市商业银行中增量减少最多的银行。从增速看, 16 家上市商业银行非利息净收入平均增速为 16.04%, 比上年降低 20.97 个百分点。其中, 只有光大银行、浦发银行、兴业银行和南京银行这四家上市商业银行的非利息净收入增速高于上年, 其余 12 家上市商业银行非利息净收入增速均低于上年。从贡献度看, 16 家上市商业银行非利息净收入占经营净收入的比重为 21.55%, 比上年低 0.03 个百分点。其中, 工商银行、中国银行、南京银行这三家上市商业银行的非利息净收入占经营净收入的比重下降明显。

第四, 手续费及佣金净收入在非利息净收入中依然占绝对地位, 但增量、增速、占比显著下降。2012 年, 16 家上市商业银行手续费及佣金净收入合计 4 642.10 亿元, 增量达 517.93 亿元, 增速达 12.56%, 占非利息净收入的比重达 82.96%, 增量、增速、占非利息净收入的比重这三项指标分别比上年降低了 627.30 亿元、25.89 个百分点和 2.57 个百分点 (见表 6-3)。其中, 工商银行、农业银行、建设银行手续费及佣金净收入增量分别为 45.14 亿元、60.94 亿元和 65.13 亿元, 分别比上年减少 241.96 亿元、165.28 亿元和 143.49 亿元, 是增量减少最多的三家银行。其余 13 家上市商业银行中, 除光大银行、兴业银行、北京银行、宁波银行外, 其增量也都有不同程度的降低。而从增速看, 16 家上市商业银行均低于上年水平, 且降低幅度较大。可

---

① 2012 年 9 月, 原深圳发展银行与原平安银行合并为新平安银行, 数据未作可比口径调整, 下同。

见，2012年上市商业银行手续费及佣金净收入增长能力明显降低。

表6－3　　　　　　　　2012年上市商业银行手续费及佣金净收入情况　　单位：亿元、%、个百分点

银行名称	净收入额		增速		占非利息净收入比重	
	2012年	增/减	2012年	增/减	2012年	增/减
工商银行	1 060.64	45.14	4.45	-34.97	89.04	-1.26
农业银行	748.44	60.94	8.86	-40.18	93.46	-4.02
中国银行	699.23	52.61	8.14	-10.55	64.07	-0.52
建设银行	935.07	65.13	7.49	-24.06	86.95	-7.08
交通银行	208.82	22.25	11.93	-16.93	76.74	-2.78
上市国有控股商业银行小计	3 652.20	246.07	7.22	-26.84	82.43	-2.93
招商银行	197.39	41.11	26.31	-11.63	78.98	0.25
中信银行	112.10	23.73	26.85	-28.29	80.36	5.74
光大银行	94.79	25.06	35.94	-12.14	98.20	-6.94
民生银行	205.23	54.22	35.90	-46.28	79.06	-7.00
浦发银行	87.46	20.29	30.21	-35.69	91.20	-12.51
兴业银行	149.47	61.02	68.99	-15.24	96.89	0.08
华夏银行	40.46	10.70	35.95	-70.00	91.27	-0.27
平安银行	57.21	20.56	56.10	-75.13	85.22	1.03
上市全国性中小股份制商业银行小计	944.11	256.69	37.34	-26.71	85.27	-1.64
北京银行	26.72	10.59	65.65	-1.67	83.66	1.15
南京银行	9.25	1.95	26.71	-26.97	65.19	-11.66
宁波银行	9.82	2.63	36.58	-10.46	87.21	23.75
上市城市商业银行小计	45.79	15.17	49.54	-9.27	79.79	3.96
16家上市商业银行合计	4 642.10	517.93	12.56	-25.89	82.96	-2.57

资料来源：各家银行年报。

　　第五，其他非利息净收入表现相对良好。2012年，16家上市商业银行其他非利息净收入合计953.28亿元，增量为255.56亿元，增速达36.62%，占非利息净收入的比重为17.04%，增量、增速、占比均高于上年水平（见表6-4）。其中，中国银行其他非利息净收入获利能力依然最强，达392.04亿元，远超过其余15家上市商业银行。主要原因是中国银行加大贵金属市场拓展力度，并加快银保战略转型，贵金属业务收入和保险业务收入[①]发展较好。建设银行全年其他非利息净收入增量达85.13亿元，为2012年增长额度最大的上市银行，比位居第二的中国银行高出47.49亿元。主要原因是建设银行可供出售金融资产及衍生金融工具已实现收益增加、外币货币性资产重估损失较少、子公司所持交易性金融资产的估值损失减少、保险业务收入大幅增

---

　　① 此处信息来源于中国银行2012年年报，中国银行将贵金属销售收入及保险业务收入列入其他非利息净收入中的其他业务收入项，其贵金属业务收入不是代理贵金属业务收入，而是银行本身和旗下子公司的自营贵金属业务收入。其保险业务收入也不是代理保险业务收入，而是旗下子公司的保费收入。

加所致。

表6-4　　　　　　　　　2012年上市商业银行各项其他非利息净收入占比　　　　　单位：亿元、%

| 银行名称 | 其他非利息净收入 | | | 其中：各项收入占其他非利息净收入的比重 | | | |
	收入	增量	增速	1. 投资净收益	2. 公允价值变动净收益	3. 汇兑净收益	4. 其他业务收入
工商银行	130.53	21.53	19.75	36.06	-2.84	31.37	35.41
农业银行	52.41	34.59	194.11	-0.92	53.46	28.30	19.16
中国银行	392.04	37.64	10.62	37.54	4.98	-9.00	66.47
建设银行	140.37	85.13	154.11	45.07	-4.71	10.71	48.92
交通银行	63.29	15.23	31.69	14.79	-11.46	23.56	73.11
招商银行	52.54	10.32	24.44	65.07	2.38	24.67	7.88
中信银行	27.39	-2.66	-8.85	37.93	-3.83	53.23	12.67
光大银行	1.74	5.15	-151.03	-207.47	115.52	119.54	72.41
民生银行	54.35	29.89	122.20	88.04	0.22	2.19	9.55
浦发银行	8.44	10.84	-451.67	9.00	-21.33	49.41	62.91
兴业银行	4.79	1.88	64.60	-72.23	70.77	91.65	9.81
华夏银行	3.87	1.14	41.45	-4.37	2.31	54.76	47.30
平安银行	9.92	3.03	43.98	62.80	-2.92	24.50	15.63
北京银行	5.22	1.80	52.63	68.58	-7.85	18.01	21.26
南京银行	4.94	2.74	124.55	97.37	3.64	-3.44	2.43
宁波银行	1.44	-2.69	-64.98	23.45	105.52	-59.31	30.34
16家上市商业银行合计	953.28	255.56	36.63	38.53	3.67	9.89	47.91

注："N"表示数据不适用。

资料来源：各家银行年报。

（二）代理业务收入增长出现明显分化，部分银行出现负增长

2012年，中国商业银行代理业务收入继续增长，但增速有所放缓。16家上市商业银行代理业务收入总计为688.01亿元，增量为127.08亿元，增速为22.66%，占全部手续费及佣金收入的比重为13.86%。增量、增速、占手续费及佣金收入的比重均比上年有所增加（见表6-5）。从具体银行看，表现各异：建设银行、交通银行代理业务收入出现负增长；建设银行、兴业银行、平安银行增速明显低于上年水平；建设银行、交通银行、招商银行、光大银行、兴业银行、平安银行代理业务收入占手续费及佣金收入的比重比上年有所下降；农业银行代理业务收入增量达68亿元，占16家上市商业银行代理业务收入合计增量的一半多；民生银行增速高达200%；南京银行代理业务收入占手续费及佣金收入的比重高达37.87%；宁波银行代理业务收入占手续费及佣金收入的比重提高了13.79个百分点。主要业务表现如下：

表 6-5　　　　　　　　　上市商业银行代理业务收入及变化　　　　单位：亿元、%、个百分点

银行名称	2012 年代理业务			比上年增/减		
	收入额	增速	占比	收入额	增速	占比
工商银行	70.35	7.18	6.07	4.71	26.58	0.05
农业银行	186.30	57.48	23.71	68.00	36.93	7.17
中国银行	141.71	16.74	18.84	20.32	6.60	1.51
建设银行	127.72	-10.12	13.27	-14.38	-27.41	-2.60
交通银行	14.11	-12.41	5.85	-2.00	8.96	-1.62
招商银行	39.24	15.41	18.54	5.24	4.37	-1.55
中信银行	9.67	33.38	7.93	2.42	28.61	0.28
光大银行	6.51	28.91	6.51	1.46	33.99	-0.33
民生银行	25.73	200.23	11.65	17.16	—	—
浦发银行	23.13	108.94	24.81	12.06	50.57	9.45
兴业银行	18.32	10.69	11.68	1.77	-51.88	-5.89
华夏银行	7.34	88.69	16.52	3.45	43.54	5.06
平安银行	7.71	36.46	11.95	2.06	-197.86	-1.73
北京银行	3.38	113.92	11.64	1.80	88.53	2.78
南京银行	3.67	39.54	37.87	1.04	4.67	3.72
宁波银行	3.12	171.30	27.32	1.97	113.77	13.79
16 家上市商业银行合计	688.01	22.66	13.86	127.08	11.60	1.08

注："—"表示无法获得该数据。"占比"为该项业务收入占手续费及佣金收入的比重。工商银行该业务收入为各项代理业务收入。

资料来源：各家银行年报。

第一，证券投资基金代销规模继续增长，但代销收入却有所减少。万得公司统计数据显示，截至 2012 年年末，72 家基金公司共管理证券投资基金 1 174 只，资产净值总额为 27 967 亿元，比上年增长 29%，全年新发行基金 260 只，发行份额达 6 446 亿份，比上年增长 140%。证券投资基金发行规模和净值表现均好于上年，各家银行代销基金金额也明显提高，如农业银行增长130.94%、招商银行增长 138.15%。但基金销售收入并没有随销售金额的增长而增长，而是出现不同程度的下降，如农业银行下降 37.96%、招商银行下降 2.88%（见表 6-6）。

表 6-6　　　　　　部分商业银行证券投资基金代销金额和代销收入　　　　单位：亿元、%

银行名称	基金代销金额			基金代销收入			占代理业务收入比重	
	2012 年	2011 年	增长额	2012 年	2011 年	增长额	2012 年	2011 年
工商银行	7 614	4 223	80.30	—	—	—	—	—
农业银行	2 344	1 015	130.94	7.96	12.83	-37.96	6.89	10.84
招商银行	3 415	1 434	138.15	11.46	11.80	-2.88	29.20	34.71
中信银行	400	246	62.59	—	—	—	—	—
光大银行	—	—	—	0.50	0.68	-26.47	2.27	4.54
华夏银行	175.45	72.59	141.70	0.30	0.31	-0.82	1.49	2.23

注："—"表示未公布相关数据。

资料来源：各家银行年报。

第二，国债代理业务规模大幅减少。一方面，商业银行可代理国债规模在减少。根据中央结算公司统计数据显示，2012年政府债券（包括地方政府债券）通过银行间市场分销量为14 408亿元，同比减少139亿元，柜台分销量为1 530亿元，同比减少22亿元，交易所分销量为124亿元，同比减少53亿元。另一方面，国债代理市场竞争主体在增加。根据人民银行数据显示，截至2012年年末，银行间债券市场主体已达11 287个，同比增加415个，其中不乏初涉国债代理业务的城商行、农商行、外资银行等银行业金融机构。两方面作用的结果，稀释了银行国债代理平均规模。从部分上市商业银行国债代销具体情况看，代销规模的确出现不同程度的减少。如工商银行全年代理国债销售600亿元，比上年减少209亿元；农业银行全年代理国债252亿元，比上年减少86亿元。

第三，保险代理业务规模及收入不稳定。受经济增长放缓、监管要求日趋严格、产品收益率不高等因素影响，2012年保险市场保费收入增长依然缓慢。从部分披露保险代理业务经营情况的上市商业银行来看，2012年保险代理业务表现各异（见表6-7）。如招商银行保险代理业务一如既往地保持较好的增长，代理规模增速达11.58%，收入增速达37.89%。中信银行有效建立网点与保险公司的竞争合作机制，坚持引入优质保险公司和保险产品，实现代理保费销售规模逆势增长137%。工商银行止跌回升，代销规模增长17.01%。农业银行、华夏银行代理保险业务继续收缩。光大银行没有延续上一年的好成绩，规模和收入双降。

表6-7 　　　　　　　　　　2012年部分商业银行代理保险业务情况　　　　　　　　　单位：亿元、%

银行名称	代理保险金额		代理保险手续费收入	
	金额	增长率	收入	增长率
工商银行	860	17.01	—	—
农业银行	—	—	38.32	-9.11
招商银行	443	11.58	14.23	37.89
中信银行	57	137.00	—	—
光大银行	15.84	-38.49	1.38	-11.54
华夏银行	3.03	-20.68	0.08	-11.81

注："—"表示未公布相关数据。工商银行为代理个人保险销售额。
资料来源：各家银行年报。

第四，代理黄金等贵金属业务出现拐点，各银行策略分化。2012年，国际现货黄金价格表现呈震荡格局，围绕着国际经济形势、政策走向、市场心理预期的变化而上下波动，全年涨幅不足7%，是2002年黄金牛市以来涨幅最少的一年。黄金投资收益率优势明显减弱，促使黄金需求相对往年有所放缓。中国黄金市场需求继续保持增长，但增速也明显下降。根据中国黄金协会的统计数据显示，2012年中国全年黄金消费量增速为9.4%，比2011年降低了23.8个百分点。黄金需求增速的变化，使2012年黄金代理业务首次出现拐点。其中，上海黄金交易所各机构全年共代理黄金总量为2 719.94吨，同比减少17.7%。从具体商业银行看，经营策略出现一定差别，业务表现也有不同。工商银行贵金属交易额为1.09亿元，比上年减少0.69亿元，但工商银行以工银澳门作为海外贵金属业务中心，积极拓展海外贵金属市场，推出代客香港商品交易所黄金合约交易业务，2012 年境外机构贵金属销售量达 745 公斤，比上年增长 62.7%。农业银行黄金代理、自营业务交易量 451 吨，比上年减少 616 吨，白银代理及自营业务交易量 2 982 吨，比上年减少 5 612 吨，但农业银行不断完善产品线，大力推动贵金属租赁和实物贵金属业务的发展，使贵金属租赁业务比上年增长 480.1%，实物贵金属销量比上年增长 33.4%，贵金属业务收入比上年增长 38.3%。建设银行加强客户拓展，账户贵金属新增 530 万户，加强产品创新，推出美元账户贵金属交易、黄金回购、白银租赁、黄金挂钩理财等新产品，促进贵金属业务的良好发展，全年贵金属交易量 3.21 万吨，比上年增长 229.3%。

第五，部分银行其他代理业务收入的增长较好。农业银行即便代理基金和代理保险等业务收入有所下降，但代理金融机构业务发展较快，代理财政部委托资产处置收入也有所增加，致使农业银行代理业务手续费收入最终增长 57.48%。光大银行实现代理银行证券及信托业务手续费收入占代理业务收入的比重为 37.63%，高于其他代理业务占比，且占比较上年提高了 3.13个百分点。浦发银行代理收付集合资金信托计划①比上年增长 128%。

（三）银行卡整体发卡量增速放缓，但渗透率和手续费收入快速提高

截至 2012 年年末，全国银行业金融机构累计发卡总量 35.34 亿张，增速为 19.8%，比上年放缓 2.3 个百分点。其中，借记卡累计发卡量 32.03 亿张，增速为 20.3%，比上年放缓 1.6 个百分点；信用卡累计发卡量为 3.31 亿张，增速为 16.0%，比上年放缓 8.3 个百分点。全国人均拥有银行卡 2.64 张、信用卡 0.25 张，分别比上年增长 20.0% 和 19.0%。从上市商业银行具体发卡情况看（见表 6-8），也有部分银行依然保持了银行卡发卡量的高速增长。如浦发银行借记卡发卡量增速，农业银行、建设银行、兴业银行信用卡发卡量增速，均较上年有所提高，特别是农业银行，将信用卡营销和各种优惠活动贯穿全年，信用卡新增发卡量 1 004 万张，在上市商业银行中位居第一，增速高达 37.3%，在上市商业银行中位居第二。

银行还进一步增强银行卡使用的便利性。截至 2012 年年末，全国银行业金融机构银行卡联网商户达 483.27 万户，联网 POS 机具 711.7 万台，联网 ATM33.38 万台，增量分别为 165.26 万户、229.13 万台和 8.18 万台，创历史新高。出现了银行卡总量增长，而每台 POS 机和 ATM 对应银行卡数在减少的现象，截至 2012 年年末，分别为 497 张和 8 504 张，比上年分别减少26.0% 和 3.7%。其中，中国银行推广自助机具全面受理金融 IC 卡功能，新增 ATM 跨行转账、中银单位结算卡受理功能，加大自助机具投放力度，内地 ATM、自助终端、自助银行分别增长27%、35% 和 25%。工商银行设立商户服务中心，对大型集团商户的拓展和营销实行专业化管理，加快收单业务发展；光大银行加大自助设备科技投入，创新推出自助设备视频服务，引领了自助设备发展新模式。招商银行根据 POS 机流量为商户提供信用贷款，也刺激了商户安装使

---

① 浦发银行将代理收付集合资金信托计划列入代理业务中。

用 POS 机具的积极性。

表6-8				部分上市商业银行借记卡、信用卡情况				单位：万张、亿元、%
银行名称	借记卡发卡量①			信用卡发卡量			信用卡消费额②	
	累计	新增	增速	累计	新增	增速	消费额	增速
工商银行	39 173	4 982	14.6	7 713	648	9.2	13 026	33.4
农业银行	55 041	8 814	19.10	3 698	1 004	37.3	6 307	33.8
中国银行	24 350	4 942	25.5	3 622	536	17.4	7 109	53.2
建设银行	4.4 亿张	7 615	20.9	4 032	807	25.0	8 518	44.6
交通银行	8 585	1 104	14.8	2 703	480	21.6	5 462	51.4
招商银行	6 566	481	7.9	4 484	523	13.2	6 572	32.0
中信银行	—	—	—	1 714	307	21.8	2 731	64.1
光大银行	3 941	507	17.8	1 458	346	31.1	3 067	159.3
民生银行	3 194	395	14.10	1 462	309	26.8	2 938	65.5
浦发银行	3 000	528	21.40	879	258	41.5	806	50.7
兴业银行	—	—	—	1 056	147	16.2	1 723	50.5
平安银行	—	—	—	1 097	449	69.3	2 184	64.5
北京银行	—	—	—	139	28	25.2	148	31.0

注："—"表示未公布相关数据。上市商业银行中仅有工商银行、农业银行和建设银行3家银行公布了借记卡消费额情况。其中，工商银行借记卡全年消费额为28 288亿元，增量为6 019亿元，增速为27.0%；农业银行借记卡全年消费额为37 999亿元，增量为9 480亿元，增速为33.2%；建设银行借记卡全年消费额为23 687元，增量为5 759亿元，增速为32.1%。建设银行借记卡发卡量的数据单位为亿张，与其他银行借记卡发卡量的数据单位有所不同，特此标明。

资料来源：各家银行年报。

银行卡渗透率③进一步提高，银行卡消费持续快速增长。2012年，银行卡渗透率已达43.5%，比上年提高4.9个百分点。银行卡业务量大幅增长，业务总笔数389.14亿笔，增速为22.4%，比上年放缓1.0个百分点；业务金额346.22万亿元，增速为6.9%，比上年放缓24.3个百分点。在社会公众银行卡支付中，用于消费支出的增长依然快于存现、取现和转账，其业务笔数和交易金额分别比上年增长40.5%和36.9%。卡均消费金额和笔均消费金额分别为5 894元和2 312元，卡均消费额比上年增长6.65%，笔均消费额比上年下降2.6%。银行卡跨行消费业务55.46亿笔，金额16.48万亿元，分别比上年增长21.1%和33.7%，分别占银行卡消费业务量的61.6%和79.1%。从上市商业银行信用卡消费情况看（见表6-8），工商银行采取了促进信用卡消费的经营策略，信用卡消费额增量最多；建设银行银行卡消费额增长平稳，但信用卡卡均消费始终保持最高；光大银行信用卡消费额增速最快。

此外，银行积极推动信用卡透支业务的发展，信用卡授信总额、信用卡透支余额呈大幅增

---

① 招商银行的借记卡情况仅为一卡通的累计发卡量、新增发卡量、发卡量增速。

② 浦发银行为信用卡 POS 机消费金额及其增速。

③ 银行卡渗透率是指剔除房地产、大宗批发等交易类型，银行卡消费金额占社会消费品零售总额的比例。银行卡渗透率越高表明用卡环境越成熟。

长态势。截至2012年年末，信用卡授信总额3.49万亿元，增量为8 843亿元，增速为34.0%，增量和增速均高于上年水平。信用卡透支余额1.14万亿元，增量为3 257亿元，增速为40.1%，增量和增速均低于上年水平。从上市商业银行来看，工商银行在巩固购车分期业务优势的基础上，发展信用卡在家电、百货、教育、旅游和文化等消费领域的信贷作用；交通银行推出"好享贷"信用卡分期付款品牌产品，交易额增速达230%；中信银行信用卡贷款增速为68.57%，光大银行信用卡时点透支余额增速为175%。

银行卡发卡量的增加、交易额的增长、信用卡透支业务的良性发展继续推动银行卡手续费收入的增加。2012年，16家上市商业银行合计银行卡手续费收入1 047.40亿元，增量为293.34亿元，增速为38.90%，占全部手续费及佣金收入的比重为21.10%，增量、增速和占全部手续费及佣金收入的比重均高于上年水平（见表6-9）。

表6-9　　　　　　　　　　　上市商业银行银行卡业务收入及变化　　　　　单位：亿元、%、个百分点

银行名称	2012年银行卡业务			比上年增/减		
	收入额	增速	占比	收入额	增速	占比
工商银行	234.94	36.06	20.27	62.26	9.89	4.44
农业银行	125.59	15.99	15.98	17.31	-52.10	0.84
中国银行	149.52	39.13	19.88	42.05	26.88	4.53
建设银行	201.37	35.06	20.93	52.27	14.27	4.27
交通银行	79.58	28.71	32.99	17.75	9.64	4.32
招商银行	58.25	33.63	27.52	14.66	16.14	1.76
中信银行	38.20	67.32	31.33	15.37	10.42	7.25
光大银行	33.60	85.84	33.62	15.52	2.84	9.12
民生银行	53.31	150.99	24.13	32.07	40.07	10.85
浦发银行	12.75	32.67	13.68	3.14	-12.05	0.34
兴业银行	24.97	45.51	15.92	7.81	-71.15	-2.30
华夏银行	3.30	-30.96	7.43	-1.48	-85.16	-6.66
平安银行	24.84	111.95	38.51	13.12	23.22	10.13
北京银行	3.39	23.72	11.67	0.65	-26.00	-3.69
南京银行	0.21	16.67	2.17	0.03	-183.33	-0.17
宁波银行	3.58	29.24	31.35	0.81	7.22	-1.24
16家上市商业银行合计	1 047.40	38.90	21.10	293.34	7.08	3.93

注："占比"为该项业务收入占手续费及佣金收入的比重。

资料来源：各家银行年报。

（四）资产托管及其他受托业务稳定增长，新兴托管业务拓展力度加大

2012年，商业银行积极加强业务创新，发展新兴托管业务，各类资产托管总规模保持稳步增长。从上市商业银行具体情况看（见表6-10），兴业银行和中国银行资产托管规模增量超过

1 万亿元，农业银行、交通银行、建设银行、民生银行、招商银行、浦发银行资产托管规模增量超过 0.5 万亿元，股份制商业银行资产托管规模普遍增长较多。

表 6－10　　　　　　　　　　　　部分上市商业银行托管规模情况　　　　　　　　单位：亿元、%

银行名称	2012 年			2011 年		
	年末规模	增量	增速	年末规模	增量	增速
工商银行	39 553	4 253	12.05	35 300	6 453	22.75
农业银行	29 738	8 938	42.97	20 800	5 149	32.90
建设银行	26 999	6 400	31.07	20 599	7 520	57.50
交通银行	15 030	6 633	78.98	8 397	1 339	18.98
招商银行	10 751	5 674	117.76	5 077	1 868	58.21
中信银行	7 254	3 917	117.36	3 337	794	31.22
光大银行	8 722	4 336	98.86	4 386	1 621	36.96
民生银行	9 898	6 086	159.67	3 812	1 731	83.18
浦发银行	7 865	5 155	190.22	2 710	703	35.03
兴业银行	16 283	10 047	161.09	6 236	3 964	174.47
华夏银行	4 566	2 171	90.65	2 395	1 389	137.13
平安银行	4 272	3 089	261.12	1 183	—	—

注："—"表示未公布相关数据。中国银行 2012 年年末集团资产托管总规模逾 4 万亿元，增量超过 1 万亿元。
资料来源：各家银行年报。

第一，证券投资基金托管规模增长，托管收入行际间分化。2012 年，共有 19 家商业银行托管证券投资基金，资产净值总额为 27 967 亿元，比上年增加 6 287 亿元，全年基金托管总收入 48.71 亿元，比上年减少了 2.85 亿元。其中，五家大型商业银行出现了托管规模增长，但托管收入却下降的现象。而中小商业银行出现了托管规模和收入双增长。截至 2012 年年末，五家大型商业银行证券投资基金期末托管份额合计 28 000 亿份，全年托管收入合计 43.15 亿元，托管份额比上年分别增加 4 203 亿份，但托管收入比上年减少 3.42 亿元。13 家中小银行证券投资基金托管份额合计 3 925 亿份，托管收入 5.56 亿元，分别比上年增加 1 130 亿份和 0.57 亿元。

第二，企业年金服务各具特色，规模不断增长。如工商银行继续加强"如意养老"企业年金集合计划品牌推广，提高对大型企业的服务水平，开拓中小企业年金市场，加强与理财产品的结合，推出"如意人生福利计划产品"和养老金理财产品。农业银行继续推进新型农村社会养老保险基金保管和各类社保基金保管，促进多元化发展。中国银行业务范围已覆盖企业年金、职业年金、社会保障及员工福利等领域。建设银行新拓展"养颐四方——专享 A、B"等养老金资产管理产品。中信银行加强年金联合开发，与平安养老共同推出"平安锦绣人生企业年金集合计划"、与招商银行共同推出"招商金色人生乐享企业年金集合计划"。浦发银行重点发展公司委托型和信托型两类福利计划。随着产品不断成熟，各家银行业务规模也在不断增长。2012 年年末，工商银行养老金业务的企业客户增加了 4 716 家，托管养老金基金规模 447 亿元。农业银行养老金托管规模增加了 348 亿元，增速达 26%。建设银行养老金个人账户增加 52 万户，增速逾25%，受托资产增加近80亿元，增速达48%。

第三，大力发展新兴托管业务，优化托管业务结构。如工商银行积极开展理财型创新债券基金、跨市场ETF①、发起式基金等新型基金托管业务，还加强与资产管理机构合作，推动"托管理财通"、票据托管和期货资产托管业务。农业银行则加强了对保险、受托理财、收支账户的资金托管。中国银行积极抓住跨市场、跨境ETF新型基金托管机会，大力发展基金公司专户理财托管业务和QFII、QDII、RQFII等跨境托管业务。建设银行积极拓展台湾地区和私募股权投资机构领域托管业务。交通银行拓展海外托管市场，打造国际托管网络，率先在香港成立托管中心，境外托管规模折合人民币达695亿元，并推出交易类、电子类、金融租赁类和票据类托管产品。招商银行则签约"壹基金"公益资金托管，作为公益慈善基金的首个独立第三方托管人。中信银行股权投资基金托管规模实现翻番，保险资金托管实现在债权、股权和不动产投资领域的全托管。民生银行在证券公司客户资产管理计划、保险债券计划、股权投资基金和大宗商品交易所交易资金托管等市场领域保持了快速增长。光大银行在阳光慈善托管、金融产品销售资金监管、QDII信托托管、融资融券托管、单用途预付资金存管等领域进行了有益的探索。

第四，受托理财、委托贷款等其他受托业务增长较好。如招商银行托管及其他受托业务收入比上年增加15.62亿元，其中实现受托理财业务收入比上年增加4.32亿元，占27.66%，代理信托计划手续费收入②比上年增加10.22亿元，占65.48%。工商银行委托贷款年末余额增加888.01亿元。建设银行委托贷款年末余额增加761.21亿元。

年金及其他新兴托管的增长弥补了证券投资基金托管收入的下降，商业银行托管及其他受托业务收入依然保持了增长。16家上市商业银行中，除北京银行、宁波银行未公布相关数据外，其余14家银行资产托管及其他受托业务手续费收入总计433.82亿元，增量为93.47亿元，增速为27.46%，占全部手续费及佣金收入的比重达8.74%，增量、增速均低于上年水平，占手续费及佣金收入的比重略高于上年（见表6-11）。

表6-11　　　　　部分上市商业银行托管及其他受托业务收入及变化　　单位：亿元、%、个百分点

银行名称	2012年			比上年增/减		
	收入额	增速	占比	收入额	增速	占比
工商银行	120.74	11.41	10.42	12.37	-23.14	0.48
农业银行	24.95	49.22	3.18	8.23	-48.88	0.84
中国银行	23.71	31.07	3.15	5.62	9.74	0.57
建设银行	83.80	8.38	8.71	6.48	-6.68	0.07
交通银行	33.21	4.76	13.77	1.51	-15.31	-0.93

---

① ETF（Exchange Traded Funds）基金即交易型开放式指数基金，又称交易所交易基金，是一种在交易所上市交易的、基金份额可变的开放式基金。

② 招商银行将代理信托计划业务列入委托业务中。

续表

银行名称	2012 年			比上年增/减		
	收入额	增速	占比	收入额	增速	占比
招商银行	45.94	51.52	21.70	15.62	-17.58	3.79
中信银行	4.83	50.94	3.96	1.63	-2.91	0.59
光大银行	5.58	58.07	5.58	2.05	-24.83	0.80
民生银行	64.31	57.93	29.11	23.59	-72.91	3.65
浦发银行	8.17	147.58	8.77	4.87	100.91	4.19
兴业银行	14.94	190.10	9.53	9.79	66.18	4.06
华夏银行	2.68	101.50	6.03	1.35	33.15	2.11
平安银行	0.85	60.38	1.32	0.32	-104.62	0.03
南京银行	0.11	57.14	1.14	0.04	57.14	0.23
14 家上市商业银行合计	433.82	27.46	8.74	93.47	-12.78	0.99

注："占比"为该项业务收入占手续费及佣金收入的比重。
资料来源：各家银行年报。

（五）支付结算业务规模增速放缓，相应手续费收入增长减慢

2012 年，我国银行业金融系统全年共办理票据、银行卡、汇兑和委托收款等非现金支付业务 411.41 亿笔，增速为 21.6%，放缓 0.5 个百分点，金额 1 286.32 万亿元，增速为 16.5%，放缓 5.5 个百分点。中国人民银行支付系统[①]共处理支付业务 191.12 亿笔，增速为 23.1%，放缓 6.2 个百分点；金额 2 508.29 万亿元，增速为 25.9%，加快 6.2 个百分点。年末共有银行结算账户 49.10 亿户，增速为 19.5%，放缓 2.3 个百分点。银行支付结算量继续保持较好增长，增速有所放缓。

第一，跨境人民币结算业务继续扩张，增速放缓。2012 年，开始启动人民币合格境外机构投资者（RQFII）试点，国际货币合作不断增强，离岸人民币市场发展良好，持续推动跨境人民币结算量增长。央行统计数据显示，全年跨境贸易人民币结算业务累计发生 2.94 万亿元，增速为 41.3%，较上年 3.1 倍的增速明显放缓；直接投资人民币结算业务累计发生 2 802 亿元，增速为 152.7%。从具体银行看，工商银行成功投产跨境人民币清算系统，实现跨系统、跨平台清算标准的自动转换，满足客户个性化支付要求。成功推出全球跨境批量汇款、两岸人民币一日通等清算新品。中国银行在德国、法国等多个国家和地区成为人民币清算主渠道。交通银行加快跨境人民币电子化建设，自主研发跨境人民币业务处理系统和跨境人民币信息报送平台，对接上海人民币全球中心建设，实现与央行人民币跨境收付信息管理系统的直联。

第二，国际结算量保持增长，增速持续减慢。2012 年，中国进出口贸易总值达 38 668 亿美

---

① 包括人民银行大额实时支付系统、银行业金融机构行内支付系统、银行卡跨行支付系统、小额批量支付系统、同城票据清算系统、境内外币支付系统、网上支付跨行清算系统等 7 个系统。

元，增量为 2 247 亿美元，增速为 6.2%，增量和增速比上年减少较多。在进出口贸易的影响下，商业银行国际贸易结算量虽保持增长，但增速继续下降。如中国银行境内外机构共办理国际结算业务量 2.78 万亿美元，增长 14.66%，下降 8.69 个百分点；建设银行境内外机构共办理国际结算量 10 378 亿美元，增长 23.25%，下降 3 个百分点（见表 6 – 12）。

表 6 – 12   部分上市商业银行国际结算量情况   单位：亿美元、%

银行名称	2012 年		2011 年	
	国际结算量	增长率	国际结算量	增长率
工商银行	19 252	25.80	15 304	—
农业银行	6 713	13.38	5 921	26.54
中国银行	2.78 万	14.66	2.43 万	23.35
建设银行	10 378	23.25	8 421	26.25
交通银行	4 602	27.84	3 000	24.34
招商银行	3 317	9.42	3 031	33.35
浦发银行	2 352	29.44	1 817	35.39
兴业银行	600	36.36	440	35.38
北京银行	408	23.00	332	—

注："—"表示银行未公布相关数据。农业银行为境内国际结算量，中国银行国际结算量的计算单位与其他银行不同。
资料来源：各家银行年报。

第三，电子支付普及率逐渐提高，移动支付进入高速发展期。据统计，2012 年我国网上银行累计交易额已经突破 900 万亿元，新兴的移动支付交易额达到 1 200 万亿元，分别相当于 2012 年我国 GDP 的 17 倍和 23 倍。人们对电子支付的认可度逐渐增强，电子支付市场发展前景良好。从具体银行看，工商银行 2012 年电子银行交易额 332.6 万亿元，增速达 17.2%，放缓 8.3 个百分点，业务占比达 75.1%，占比提高 5 个百分点。其中，手机银行发展迅猛，全年交易额增长近 16 倍。工商银行继续发展境外电子银行渠道建设，26 家境外机构开通网上银行服务，14 家境外机构开通电话银行服务，工银澳门开通手机银行服务，境外机构个人网上银行客户增长 39%，企业网上银行客户增长 34%。

第四，现金管理业务特色突出，客户持续增长。各家商业银行根据自身经营现状推出各具特色的现金管理业务，有效促进现金管理业务的市场发展。如工商银行在亚太现金管理中心和中非现金管理平台的基础上，成立欧洲区、美洲区现金管理中心，实行总行—区域中心—境内外机构三级服务架构，全球现金管理业务拓展至 50 个国家和地区，全球客户增长 49.3%。农业银行在强化集团高端客户的基础上，推出服务于中小企业的易捷版银企通平台，成立全球现金管理服务中心（香港），增强境内外一体化和全方位综合服务能力，客户增长 57.3%。中国银行率先完成跨国公司外汇资金集中运营管理试点企业的跨境资金双向调拨，完善全球现金管理平台，实现全球范围内账户信息查询、资金自动归集功能。交通银行推出公私账户现金池、虚拟主账户现金池等创新品种，拥有"快易收"收款服务、跨行资金管理平台、跨地区跨行代收、大型企业本外币综合解决方案、票据集中管理项目等一系列特色产品。中信银行升级现金管理系统，拓展了集团资金报告、多银行多币种现金池等功能，推进在线理财销售、理财通账户项目以及财资一体化业务系统建设，客户数、交易额增速均超过20%。

结算量增长带动了结算手续费收入的增长，结算量增速放缓也影响了结算手续费收入的增长幅度。16家上市商业银行共实现结算与清算手续费收入1 046.54亿元，增量为45.37亿元，增速为4.53%（见表6-13），占手续费及佣金收入的比重为21.08%，增量、增速与上年相比大幅减少，占比也低于上年水平。

表6-13 　　　　　　　　2012年上市商业银行结算及清算业务收入及变化 　　单位：亿元、%、个百分点

银行名称	2012年			比上年增/减		
	收入额	增速	占比	收入额	增速	占比
工商银行	274.99	8.22	23.73	20.89	-24.40	0.43
农业银行	259.81	7.55	33.07	18.24	-28.18	-0.71
中国银行	208.59	-0.36	27.74	-0.75	-21.66	-2.16
建设银行	161.83	-8.73	16.82	-15.47	-50.64	-2.99
交通银行	23.68	15.34	9.82	3.15	-32.14	0.30
招商银行	22.11	8.28	10.45	1.69	-39.05	-1.62
中信银行	25.93	47.75	21.26	8.38	-17.35	2.75
光大银行	14.05	2.11	14.06	0.29	-44.28	-4.58
民生银行	27.34	62.16	12.38	10.48	-20.31	1.83
浦发银行	6.45	-38.10	6.92	-3.97	-154.73	-7.54
兴业银行	4.74	-14.75	3.02	-0.82	-264.43	-2.88
华夏银行	0.46	-13.21	1.04	-0.07	-30.99	-0.53
深圳发展银行	8.94	6.43	13.86	0.54	-61.24	-6.48
北京银行	4.44	75.49	15.29	1.91	-20.63	1.10
南京银行	1.9	72.73	19.61	0.8	55.71	5.32
宁波银行	1.28	6.67	11.21	0.08	-10.98	-2.91
16家上市商业银行合计	1 046.54	4.53	21.08	45.37	-30.90	-1.72

注："占比"为该项业务收入占手续费及佣金收入的比重。农业银行和建设银行为结算收入与电子银行业务收入之和；中国银行为结算与清算手续费收入与外汇买卖差价收入之和。"—"表示银行未公布相关数据。

资料来源：各家银行年报。

（六）投资银行业务受监管影响较大，部分银行出现负增长

中国商业银行投资银行业务经过几年的高速发展之后，2012年首次出现转折。从披露投资银行收入的6家上市商业银行情况看（见表6-14），交通银行和招商银行投资银行收入均出现了负增长，工商银行、农业银行、中信银行投资银行收入增量和增速均比上年有明显下降，只有北京银行表现良好。造成这一现象的原因主要有以下几点：一是国内经济低迷，削弱了部分企业投融资意愿，企业并购交易数量明显下降，股权融资同比锐减。二是整治不规范经营和乱收费现象大检查，致使部分投资银行收入锐减。三是银行投资银行业务收入主要依赖债务融资工具承销和常年财务顾问等传统业务，其他新兴投行业务还处于初期阶段，业务结构稍显薄弱。

2012 年，商业银行投资银行具体业务情况如下。

表 6 - 14　　　　　部分上市商业银行投资银行业务收入及变化　　　单位：亿元、%、个百分点

银行名称	2012 年			比上年增/减		
	收入额	增速	占比	收入额	增速	占比
工商银行	261.17	15.60	22.54	35.25	-30.10	1.83
农业银行	145.01	10.80	5.73	-17.56	-50.90	-17.00
交通银行	58.84	-6.25	24.39	-3.92	-59.13	-4.70
招商银行	13.36	-30.31	6.31	-5.81	-114.10	-5.02
中信银行	26.41	31.77	—	6.37	-18.33	—
北京银行	8.78	206.99	30.23	5.92	—	14.19

注："占比"为该项业务收入占手续费及佣金收入的比重。"—"表示未获得相关数据。中信银行为投资银行非利息净收入。

资料来源：各家银行年报。

　　第一，咨询与顾问业务大幅萎缩。2012 年，银监会整治银行业金融机构不规范经营，其中财务顾问业务中"以贷收费"和"借贷搭售"的不规范经营是重点整治对象。紧接着，国家发改委、银监会等多部门联手在全国范围开展商业银行乱收费现象大检查，也波及财务顾问中不合理收费问题。经过此次严查，除了剔除不合理部分收入外，部分银行还采取谨慎态度，主动减少了财务融资顾问业务的受理。从披露咨询与顾问业务信息的 13 家上市商业银行情况看（见表 6 - 15），有 9 家银行该业务收入比上年有所减少；3 家银行该业务收入即便保持增长，但增量却明显少于上年水平。12 家银行该业务收入增速明显减慢。11 家银行该业务收入占该行手续费及佣金收入的比重明显下降。值得注意的是，兴业银行财务顾问收入逆势增长，增量、增速、占比均表现良好。

表 6 - 15　　　　　部分上市商业银行顾问与咨询业务收入及变化　　　单位：亿元、%、个百分点

银行名称	2012 年			比上年增/减		
	收入额	增速	占比	收入额	增速	占比
农业银行	160.17	-17.82	20.38	-34.72	-93.20	-6.86
中国银行	56.90	-12.56	7.57	-8.17	-60.95	-1.73
建设银行	197.22	12.77	20.50	22.34	-23.68	0.96
中信银行	28.31	6.47	23.22	1.72	-50.31	-4.83
光大银行	15.94	10.46	15.95	1.51	-34.27	-3.60
民生银行	17.34	-52.02	7.85	-18.80	-103.30	-14.75
浦发银行	7.80	-32.23	8.37	-3.71	-22.08	-7.61
兴业银行	60.46	74.39	38.56	25.79	36.81	1.74
华夏银行	3.07	-28.77	6.91	-1.24	-74.38	-5.79
平安银行	4.52	-26.02	7.01	-1.59	-146.60	-7.79
北京银行	0.89	69.20	3.06	-2.00	-56.58	-13.15
南京银行	1.82	-12.92	18.78	-0.27	-94.66	-8.36
宁波银行	1.26	-28.41	11.03	-0.50	-123.96	-9.67

注："占比"为该项业务收入占手续费及佣金收入的比重。工商银行、交通银行、招商银行未公布相关数据。

资料来源：各家银行年报。

第二，非金融企业债券承销业务持续增长。2012年，中国债券市场共发行公司信用债券3.6万亿元，增速为60.1%。其中，超短期融资券5 822亿元，短期融资券8 356亿元，中期票据8 453亿元，中小企业集合票据100亿元，非公开定向融资工具3 795亿元，非金融企业资产支持票据57亿元，企业债券6 499亿元，公司债券2 508亿元。中国非金融企业债券市场品种进一步丰富，规模不断扩大，推动了商业银行相关债券承销业务的发展。如工商银行全年主承销各类债务融资工具3 486亿元，增量为585亿元；农业银行全年主承销债务融资工具2 348亿元，增量为649亿元；招商银行全年主承销债务融资工具1 327亿元，增量为152亿元；光大银行全年主承销债务融资工具1 947亿元，增量为445亿元；兴业银行全年承销非金融企业债务融资工具2 012亿元，增量为920亿元。

第三，理财业务发展较好。2012年，尽管银行理财产品收益率相对上一年有所下降，但依然高于一年期定期存款利率上限，而资本市场的低迷也进一步推动了理财市场的持续扩容。全年共有233家银行业金融机构发行了理财产品，年末共存续理财产品3.2万只，资金余额为7.1万亿元，增速为55%，增速明显放缓。上市银行中，工商银行2012年累计销售银行类理财产品59 165亿元，增速为6.7%，比上年放缓69.6个百分点。

第四，推进投资银行业务创新。2012年，信贷资产证券化试点的重启、资产支持票据的首次试点，进一步丰富了商业银行投资银行业务产品服务体系。其中，中国银行和交通银行发行了各自的信贷资产证券化产品，金额合计逾60亿元，农业银行和兴业银行也在跟进自己的信贷资产证券化项目；工商银行、中信银行、浦发银行分别担任三家企业资产支持票据试点发行的主承销商，金额合计达25亿元。此外，工商银行创新发展债务重整和海外绿地投资顾问等新产品，提升财务顾问服务质量。农业银行参与清洁能源项目的顾问服务，创新推出"已注册减排量（CER）转卖顾问、""合同能源管理（EMC）顾问及融资"等一批新业务。中国银行推出"投融通、""私募通"等品牌化产品，大力推广融智顾问、上市培育顾问、资产管理顾问等业务。交通银行创新推出交易撮合型财务顾问服务、债券过桥融资和并购基金等结构性融资服务。中信银行完成海外退市跨境并购融资安排和成长型中小企业选择权贷款项目。

二、2013年中国商业银行中间业务展望

（一）新的监管形势和市场环境下，商业银行将转变发展思路

经过2012年对商业银行不规范经营整治活动、收费问题大检查，纠正了以往商业银行中间业务经营的不规范之处。商业银行中间业务收入依然保持正向增长，证明信用卡等传统中间业务的发展空间依然很大，其他代理、新兴托管、新兴投行业务等新兴中间业务也有很大的挖掘潜力。

与此同时，利率市场化改革和金融脱媒的现实，使商业银行必须加快经营转型，大力发展中间业务的战略地位依然保持不变，且更具紧迫性。今后，商业银行将继续巩固中间业务经营的规范性要求，将收费与服务合理匹配，努力恢复曾在2012年受挫的公众服务收费类、清算类、承诺与担保类、财务顾问类等业务的健康增长，继续推动曾在2012年发挥重要贡献的新兴业务发展，提高对中间业务转型升级的重要性认识，确保中间业务收入的持续增长，增量和增速也会高于2012年水平。

（二）贵金属业务依然是发展重点，基金、国债、保险以外的其他代理业务也会受到进一步关注

2013年第一季度世界黄金价格继续下跌，世界黄金需求下降19%，而中国黄金需求却上涨了20%，其中金条、金币、金饰和科技部门黄金需求仍是市场主力。4月，世界黄金价格暴跌，却伴随着低价买进的抢购潮。黄金价格走向和客户市场选择变得扑朔迷离，但商业银行经营策略的调整有一定的滞后性，所以按照经营惯性，贵金属业务依然是商业银行中间业务的发展重点。与此同时，可能会针对黄金价格下跌而设计出保值类、看跌类、抄底类金融创新，如黄金期货、黄金期权、黄金定投、黄金看跌理财产品等，但推出时间不会很快、业务规模不会很大。

农业银行代理金融机构业务和代理财政部委托资产处置业务、光大银行代理银行证券及信托业务在2012年的良好发展，让其他商业银行在基金、国债、保险代理之外，看到了发展其他代理业务的可行性和重要性。相关同业业务与机构业务将会得到进一步重视，以挖掘代理业务的发展潜力。

（三）信用卡还有增长潜力，收费新政的实施将压缩银行卡收入

2012年，全国人均拥有信用卡0.25张，北京和上海人均拥有信用卡分别为1.47张和1.16张，而韩国2005年人均拥有信用卡已达到3.5张，日本2006年人均拥有信用卡达到3.3张，美国2007年人均拥有信用卡达到4张。可见，我国信用卡市场还有很大的发展潜力。今后只要营销得当、创新新颖、更贴近客户需求，商业银行信用卡将继续保持良好增长态势，但由于基数增大，总体增速也会逐年下降。

2012年，农业银行信用卡增量达1 004万张，建设银行信用卡增量达807万张，是增长最多的两家银行。中国银行增量为536万张，相比2011年的913万张，增量锐减。交通银行增量为480万张，相比2011年的563万张，增量也有所减少。各家商业银行信用卡经营策略出现分化，经营业绩也有差别。2013年，中国银行、交通银行或将加大信用卡发展力度，努力赶超竞争对手。而农业银行和建设银行等商业银行，也将面临能否继续保持强劲增长态势的问题。

2013年，国家发改委发布《关于优化和调整银行卡手续费的通知》，相关手续费总体下调幅度约为23%。按照2012年刷卡消费额进行测算，商业银行、银联等银行卡产业各方刷卡手续费收入将减少逾75亿元，下降幅度超过20%。银行卡收入面临挑战，迫使银行寻求银行卡业务转

型，改变以往过高依赖佣金收入的状况，进一步加强信用内涵，重点发展分期付款和透支业务。

（四）企业年金未来发展会更好，其他受托业务或成监管重点

截至2012年年末，我国建立企业年金的企业已达5.47万家，参加职工1 847万人，累计基金4 821亿元，基金规模年均增长在30%以上。2012年企业年金基金新增规模首次突破千亿元，当年平均收益率5.68%，发展势头良好。从目前企业年金客户情况看，国有企业参与积极性较高，民营企业相对较少。商业银行客户营销策略也是以大型集团为主，但针对中小企业、农村市场的拓展已经开展。据国家统计局数据显示，2011年我国仅国有单位就业人数就有6 704万人，远高于目前1 847万人已参加企业年金的职工数量。若再加上城镇集体单位603万职工、有限责任公司3 269万职工、股份有限公司的1 183万职工、港澳台及外商投资公司2 149万职工，我国企业年金市场潜力非常巨大。

进入2013年，人社部、银监会、证监会联合发布《关于扩大企业年金基金投资范围的通知》，企业年金基金投资在原有境内投资的银行存款、国债、中央银行票据、债券回购、万能保险产品、投资连结保险产品、证券投资基金、股票，以及信用等级在投资级以上的金融债、企业（公司）债、可转换债（含分离交易可转换债）、短期融资券和中期票据登记等金融产品的基础上，增加了银行理财产品、信托产品、基础设施债权投资计划、特定资产管理计划、股指期货。此次投资范围的扩大，使商业银行发展企业年金的动力增强，必然推动年金客户数量、年金基金规模的进一步增长，年金业务对托管业务的贡献度也会相应提高。

受近年信贷规模控制的影响，委托贷款、信托贷款等渠道的融资规模在最近几年增长迅速，2011年分别增加1.30万亿元和0.20万亿元，2012年分别增加1.28万亿元和1.29万亿元。委托贷款、信托贷款占社会融资规模的比重也在不断提高，从2009年近乎为零，到2010年的7.9%和2.7%，2011年的10.1%和1.6%，2012年的8.1%和8.2%。委托贷款和信托贷款的快速增长，也间接推动了商业银行其他托管业务的发展。2013年第一季度，委托贷款和信托贷款再次表现出强劲增长势头，同比分别增加5 235亿元和8 230亿元，同比多增2 426亿元和6 443亿元，占社会融资规模的比重分别为8.5%和13.4%，同比提高1.3个百分点和8.8个百分点。然而，委托贷款和信托贷款的风险也在逐渐暴露。其中，对2012年上市公司的非关联委托贷款的统计中显示，在120家上市公司共涉及非关联委托贷款306亿元中，已有至少19家上市公司的委托贷款产生逾期、展期甚至涉诉，涉及金额33亿元。部分上市公司的委托贷款年利率超过10%，最高的甚至达到25.95%，大大超过银行五年期以上的贷款利率水平。委托贷款的风险问题已经引起地方政府的关注，如重庆市国资委已向市属国有企业下发了相关文件，要求严控非正常贸易背景下的期货、期权、委托贷款等高风险投资。而信托贷款在2011年就已遭受银监会的特别监管，致使2011年增长明显放缓，但2012年信托贷款又恢复了强劲增长态势，特别是2013年第一季度，增长更是明显。委托贷款的高速增长、信托贷款规模的回弹，或将引起监管层的再次关注，成为严格控制的业务。

（五）支付结算业务将恢复稳定增长，跨境人民币结算和电子支付仍是发展热点

受2012年不规范经营的整治和收费问题大检查的影响，商业银行支付结算收入增量、增速、占手续费及佣金收入的比重均明显减少。2013年，支付结算业务在更加规范经营的基础上，将恢复往年的稳定增长态势，增量会比2012年明显增多，增速会小幅提高。

2013年，跨境人民币结算依然是支付结算业务发展中的一个热点。由于基数逐渐增大，增速将比2012年小幅降低，但总量会保持持续增长。随着人民币境外机构投资者（RQFII）试点工作的进一步展开，新业务规模会明显增加，但新业务占比不会很高。

电子支付的普及度将进一步提高，随着规模的持续增加，增速会进一步放缓。其中，移动支付仍将是2013年的发展热点，原有创新将进入实际推广阶段，客户接受度也会提高，推动移动支付继续保持高速发展态势。

（六）投资银行业务将在规范中恢复增长，债券承销和理财业务保持稳定发展

2013年第一季度，我国宏观经济形势预期进一步向好，股票市场成交量大幅回升，债券交易量显著增加，财务顾问等投资银行业务经过清理整顿后经营更加规范，各项因素均有利于商业银行投资银行业务的发展，支持投资银行业务实现恢复性增长。

2013年第一季度，企业债券净融资规模7 520亿元，同比增多3 560亿元，占社会融资规模的比重为12.2%，同比提高2个百分点。企业直接融资需求的持续增加，将推动相关承销业务的进一步发展，确保了债券承销业务在投资银行业务中的重要发展地位。

2012年，商业银行理财业务在监管加强的情况下，依然保持了较好的增长态势，理财产品需求的旺盛成为推动银行理财发展的最根本原因。2011年，全国160家银行业金融机构通过理财产品为投资者创造财富收益超过1 750亿元，2012年18家主要银行就为投资者实现投资收益2 464亿元。目前，我国处于新一轮财富积累期，高净值人群和私人银行客户增长迅速，理财市场还有很大的发展空间。同时，监管层对理财产品的监管进一步深入，也将促进理财业务的规范化经营。

第七章 中国商业银行金融创新

2012 年，中国商业银行金融创新更加深化。跨境人民币业务创新动力强劲，电子银行创新科技含量高，对公业务创新使产品更加丰富，零售业务创新重在市场开拓与产品完善。新形势、新政策、新理念、新技术的发展变化，也对中国商业银行未来创新产生深远影响。云计算和云金融的兴起或将引起商业银行变革式发展；第三方支付平台进军网络金融将进一步刺激银行网络金融的创新发展；香港非居民人民币业务的全面开通将带来离岸理财的繁荣发展；资本补充工具创新将成为商业银行今后几年的创新重点。

一、2012 年中国商业银行金融创新特点

（一）跨境人民币金融创新进一步深化

随着跨境贸易人民币结算业务全面推广，人民币境外直接投资和人民币外商直接投资规模的进一步扩大，人民币合格境外机构投资者（RQFII）开始试点，国际货币合作不断增强，离岸人民币市场发展良好，有力推动了银行跨境人民币业务的发展。2012 年全年跨境贸易人民币结算业务累计为 2.94 万亿元，同比增长 41.3%；直接投资人民币结算业务为 2 802 亿元，同比增长 152.7%。作为深具潜力的新业务领域，商业银行创新动力非常强劲。

第一，离岸市场由中国香港向新加坡、伦敦等地发展。作为先行者，中国香港离岸业务发展迅速并已成规模，确定了作为离岸人民币业务的枢纽地位。2012 年，中国香港客户人民币存款和银行发行的人民币存款证总余额已达 7 202 亿元，经香港银行处理的人民币贸易结算交易量 26 325 亿元，人民币点心债[①]当年发行量 1 122 亿元，人民币点心债年末未偿还余额 2 372 亿元，银行人民币贷款余额 790 亿元。

而离岸人民币业务所蕴含的大量商机，还吸引着除中国香港外的新加坡、伦敦、中国台湾、巴黎等地的关注与参与。其中，新加坡打造第二位离岸人民币市场的潜力很大。一是新加坡的人民币存款规模被认为仅次于中国内地和中国香港。二是早在 2010 年新加坡金管局就与中国人

[①] 点心债是指在中国香港发行的以人民币计价的债券。

民银行签订了货币互换协议，如今新交所已有离岸人民币债券挂牌交易，还提供了人民币远期合约场外交易清算。三是新加坡在 2012 年陆续公布两项与离岸人民币业务相关的举措，即向工商银行和中国银行在新加坡的经营机构发放全牌照，新交所还公布为人民币计价证券的挂牌、报价、交易、清算和交割做好了准备。

继新加坡之后，伦敦也开始有所动作。2012 年 1 月，中国香港金管局和英国财政部宣布成立香港与伦敦合作小组，推动两地人民币合作。4 月发布的伦敦人民币业务中心计划，拉动当地人民币业务的发展，如花旗银行在伦敦地区的人民币支付量同比增长 40%，在英国地区的人民币开户数同比增长 80%。中资金融机构也开始尝试在伦敦市场发行离岸人民币债券，如建设银行（伦敦）有限公司于 2012 年 11 月就在该市场发行了 10 亿元人民币点心债，募集资金用于支持该银行机构的海外人民币业务发展。

此外，海峡两岸在 2012 年 8 月签署的《海峡两岸货币清算合作备忘录》，就成立清算行、监管框架和货币互换达成共识，将发展中国台湾离岸人民币市场提上了日程。而法国央行行长也公开表示，中法近 10% 的贸易用人民币结算，巴黎的人民币存款已达 100 亿元，仅次于伦敦，巴黎正谋求与中国政府合作，寻求成为继伦敦后的又一个人民币离岸市场。

第二，参与主体由国内向国外延伸。一是参与银行增多。更多的在华外资银行和境外本土银行开始推广跨境人民币业务。如花旗中国完成其第一笔人民币境外放款、东亚中国在中国香港发行 10 亿元人民币点心债、恒生银行在中国香港开始接受非本地居民开设人民币账户的申请、三井住友在日本推出人民币个人存款及法人人民币融资业务、渣打银行成为伦敦最大的人民币欧洲商业票据发行商等。

二是受众范围更广。中国本土企业、在华外资企业、"走出去"的中资企业、境外跨国公司、境内外个人，甚至各国政府都成为银行发展跨境人民币业务的客户。目前已有肯尼亚、尼日利亚、泰国、印度尼西亚宣布将人民币资产纳入外汇储备，其中工商银行曾成功参与推荐工作。建行亚洲、汇丰香港等多家境内外银行参与了我国财政部在香港发行人民币国债的承销、投标和簿记等工作。中银香港、汇丰香港等众多在港银行向境内中资企业提供跨境人民币贷款业务的积极性很高。建设银行深圳分行等境内中资银行也尝试向香港企业发放人民币贷款。中国银行巴黎分行对法国客户发放人民币贷款。渣打中国等在华外资银行为美资企业成功申请跨境人民币贷款。

第三，产品由单一向多元化、体系化发展。一是产品创新推动跨境人民币业务更加新颖和丰富。如工商银行在伦敦发行了离岸人民币存款证（CD），在香港成为离岸人民币期货交易商，在香港首发离岸人民币点心债，而贷融通、双币信用证、远期汇兑通等创新产品，也进一步丰富了该行的跨境人民币业务产品线。中国银行为境外企业提供 7 年中长期固定利率人民币贷款，为企业设计出"人民币＋港元"双币股形式发行新增配售股份，成为首批人民币对日元直接交易做市商。建设银行在伦敦首发人民币点心债，推广"跨境通途"以促进跨境贸易人民币结算的品牌化发展。恒生银行在香港推出全球首只以人民币计价的黄金交易所买卖基金（ETF）、汇丰银行在美国推出人民币固定收益基金又进一步丰富了跨境人民币理财产品种类。

二是跨境人民币业务产品渐成体系。如工商银行的跨境人民币业务已覆盖零售业务、资金清算、贸易融资、全球现金管理、专业融资、投资银行、银行卡、网上银行、资产管理等众多领域，能为客户提供多样化产品组合。农业银行促进跨境人民币业务的品牌化发展，打造了涵盖结算、清算、融资、交易及资本市场的全方位"人民币跨境通"产品体系。中国银行可针对不同类型的客户，提供综合性解决方案：对贸易型企业，提供全链条人民币结算、贸易融资及资金服务；对投资型企业，利用离岸人民币市场降低筹资成本，提供资金托管等服务；对跨国企业，提供资产配置、规避汇率风险、提升资金效率等产品。

（二）电子银行业务创新科技含量更高

2012年，我国商业银行电子银行业务创新更加重视客户体验，充分利用信息技术，在深度挖掘业务功能方面下工夫。

第一，手机银行的新发展。商业银行不再满足于手机银行简单代替网上银行的作用，而是深度挖掘手机银行移动支付的独特性，创新出不可替代的便捷服务。

一是推进手机钱包业务，实现非接触式闪付。2012年，中国银联与中国移动等通信商展开移动金融支付合作，成功开发作为近场支付重要技术的远程发卡和可信服务管理（TSM）平台等系统建设。中国银行、中信银行、招商银行、浦发银行、光大银行、广发银行、邮储银行等商业银行首批加入系统应用，工商银行、农业银行、建设银行、交通银行等十余家银行也紧随其后启动合作。其中，浦发银行"Quickpass闪付卡"以手机挂坠的方式，通过卡机分离实行非接触式近场支付，这时已有手机钱包雏形。紧接着，招商银行"手机钱包"开始实行卡入机、卡融机模式，即通过定制手机或在手机上加载信用卡芯片方式实现真正的手机非接触式闪付。而光大银行更是打破本行限制，也向他行持卡人开放，实现真正的跨行移动支付服务。

二是推广无卡取现，通过手机就能完成。2012年，更多银行关注无卡金融的发展，在上一年无卡转账的基础上，再次开发出无卡取现新功能。如工商银行、建设银行、广发银行、宁波银行等商业银行纷纷推出手机预约取现业务，申请成功后可前往任意一台所属银行的ATM，输入相应信息就可从绑定的账户上提取人民币现金。邮储银行手机银行"汇易达"，则专门针对农村用户"低端手机较多、不会上网"的特点，通过手机贴膜卡技术，在手机终端菜单选择助农取款功能，不用上网就可以在家门口的服务点办理小额取现。

三是推出手机预约取号，减少排队时间。招商银行和广发银行在手机银行可查询网点位置和网点内排队情况的基础上，再次扩充手机银行功能，将手机银行与网点叫号机联动运作，客户可预约三天内营业时段，在约定时段内到达网点可以取到"优先级"号码，提前办理业务。

四是挖掘手机短信金融功能，不用上网也能办业务。在短信通知、短信查询、短信认证等传统手机短信金融功能的基础上，一些银行开始大胆创新，拓展短信金融新功能。如工商银行推出手机短信客户端，客户在智能手机平台上下载安装该客户端，在脱机模式下就可以使用，为客户提供业务咨询、账务查询、业务制定、金融交易等全面的移动金融服务。

第二，电子渠道的新拓展。科技与信息技术的发展，使商业银行电子渠道已经不再满足于ATM、电话银行、网上银行、手机银行范围，而是大胆创新，积极开拓新渠道。

一是推出远程智能柜员服务。如农业银行推出远程虚拟柜员机VTM，集成高清显示屏、高清摄像头、手写签名、二代身份证读取、证件扫描等相关设备模块，屏幕上有一个客服人员影像与客户互动，提供远程借记卡发卡、存取款、个人贷款审核、对公票据受理等模拟柜台服务。交通银行推出远程智能柜员机ITM，通过实时通信技术实现远程客服人员、理财专家和客户之间的互动，协助客户办理业务，包括一般银行服务、专家团队式理财、金融规划等多元化服务。

二是把经营网点开到网上。如光大银行本着开放金融的理念，全面部署"网上营业厅"，陆续在新浪、搜狐、和讯等门户网站以及淘宝、银联电子等互联网站打通入口，客户只需用任何一家银行的账户就可以购买光大银行网上营业厅的理财、汽车、黄金、基金、商旅、保险、缴费等产品和服务。交通银行也在淘宝网上开设了旗舰店，首期开放贵金属、基金、保险、个人或小企业贷款、贵宾客户服务、借记卡等6个频道。

三是尝试微博金融平台拓展。如兴业银行、光大银行甚至渣打中国等在华外资银行利用微博发售产品销售信息，让客户及时了解新产品。建设银行深圳分行还推出微博在线客户服务功能，客户只需在微博上发布"问题+@建设银行深圳分行"，就可以等到微平台团队回复的答案。

四是创新自助机具的品种或功能。如农业银行推出圈存机，除进行交易转账外，还可在银行卡上记录持卡人基本信息，确保交易的可追溯性。建设银行推出自助设备钞票冠字号记录功能，实现对在自助设备上存入、取出的人民币钞票冠字号进行记录。建设银行还推出了移动POS服务设备"E"动终端，使工作人员走出柜台，现场办理业务。此外，交通银行推出了自助信用卡智能办卡终端，华夏银行推出了自助白银售卖机，北京银行推出了客户营销移动终端。

第三，银行系电子商务的开拓。以往商业银行多采取两种模式介入电子商务领域：一是与阿里巴巴等电子商务平台合作，为平台本身及平台内成千上万的商户提供相关的金融服务，如支付结算、资金托管、各类贷款乃至投资银行等业务；二是开通信用卡商城或积分商城，为自己的信用卡客户提供商品销售平台、积分兑换、分期付款等业务。对商业银行来说，这两种电子商务模式也都存在一定的弊端：前一种模式不仅让商业银行逐渐处于被动局面，还让所合作的平台企业学会了如何向平台内客户提供金融服务，如阿里巴巴开始抛开合作银行，申请并获得了开展贷款业务的牌照。后一种模式，与阿里巴巴等电子商务平台的商户、客户和商品相比，其受众范围明显狭窄，也因此被戏称为"可有可无"的电子商城。

针对以上弊端，建设银行率先打破传统思维，不再局限于银行自己的客户，而是建立纯电子商务平台"善融商务"，包括企业商城、个人商城、房e通，为客户提供产品信息发布、在线交易、支付结算、分期付款、融资贷款、资金托管、房地产交易等全方位服务。紧接着，交通银行也开设了自己的在线购物商城"交博汇"。而工商银行、中国银行、中信银行、民生银行、华夏银行也想打造各自独立的银行系电子商务平台。

与阿里巴巴等已有的专业电子商务平台相比，建设银行"善融商务"从另一个角度切入，围绕自己的优质客户发展上下游企业，并提供永久免费入驻优惠政策。半年时间，"善融商务"入驻商户已过万户，交易额突破35亿元，融资规模接近10亿元。虽与阿里金融半年时间里130亿元的贷款总额相比，"善融商务"的融资能力尚显薄弱，但银行依然有信心凭借其更专业、更全面的金融服务功能使银行系电子商务在竞争中脱颖而出。

第四，电子支付功能的全面化。一是继续推广银医服务。如中国银行推出"银医通"民生服务产品，在线申请诊疗卡、预约挂号；交通银行"银卫安康"不断增加签约医院的数量，增加相应的多功能自助设备投放，客户可通过网点、网银等多渠道办理预约挂号。

二是可购房、购车。光大银行网上营业厅推出"阳光e购房"、"阳光e购车"业务，客户可进行线上预约购买指定的楼盘和车型。建设银行在"善融商务"平台上推出"房e通"，客户可进行线上房屋买卖、自主交易、住房贷款等。

三是扩大票务服务。在飞机票、火车票、景点门票、电影票、演出票等票务电子支付的基础上，商业银行还开始涉入汽车票、船票的服务领域。如工商银行联合杭州长运首创道路客运电子自动购票服务，客户可在该行的ATM上和"佑驿站"便利店的自主服务机上购买5天内的长途汽车电子客票。宁波银行联合宁波航运定舱平台有限公司，推出汇通国际信用卡航运定舱平台在线支付及分期创新业务。

四是关注生活便民缴费。交通银行推出手机银行账单条码扫描服务，客户只需通过手机扫描账单条形码，即可实现公共事业费账单的缴费。建设银行推出缴费业务品牌"悦生活"，为本行客户提供网银付款、账号付款、异地付款、信用卡缴费等服务。光大银行"阳光e缴费"则搭建了开放式网络缴费平台，缴费项目达280余项，无须登录网银，不受银行限制即可完成缴费。

（三）对公业务创新进一步丰富产品

2012年，商业银行在对公业务创新上，一方面充分挖掘现有资源，深化业务发展，另一方面取长补短，完善各自业务体系。经过不断积累，形成了综合交错、更加成熟、更加全面的产品服务体系。

第一，"两小"业务①发展模式已趋成熟，创新点相对较少。经过多年摸索与创新，商业银行对"两小"业务经营模式的选择，已基本达成共识：流程优化、提高办理速度、专业化运营、集群式发展、上下游链式发展、多方合作推动、多种担保模式、多种质押模式，以及包含结算、资金管理、理财、投行、电子银行等全方位、综合型、一站式金融服务。2012年商业银行"两小"业务创新点相对往年明显减少，主要集中在以下几点。

一是突破地域限制，发展跨地区业务。如兴业银行打破传统信贷模式的掣肘，倡导"全国业务全国办"的新理念。以核心企业所在地为主办行，上下游企业所在地为协办行，实行联动营销。建设银行推出异地跨省标准仓单质押贷款，为"两小"企业开辟了异地贷款融资新途径。

二是掌握流量信息，发展信用贷。如招商银行推出"AUM信用贷"、"POS贷"、"供销流量贷"，可根据客户的AUM月日均余额、POS收单流量、供销流量的一定比例进行授信。

三是充分利用信息技术，发展多渠道营销。招商银行推出"网络接单"、"空中贷款"、"云转介"等新贷款渠道。其中，"网络接单"是客户通过网络进行小微企业贷款在线申请；"空中贷款"是客户通过95555空中平台进行贷款咨询、申请、预审批等服务。"云转介"是在95555远程接单平台基础上，再由远程营销平台负责任务分配、督办和效果跟踪。

四是自发整合客户，进一步推动抱团发展模式。如民生银行创新发展小微企业城市商业合作社模式，发挥银行在整合小微企业客户群体中的核心纽带作用，主动将原本无序的小微企业联合起来，进行分层归类，推动抱团发展。

五是接轨"三农"，发展"三农"领域"两小"金融。如农业银行将"两小"金融成功发展经验接入"三农"业务中，创新推出农牧户小额信用贷、双联农户贷、新农村民居建设贷、"市场＋商户"贷、龙头企业＋农户"链式贷、农业产业化集群客户融信保、季节性收购贷款、化肥淡季商业储备贷款、县域中小企业特色农产品抵押贷。

第二，引入更多科技元素，加快业务电子化发展。2012年，商业银行在对公业务电子化方面的尝试增多。一是信贷业务电子化的深入。交通银行的"e贷在线"、宁波银行的"E家人"网络社区平台延续中小企业通过网络申请贷款的模式，而招商银行"空中贷款"和"云转介"，不但开辟了空中受理专线，还利用远程技术进行任务分配、督办和跟踪，为后台集约化、科技化提供了新的探索。

二是票据电子化的新尝试。如工商银行和光大银行联合美国运通分别推出"易事达"和"易事通"电子旅行支票，具有安全、永久有效、世界通行、消费、取现、反复充值、携带方便等特征，还增加了备用产品功能，在主产品遗失或被盗的情况下能迅速激活备用产品，以保证其正常使用。招商银行推出网上票据保管箱，使企业能够将纸质票据和ECD电子票据聚集到U－Bank上进行网上托管，并进行查询、批量贴现和自动托收等操作。

---

① 两小业务即小企业及小微企业业务。

三是贸易金融电子化的新发展。如中信银行推出端对端信用证项下电子交单业务，可实现企业贸易全过程无纸化。浦发银行基于海关新一代税费电子支付系统开发出通关盈电子担保业务，使企业实现先通关、后付税的便利，并授予一定的信贷额度。

四是供应链金融电子化。中信银行推出新一代电子供应链服务，实现订货、收款、发货、融资、库存、资金、信息、预警等全电子化管理。平安银行推出供应链金融2.0服务，实现金融服务在线可得和上下游企业的信息共享，涵盖预付线上融资、存货线上融资、电子仓单质押融资、线上反向保理、核心企业协同、增值信息服务、公司金卫士等多项服务。

第三，突出各自优势，现金管理创新延续跨境、跨行特征。我国国有大型商业银行依托国际化发展平台，其现金管理业务创新重点依然放在跨境、全球特征上。如工商银行在亚太区现金管理中心的基础上，于2012年又开发了中非现金管理中心、欧洲区现金管理中心、美洲区现金管理中心，构建"总行—区域中心—境内外机构"三级服务架构。中国银行在原有全球现金管理平台上。将2012年创新重点放在外汇跨境资金归集和人民币跨境资金归集功能开发上。

我国中小银行现金管理业务创新点主要体现在跨行管理和收付款管理、商旅管理、分类服务等方面。在跨行管理和收付款管理方面：招商银行启动了跨银行现金管理平台，实现跨银行账户管理、付款交易管理、智能化资金归集和下拨等服务。光大银行现金管理突出集团客户个性化服务、多资金账户管理模式、多客户往来款管理。在商旅管理方面：招商银行推出"出行易"全流程差旅管理，浦发银行推出企业商旅平台商旅e站。在分类服务方面：光大银行为中小企业和小微企业分别打造专属现金管理平台。兴业银行确定了医疗、教育、能源为现金管理重点行业，并针对不同行业推出专属个性化服务。

在华外资银行现金管理上也有新的举动。如法兴中国与农业银行合作开通现金管理银银直连系统，实现双方客户通过网银自由查询和交易。渣打中国、汇丰中国也加入我国"跨国公司总部外汇资金集中运营管理试点"，搭建外汇资金跨境归集功能，以帮助企业在全球范围内追踪现金走向。

第四，信贷资产证券化与资产支持票据①取得新突破。我国信贷资产证券化试点始于2005年，并于2008年年底暂停。进入2012年，央行、银监会、财政部联合下发《关于进一步扩大信贷资产证券化试点有关事项的通知》，重启新一轮信贷资产证券化试点。经过几个月的筹备，中国银行和交通银行均发行了各自的信贷资产证券化产品"中银2012年第一期信贷资产支持证券"、"交银2012年第一期信贷资产支持证券"，发行规模均超过30亿元。

2012年，中国银行间交易商协会正式颁布《银行间债券市场非金融企业资产支持票据指引》，随后启动三个试点，涉及上海浦东路桥建设股份有限公司、南京公用控股（集团）有限公

---

① 资产支持票据是指非金融企业在银行间债券市场发行的，由基础资产所产生的现金流作为还款支持的，约定在一定期限内还本付息的债务融资工具。

司、宁波城建投资控股有限公司三家企业。浦发银行、工商银行、中信银行分别担任三家企业的主承销商，募集金额分别为 5 亿元、10 亿元、10 亿元，支持资产分别为与多地政府签订的多个 BT 建设合同的应收债权、未来五年水费收入、所拥有的天然气设施。

专栏 7－1

资产支持票据

资产支持票据（ABN）是一种债务融资工具，该票据由特定资产所产生的可预测现金流作为还款支持，并约定在一定期限内还本付息。资产支持票据通常由大型企业、金融机构或多个中小企业把自身拥有的、将来能够生成稳定现金流的资产出售给受托机构，由受托机构将这些资产作为支持基础发行商业票据，并向投资者出售以换取所需资金。

资产支持票据在国外发展比较成熟，已经成为私募中一个日益重要的组成部分。而在我国，资产支持票据一直处于试点研究阶段。2009 年 2 月 25 日，根据中国银行间市场交易商协会要求，由兴业银行、招行银行、浦发银行牵头，包括中金公司和中信证券成立了资产支持票据工作小组，启动设计开发方案。2012 年 8 月 3 日，中国银行间市场交易商协会公告了《银行间债券市场非金融企业资产支持票据指引》（以下简称《指引》）。8 月 6 日，中国银行间市场交易商协会接受上海浦东路桥建设股份有限公司、南京公用控股（集团）有限公司、宁波城建投资控股有限公司三家企业的资产支持票据注册，总注册额度 25 亿元。8 月 8 日，三家发行人共 25 亿元资产支持票据发行成功。从此，资产支持票据正式成为我国中小企业一个新的融资渠道。

根据《指引》，我国资产支持票据具有以下要素：

（1）发行人限于非金融企业，基础资产需权属明确，不得附带抵押、质押等权利限制。

（2）资产支持票据也采用注册制，可选择公募或私募方式在银行间市场发行。

（3）必须披露的信息包括募集资金用途和基础资产及现金流情况，公募票据要求双评级，并在指定网站公告披露信息。除必须披露募集资金用途外，企业还需要披露以下信息：资产支持票据的交易结构和基础资产情况；相关机构出具的现金流评估预测报告；现金流评估预测偏差可能导致的投资风险；在资产支持票据存续期内，定期披露基础资产的运营报告。而对私募票据并未强制评级要求，相关信息披露可由买卖双方在《定向发行协议》中自行约定。

（4）要求发行文件中至少约定四个方面的投资保护机制，以应对可能发生的损害投资者利益的情况。约定的投资者保护机制包括但不限于：债券评级下降的应对措施；基础资产现金流恶化或其他可能影响投资者利益等情况的应对措施；资产支持票据发生违约后的债权保障及清偿安排；发生基础资产权属争议时的解决机制。

（四）零售业务创新重在市场开拓与产品完善

商业银行零售业务经过多年的发展，体系已然成熟，发展步伐有条不紊，反映在创新点选择上，主要集中在开拓新业务和完善产品与服务上。

第一，个人理财业务创新点集中在开拓高端、老人、家庭等理财新市场上。一是深度挖掘高端理财市场。其中，部分城商行开始进军私人银行业务，如北京银行和吉林银行开设第一家私人银行业务中心。股份制银行在赶超中不忘新意，如招商银行开始进军海外私人银行市场，并开拓资产超过5亿元的超高净值人群的服务模式。大型银行重在扩大经营视角，如工商银行引入跨境金融服务，中国银行在新加坡设立首家海外财富管理区域中心。

二是拓展高端保险市场。其中，建设银行与建信人寿合作，向AUM值在100万元以上的高净值客户群，推出保险定制服务；民生私人银行与新华人寿合作，推出高端保险产品"睿享人生财富保障计划"，满足客户在重疾、养老、高额身故保障、意外、医疗等方面的保障需求。

三是进军"个人养老"理财市场。如兴业银行针对老年客户群体推出"安愉人生"综合金融方案，涵盖产品定制、健康管理、法律顾问、财产保障等多项服务；光大银行利用资产配置平台提供养老规划，从中青年客户开始进行养老金补充方案。

四是关注"家庭"理财。其中，招商银行向资产超过5亿元的超高净值客户群推出了"家庭工作室"，为家庭成员制订发展计划；光大银行针对中产阶级家庭提出教育、健康、置业、养老、生活等多方面的主题规划，实现家庭资产的合理配置；渣打中国推出智衡家庭财富管理系统，将视角从投资者个人延伸到家庭。

此外，一些银行独创性创新也令人耳目一新。如建设银行推出自动理财账户业务，省去多次申购的麻烦；浦发银行和光大银行分别发行了行庆20周年专属理财产品；光大银行尝试在淘宝网站售卖专属存款产品"定存宝"；建设银行和光大银行推出手机扫二维码即可进入理财专区的服务。

第二，个贷业务创新点重在完善产品与服务。一是热衷拓展消费贷。如工商银行推出个人新型消费贷，涉及文化消费、家居消费、出国留学等多场景消费需求。南京银行针对科技精英这一特定人群推出"精英消费贷"额度高达500万元。南洋银行针对中高端人士消费需求推出"逸贷宝"抵押消费贷，额度高达500万元。

二是关注涉农个人贷。如建设银行推出"农耕文明"涉农个贷品牌，采用"公司＋农户"的形式，对与龙头企业签约农户发放贷款，还创立"联村联户富民贷"字品牌，发展"县级财政担保/公务员担保＋农业合作社＋农户"模式县域经济涉农个人贷。

三是强调快贷。如广发银行针对手续齐全的个体工商户推出"一日贷"便捷信用贷产品。光大银行推出"瞬时贷"，通过移动电子营销平台为客户现场办理信用卡申请和分期付款申请，先贷款后发卡。

　　四是个人股权质押贷。光大银行针对高端客户推出个人股权质押贷，符合条件的客户可将自身持有的 A 股上市流通股或现售流通股质押给银行取得贷款，贷款起点额为 500 万元。

　　五是港元按揭贷款。建设银行中山市分行与建行亚洲合作推出港元按揭贷款，香港居民在中山买房时，可直接用港元进行还款，并在香港完成签约。

　　第三，银行卡业务创新更加贴近客户需求。一是实行"容差还款"等亲民政策。如光大银行信用卡业务推出"容差还款"服务，当持卡人未归还部分少于 10 元时，不收取全额罚息。河北银行信用卡业务还推出最长三天还款宽限期"容时还款"服务。浦发银行信用卡业务推出溢存款免费取、最高 72 小时失卡保障等服务。

　　二是打破壁垒实行跨行免费还款。如交通银行推出信用卡"两次扣款"功能和跨行免费还款功能，前者为选择该服务的客户在账单日后第 7 日进行首次扣款，若扣款失败或仅扣收部分款项，到期日会再次扣款差额部分；后者指客户签约跨行自助还款或跨行自动还款。

　　三是开拓银行卡非接触式支付功能。如招商银行在手机上加载信用卡芯片进行手机近场非接触式闪付。浦发银行"手机挂坠闪付卡"、农业银行"迷你异型黏贴信用卡"可直接使用银行卡进行近场非接触式小额快捷支付。建设银行"苏通龙卡"、华夏"速通卡"可执行远场脱机式高速公路电子快速缴费支付。

　　四是进军超高端信用卡市场。如工商银行、招商银行分别与美国运通合作推出世界公认的高端银行卡百夫长白金卡和黑金卡，持卡人可享受全球顶级的增值服务。渣打中国与英国大使馆文化教育处共同推出以英国文化为主题的银行卡"艺述英国"钻石借记卡，只向特邀客户限量发行 2 012 张。

　　五是发展多币种卡。如工商银行为出国人士推出多币钟信用卡，包含人民币、美元、欧元等十种外币账户，可自动购汇还款和额度灵活控制。农业银行发行"悠游世界"多币钟信用卡，可享受全球免货币转换费服务等多项优惠权益。

　　六是创新虚拟卡。如中国银行向已经持有实体信用卡的客户推出虚拟卡产品，只需要凭借虚拟卡卡号、有效期等信息就可代替所依附的主卡完成网上及其他非面对面的交易操作，避免网络交易中泄露主卡信息的风险。而工商银行等十多家银行加入中国银联和中国移动联合推出的 TSM（可信服务管理）平台建设，用户可将自己的银行卡信息下载到 SIM 卡中，形成真正的空中虚拟银行卡。

　　七是加快服务中心建设。如中国银行在新加坡建立银行卡区域中心，意在立足新加坡推动东南亚支付卡业务发展。工商银行上海市分行设立了商户服务中心，对收单产品的开发和大型集团商户的拓展和维护实行专业化管理。

　　八是在华外资银行进军信用卡市场。2012 年，部分在华外资银行陆续被批准向境内客户单独发行信用卡。其中，花旗中国已经发行了商务卡和人民币信用卡；东亚银行发行了人民币芯片信用卡；南洋商业银行发行了个人白金芯片信用卡和商务信用卡。

二、2013 年中国商业银行金融创新未来展望

（一）云计算将在银行业掀起变革性创新浪潮

云计算的设想与兴起，使信息资源的整合与充分挖掘成为可能，将对各方参与者带来全新的体验，使人们赖以生存的社会经济形态到金融生态，再到银行业本身，都会发生革命性变化。预计在未来 5 至 10 年，云计算将给银行业带来巨大变革。

在国外，IT 市场研究公司 Gartner 最新调查显示，云计算已成为全球金融业首席信息官最优先考虑的平台，而且 39% 受访者认为，到 2015 年超过一半的金融交易将通过 Laas（基础设施即服务）和 Saas（软件即服务）运行。Gartner 还预计云计算或许不仅可以帮助银行等金融机构改善和优化现有的服务，还可能产生新的服务和流程而取代现有的设计、分配或交易功能，如逆向拍卖和第三方核心银行系统。

在国内，工商银行与 IBM 公司合作发布了《从云计算到基于云的业务模式——国内银行未来创新机会》白皮书，预测未来云计算以一种全新的生产力，带来新的业务模式，带动产业转型，重塑产业链。银行可围绕云的特点及其对业务产生的影响，寻找云计算与银行经营管理、客户需求的结合点。

工商银行已开启与多讯科技合作搭建金融云平台的工作，并进入初步体验使用状态。既可以让每个客户拥有一个独立的云桌面，可以在线办理银行业务及相关咨询；也可以分享银行客户资源，将其优质客户引入云平台，加强银行在价值链中的介入；还可以将客户需要的信息推广到客户云桌面，还可以从客户端采集信息完善自己的服务。

银联商务也加入云计算应用，试图打造第三方支付行业的云计算示范平台——银联商务综合服务云平台，可将上下游产业链紧密连在一起。该平台的首批应用精准营销项目、智能店铺管理项目已开始投入使用。

国裕集团推出云端金融街的设想，试图汇集银行云、保险云、证券云、中小企业金融云、监管云等行业云，及金融资产交易所、证券交易所、结算中心、外汇交易平台、第三方支付平台等多方平台，提供信息资源交互服务、超级金融产品大超市、银保通交互服务、数据挖掘和深度分析服务。一旦设想成功，银行之间由于信息的完全透明化而失去原有的优势保障，从而进入更加激烈的竞争。

云技术正以不可阻挡的趋势走来，银行业如何作为将成为影响未来成败的关键。这个课题迫切又严峻，需要银行认真思考并快速响应。

专栏 7 - 2

云计算与云金融

云是互联网资源的一种形象说法，互联网上的各类计算资源都可以视为云。目前，云有公共云、局域云、私有云之分。云计算即基于云的计算，它将大量用网络资源连接的计算资源进行统一管理和调度，构成一个计算资源池向客户提供服务，它包括基础设施即服务（Laas）、平台即服务（Paas）、软件即服务（Saas）。用户通过互联网使用云资源，就像使用水、电一样，可以随时获得、按需使用、按量付费。云金融就是利用云计算系统模型，将金融机构的数据中心和客户端分散到"云"里，从而达到提高自身系统运算能力和数据处理能力、改善客户体验评价、降低运营成本的目的。工商银行与 IBM 合作发表了《从云计算到基于云的业务模式——国内银行未来创新机会》白皮书，指出云计算代表了一种新的生产力，将创造新的业务模式，带动产业转型，并重塑产业链。云计算已经开始驱动各行业的业务模式创新。并认为，云计算将为国内银行业带来传统经营方式的颠覆性变化和客户体验的革命性变革。抓住机遇将可能在行业中获得更大增长空间。

首先，云计算将彻底改变商业生态运作模式：商业活动摆脱时空限制，可以通过网络瞬间完成；企业定义发生改变，在互联网络技术下产品、资本、场所和员工的传统界定发生根本性变化；企业相互依存度提高，合作共赢成为基本经济生态；产业模式发生重大变化，供应链和销售链更依赖信息链和物流链；信息共享和透明度增强，能更有效克服信息不对称引起的问题；信息灵敏度、驾驭信息和组合资源使之创造价值的能力，成为更稀缺的资源。

其次，云计算给金融业带来一系列重要改变：由于信息透明度增强，金融脱媒进一步加快，直接融资渠道多元化，银行传统存贷款业务受到挑战；银行与一般企业界限模糊，利用网络技术形成的投融资撮合平台使投资者摆脱对银行的依赖；企业和个人信息透明度增强，新的信用体系将衍生出新的金融需求；电子货币的普及，货币作为一般等价物的属性发生改变，成为财富转换的中介，货币计量变得十分复杂；金融机构满足主体个性化、便捷化需求的能力，成为竞争力的基础；主体依存度的增强，风险管理度也增强，强化了风险的扩散、叠加、放大的内在机制，风险系统性、全球性特征明显；对信息依赖程度的提高，也使信息安全成为经济社会安全最大的难点；由于信息的组合又形成新的信息不对称，套利和欺诈仍然存在，而金融脱媒、影子银行体系的大量繁殖、金融创新爆炸式增长，都对金融监管提出更高的要求。

最后，云计算推动银行业从传统商业银行向现代金融服务商转型。网络金融时代，传统银行业面临前所未有的挑战：存款人不断把资金从收益低的存款中取出，转而购买其他收益较高的资产，企业对银行的依赖降低，直接融资更为便利；电子货币的兴起，第三方支付公司的支付结算功能，削弱了银行的支付结算中心功能。银行必须适应信息化环境和金融需求的改变而改变：客户服务方式、市场竞争模式、企业管理模式、业务流程模式、风险控制模式都将发生转变。

（二）阿里虚拟金融将刺激银行业网络金融的创新发展

2010年，阿里巴巴在掌握了数据库和信用评价体系之后，立即结束与商业银行在小额贷款业务上的合作，成立自己的小额贷款公司，正式进军网络虚拟金融业务。目前，阿里金融经营范围逐步扩大，从长三角向珠三角、环渤海地区逐步挺进，业务种类主要是信用贷、订单贷。截至2012年年底，阿里金融累计服务小微企业数量超过20万家，累计发放260亿元融资。

在阿里金融的带动下，京东商城、敦煌网、金银岛、亚马逊、苏宁等互联网企业也开始涉足互联网金融领域。其中，阿里巴巴是以自有资金发放贷款；而敦煌网、金银岛等则是提供担保，用银行资金放贷；京东商城两种模式兼而有之。

阿里金融在尝试小贷业务之后，还向担保和保险领域进军。其中，阿里巴巴、中国平安、腾讯三家公司合创"众安财险"公司已获得保监会的批复。而2013年4月，阿里金融再次推出虚拟信用卡业务，涉足信用支付金融业务。该业务借助支付宝平台进行推广，根据用户交易数据进行授信，用于淘宝等购物支付，在还款日还款。

阿里金融最大的优势就是掌握了多年沉淀下来的客户数据。如今，阿里金融抛开银行进行单飞，虽然目前对商业银行业务的冲击有限，但是在两个方面给商业银行上了生动一课，即掌握客户数据的重要性和发展网络金融的无限可能性。

虽然商业银行在2012年也开始独立开创自己的电子商务平台，试图追赶阿里巴巴等电商企业的优势，建立自己的客户群和客户信息系统，来弥补小微客户信息不足的缺陷。但从建设银行"善融商务"目前的经营情况看，交易额只有35亿元，融资规模只有10亿元，与成熟的电商企业尚存在很大的差距。客户认知度、平台维护专业能力、技术更新等方面仍需更多的努力。

而阿里金融等网络金融的开拓型思维、大胆创新的做法更值得商业银行学习。商业银行在网络金融业务创新上有很大的发展空间，关键点在于理念、技术和人才。

（三）"足不出户到香港去理财"或将成为理财创新热点

随着中国内地银行理财产品平均收益率下滑，一部分客户将投资目光转向香港。2012年，政策上也允许非香港居民在香港银行开立人民币账户，可办理存款、贷款以及信用卡、投资等人民币业务。另外，非香港居民也可以到香港开设综合账户，将人民币转为其他货币，直接参与香港投资市场。"足不出户到香港去理财"的可行性，将给商业银行带来新的发展机遇。

恒生银行、汇丰银行、中银香港、交银香港等多家在港银行已经有所动作。恒生银行给予客户利率优惠、汇款免费等优惠政策，并表示将推出更多理财产品，如债券基金等。还有部分银行推出年化收益率超过6%的高息人民币存款业务。

尽管有人质疑部分香港银行高息揽储的营销政策不能长期维系，但毕竟给内地居民提供了新的投资理财渠道。内地居民可以直接用人民币购买人民币计价对冲基金、保险基金，还可以将人民币转换为其他货币投资证券、外汇保证金账户交易，甚至投资美股等，达到内地无法实现的操作。

中国商业银行经过几年的海外业务发展，已经具备一定的海外服务能力，能够很好地推进离岸理财业务的开展。本着双赢的目标，以开放的思路，大胆创新，一定能在离岸理财业务中占据一定的优势。

（四）资本补充工具创新将成为今后几年的创新重点

2012 年 6 月颁布的《中国商业银行资本管理办法（试行）》，使商业银行面临一定的资本补充压力。目前，我国商业银行普遍存在以下问题：资本来源单一，过度依靠股本融资，尚未推出其他一级资本，二级资本也仅限于次级债、可转债、混合资本债等有限几种。我国商业银行资本工具创新尚未发挥其应有的作为，空间很大。银监会专门成立"资本工具创新"课题组，积极研究银行资本工具的创新以及相关配套政策。2012 年 12 月，银监会再次发布《关于商业银行资本工具创新的指导意见》，从政策上再次鼓励银行在境内外市场进行资本工具创新。

2012 年年底，武汉农村商业银行率先尝试发行 12 亿元有减记条款的次级债，期限为 10 年，票面利率为 6.65%，期限和利率都高于无减记条款的次级债。2013 年，工商银行在资本创新上有所动作，发布董事会决议公告，拟新增发行合格二级资本工具用于补充资本。该二级资本工具带有减记条款但不带转股条款，期限不短于 5 年。但今后是否能成功发行，还有待考察。建设银行也表示，将于 2015 年年底前在境内外市场新增发行不超过 600 亿元人民币等值减记型合格资本工具，用于充实其他一级资本或二级资本。

从目前资本工具初步创新动作看，主要围绕"可减记"和"可转股"，而在优先股、"期限永续"、"可取消票息支付"、"长期 + 展期"等方式上，因为相关法律和政策的冲突、空白，尚缺乏可操作的空间。但从目前监管层对资本工具创新的鼓励态度看，这些方式仍然有发展的可能。随着我国商业银行对资本工具的深入了解，必将迎来新一轮新型资本补充工具的探索和创新。

第八章 中国商业银行渠道建设

2012 年，中国商业银行境内机构网点数量持续增加，县域乡镇覆盖面不断扩大，专属渠道与村镇银行建设深入推进。境外机构布局加快，服务网络不断延伸。电子渠道日益完善，对业务的支撑能力不断升级。展望 2013 年，中国商业银行机构网点将保持扩张，大型商业银行进一步加大对金融薄弱地区和新兴城镇的覆盖，中小商业银行继续布局重点城市。境外机构建设步伐不断加快，经营能力不断强化。电子渠道对传统渠道的替代作用将持续增强，各种电子平台不断推出，全渠道协同融合加速。

一、2012 年中国商业银行渠道建设回顾

（一）机构网点持续增加，渠道网络不断延伸

2012 年，中国商业银行对境内机构网点的建设投入继续加大，机构网点数量持续增加。截至 2012 年年末，全国银行业金融机构网点总数达 20.51 万家，全年新增网点 4 200 多家；16 家上市商业银行拥有境内分支机构共 74 380 个，比 2011 年增加 2 077 个，增长 2.87%，新增数量与增速皆高于 2011 年。其中，上市国有控股商业银行对机构网点的建设力度明显加大，共拥有境内分支机构 68 084 个，增加 1 380 个，增长 2.07%，新增数量和增速接近 2011 年的两倍；上市全国性中小股份制商业银行拥有境内分支机构 5 787 个，增加 631 个，增长 12.24%；上市城市商业银行拥有境内分支机构 509 个，增加 66 个，增长 14.90%（见表 8 - 1）。

表 8 - 1	16 家上市商业银行境内分支机构建设情况			单位：个、%、个百分点	
银行机构	数量	增量	增量变动	增速	增速变动
工商银行	17 086	442	21	2.66	0.06
农业银行	23 472	11	36	0.05	0.16
中国银行	10 521	296	142	2.89	1.36
建设银行	14 121	540	374	3.98	2.74
交通银行	2 884	91	69	3.26	2.47
上市国有控股商业银行小计	68 084	1 380	642	2.07	0.95
招商银行	956	64	-3	7.17	-0.95

续表

银行机构	数量	增量	增量变动	增速	增速变动
中信银行	886	112	39	14.47	4.06
光大银行	775	85	1	12.32	−1.54
民生银行	701	112	31	19.02	3.08
浦发银行	824	84	−1	11.35	−1.63
兴业银行	718	70	0	10.80	−1.31
华夏银行	476	49	17	11.48	3.38
平安银行	451	55	—	13.89	—
上市全国性中小股份制商业银行小计	5 787	631	126	12.24	1.20
北京银行	235	30	13	14.63	5.59
南京银行	101	9	−3	9.78	−5.22
宁波银行	173	27	26	18.49	17.54
上市城市商业银行小计	509	66	36	14.90	6.86
16 家上市商业银行合计	74 380	2 077	804	2.87	1.07

注：境内分支机构数量包含总行、总行直属机构、分行、分行营业部、支行、基层营业网点等各类境内机构网点，不包括子公司。平安银行2012年境内分支机构新增与增速为合并后数据，与2011年不可比。

资料来源：各家银行年报。

2012 年商业银行在机构网点布局方面：一是支持新型城镇化地区网点建设，在新兴地区拓展服务渠道。农业银行扩大对新兴城镇的网点覆盖率，推动县域网点布局重心向中心城区、工业园区、经济强镇转移，完成 1 140 个网点的布局迁址；工商银行在发展迅速的城市新区和新兴城区拓展渠道，全面新增投入运营网点 433 家；中国银行加快了新城区、新社区、新园区和重点地区网点建设。二是向县域乡镇延伸网点，填补金融服务空白。截至 2012 年年末，工商银行在县域及其下辖乡镇增建营业网点 221 家，增幅 4.4%，填补了在部分县域的服务空白点；农业银行最北部的网点黑龙江漠河西林吉支行开业，将网点服务半径向北延伸 600 公里，实现了全省县域支行 100% 的网点覆盖率。三是优化中西部区域布局。2012 年西藏地区全年新设分支机构 35 个，完成迁址、改造银行网点 86 个；新疆地区全年新设分行 6 家，新设支行及支行以下营业网点 57 个。

2012 年商业银行在网点提升方面：一是进行综合型网点建设。建设银行加快实施综合性网点、综合柜员制和综合营销队伍为主的营业网点综合化建设，进一步提升网点资源利用效率；交通银行也在探索构建综合型旗舰网点为主的网点体系。二是打造特色化或专业型网点。截至 2012 年年末，北京中关村地区共拥有银行网点 673 个，其中专营机构 80 余家，专门服务于中关村科技企业的分行 2 家。交通银行也在构建以特色型或专业化网点为补充的网点布局。三是持续网点改造升级与转型。2012 年，银行业金融机构装修改造标准化网点 2.09 万家，全行业实现功能分区的营业网点达到 10.11 万家，较上年增长 31.07%，功能分区不断完善。工商银行完成 547 家低效网点的优化调整；农业银行完成网点的标准化转型建设 3 701 个，实现功能分区的网点 17 308 个，占分支机构总数的 73.74%。

（二）专属渠道不断推进，村镇银行向中西部深入

2012 年，商业银行对个人高端客户，特别是私人银行客户的专属财富渠道建设不断推进。一是继续加快三级财富管理渠道建设，部分城市商业银行开始设立私人银行。截至 2012 年年末，中国银行设立理财中心 5 459 家、财富中心 216 家、私人银行 21 家；建设银行新建私人银行、财富管理中心 66 家，已开业的达到 311 家；招商银行新设 6 家私人银行中心；北京银行组建私人银行部，成立中关村、深圳、杭州 3 家私人银行中心（见表 8-2）。二是布局海外财富渠道，为高端客户提供境内外一体的金融服务。2012 年，工商银行继成立香港私人银行中心之后，又在巴黎组建了欧洲区私人银行中心；中国银行在新加坡建成东南亚财富管理区域平台，在悉尼、曼谷、伦敦分别建成财富管理中心。三是搭建高端客户电子专属服务平台。2012 年，工商银行、建设银行等都针对私人银行客户推出网银、电话等专属渠道，进一步扩大私人银行客户电子渠道覆盖。

表 8-2　　　　　　　　　　　　　部分上市商业银行私人银行中心建设情况　　　　　　　单位：家、万户、亿元

银行名称	机构数量	客户数量	管理资产	最佳私人银行荣誉
工商银行	26	2.6	4 732	《欧洲货币》、《亚洲银行家》
中国银行	21	>4	>4 500	《欧洲货币》、《环球企业家》、《金融亚洲》、《第一财经日报》
农业银行	19	3.5	3 960	
招商银行	29	1.95	4 342	《亚洲货币》、《金融时报》
中信银行		1.17	1 054	
光大银行	4	1.32		和讯网
民生银行		0.94	1 282	《欧洲货币》、《21 世纪经济报道》、《第一财经日报》、《上海证券报》
浦发银行	8	>0.6	>1 000	

注：各家商业银行私人银行客户的资产标准不同，如工商银行是个人金融资产在 800 万元以上的高净值客户；招商银行是日均总资产在 1 000 万元及以上的零售客户；中信银行是管理资产日均达 600 万元以上的高净值资产个人。

资料来源：各家银行年报。

2012 年，在银监会深化小微企业金融服务的政策指引下，商业银行进一步加大了小微企业金融服务专营机构建设、管理和资源配置力度，扩大小微企业金融网点覆盖面。截至 2012 年年末，工商银行拥有小企业金融服务专营机构超过 1 400 家；建设银行拥有"信贷工厂"小企业经营中心 244 家，辐射覆盖 204 个地级行政区；北京银行的小企业信贷工厂在杭州、上海成功落地；农业银行不断做实专营机构，形成了覆盖全国、遍及城乡的小微企业金融服务专业化组织体系。

2012 年，作为商业银行布局农村金融服务的重要渠道，村镇银行建设稳步推进。截至 2012 年年末，全国共组建村镇银行 876 家（其中开业 800 家，筹建 76 家），比 2011 年增加 150 家。16 家上市商业银行共组建村镇银行 114 家，比 2011 年增加 31 家。其中国有控股商业银行新增

13 家，全国性中小股份制商业银行新增 17 家，城市商业银行新增 1 家（见表 8 – 3）。

表 8 – 3　　　　　　　　　16 家上市商业银行组建村镇银行情况　　　　　　　　单位：家

银行机构	2012 年	2011 年	新增
工商银行	2	2	0
农业银行	6	4	2
中国银行	18	18	0
建设银行	26	16	10
交通银行	4	3	1
上市国有控股商业银行小计	56	43	13
招商银行	0	0	0
中信银行	1	1	0
光大银行	1	1	0
民生银行	27	18	9
浦发银行	21	13	8
兴业银行	0	0	0
华夏银行	3	3	0
平安银行	0	0	0
上市全国性中小股份制商业银行小计	53	36	17
北京银行	3	2	1
南京银行	2	2	0
宁波银行	0	0	0
上市城市商业银行小计	5	4	1
16 家上市商业银行合计	114	83	31

资料来源：各家银行年报。

　　由于银监会严格落实村镇银行区域挂钩政策，将东西挂钩比例提高一倍，对老少边穷地区组建村镇银行实施挂钩优惠政策，村镇银行向中西部深入。截至 2012 年年末，村镇银行中西部地区机构占比 61.2%，福建、江西等地区原中央苏区县（市）基本实现了村镇银行全覆盖。截至 2012 年年末，民生银行和浦发银行在中西部等地区组建村镇银行分别达 14 家和 12 家，均超过该行村镇银行总数的一半以上。

（三）境外机构布局加快，渠道经营范围不断扩大

　　2012 年，中国商业银行尤其是大型商业银行坚持国际化发展战略，大力推进境外机构的建设，境外渠道覆盖面进一步扩大。截至 2012 年年末，16 家上市商业银行共拥有境外机构（包括代表处、分行及控股子公司）1 051 个，比 2011 年增加 174 个。新增全部来源于国有控股商业银行，其中工商银行境外机构数量增长最快，全国性中小股份制商业银行和城市商业银行境外渠道建设放缓（见表 8 – 4）。

表 8-4　　　　　　　　　　　　16 家上市商业银行境外机构数量情况　　　　　　　　　　　　单位：个

银行机构	2012 年	2011 年	新增
工商银行	383	239	144
农业银行	12	10	2
中国银行	613	586	27
建设银行	15	14	1
交通银行	14	14	0
上市国有控股商业银行小计	1 037	863	174
招商银行	7	7	0
中信银行	2	2	0
光大银行	1	1	0
民生银行	1	1	0
浦发银行	1	1	0
兴业银行	0	0	0
华夏银行	0	0	0
平安银行	0	0	0
上市全国性中小股份制商业银行小计	12	12	0
北京银行	2	2	0
南京银行	0	0	0
宁波银行	0	0	0
上市城市商业银行小计	2	2	0
16 家上市商业银行合计	1 051	877	174

注：工商银行和中国银行境外机构数量包括二级分支机构、零售网点等，与其他银行不可比。

资料来源：各家银行年报。

境外机构网络布局持续完善。截至 2012 年年末，中国商业银行境外机构已经覆盖亚洲、欧洲、美洲、非洲和大洋洲的 49 个国家和地区。其中，工商银行境外机构扩展至 39 个国家和地区，深入东欧、南美和中东海湾地区；中国银行境外机构也覆盖至 39 个国家和地区，填补了北欧、东欧及中非地区的空白（见表 8-5）。

表 8-5　　　　　　　　　　2012 年上市商业银行境外机构新覆盖地区情况

银行机构	港澳台地区	亚太地区	欧洲	美洲	非洲
工商银行		沙特阿拉伯利雅得、科威特	波兰华沙、葡萄牙里斯本	阿根廷、巴西、秘鲁	
农业银行		越南河内		加拿大温哥华	
中国银行	台北	阿联酋迪拜	瑞典斯德哥尔摩、波兰、		肯尼亚、安哥拉
建设银行		澳大利亚墨尔本			

资料来源：各家银行年报。

境外机构并购、升级不断，渠道经营范围持续扩大。一是通过参股并购快速扩充境外机构数量。2012 年，工商银行在美洲分别完成对美国东亚银行和阿根廷标准银行 80% 股权收购交割工作，美国东亚银行更名为中国工商银行（美国），使其在美洲地区的境外机构从 10 个激增至 127 个。二是代表处升级为分行，实现实体化运作。2012 年，农业银行纽约代表处、交通银行台北代表处、光大银行香港代表处、民生银行香港代表处等都升级为分行，成为经营性海外机构。其中，光大银行香港分行取得牌照后，全年又新开业二级分行 2 家。三是牌照升级，经营范围扩大。2012 年，中国银行和工商银行新加坡分行分别由批发银行牌照升级为特许全面银行牌照，成为首批获得此类牌照的中资银行；建设银行东京分行实现牌照升级，开办零售业务。

　　除了通过自设、并购增加境外机构外，商业银行还广泛通过与境外银行合作等方式延伸境外服务网络。2012 年，工商银行作为非洲主要银行——南非标准银行的最大单一股东，与其在非洲 18 个国家的金融机构建立了密切的合作关系，与 138 个国家和地区的 1 630 个境外银行建立了代理行关系。中国银行在阿曼、加纳、秘鲁、芬兰、土耳其、乌干达等国家开设 6 家中国业务柜台，服务网络进一步扩大。交通银行新增代理行 44 个，合计达 1 565 家，遍布 144 个国家和地区。

（四）电子渠道多元发展，渠道贡献显著增强

　　2012 年，中国商业银行进一步加大电子银行推广力度，不断完善电子渠道产品与服务体系，网上银行、自助银行、手机银行等电子渠道对传统渠道的替代能力持续增强。2012 年，16 家上市商业银行电子渠道交易占比平均为 72.35%，比 2011 年提升了 6.48 个百分点。其中，上市国有控股商业银行平均为 73.01%，比 2011 年提升 6.15 个百分点；上市全国性中小股份制商业银行平均为 74.23%，比 2011 年提升了 7.44 个百分点；上市城市商业银行平均为 69.8%，比 2011 年提升 5.85 个百分点（见表 8 - 6）。

表 8 - 6　　　　　　　　　　16 家上市商业银行电子渠道交易占比情况　　　　　　　单位:%、个百分点

银行机构	2012 年	2011 年	增加
工商银行	75.1	70.1	5.0
农业银行	67.8	62.6	5.2
中国银行	76	67.78	8.22
建设银行	72.99	67.4	5.59
交通银行	73.17	66.44	6.73
上市国有控股商业银行平均	73.01	66.86	6.15
招商银行	71.53	68.1	3.43
中信银行	67.87	53.86	14.01
光大银行	64.04	55.1	8.94
民生银行	90.35	80.49	9.86

续表

银行机构	2012 年	2011 年	增加
浦发银行	79.74	78	1.74
兴业银行	71.84	65.2	6.64
华夏银行	—	—	—
平安银行	—	—	—
上市全国性中小股份制商业银行平均	74.23	66.79	7.44
北京银行	69.6	57.9	11.7
南京银行	70	70	0
宁波银行	—	66.3	—
上市城市商业银行平均	69.8	63.95	5.85
16 家上市商业银行平均	72.35	65.87	6.48

注："—"表示未公布相关数据，在计算平均值时也相应剔除。建设银行为电子银行与柜面交易量之比换算数值；招商银行、光大银行（2011）、中信银行为个人/零售和公司/企业电子渠道交易替代率的平均值；民生银行为网上银行交易替代率；华夏银行 2012 年电子银行交易笔数替代率同比增长 13.89 个百分点。南京银行电子银行业务替代率从 2011 年的接近 70% 到 2012 年的超过 70%。

资料来源：各家银行年报、社会责任报告。

客户数量保持快速增长，交易规模稳步扩大。截至 2012 年年末，工商银行电子银行客户3.15 亿户，交易额 332.6 万亿元，增长 17.2%；光大银行电子银行客户 1 603 万户，增长 70%，交易笔数 6.9 亿笔，增长 74%；宁波银行电子银行客户数较 2011 年增加 18.41 万户。

渠道贡献昱著增强，对业务的支撑能力不断提升。截至 2012 年年末，建设银行电子银行业务收入 47.60 亿元，增幅 12.11%；农业银行电子银行业务收入 53.64 亿元，较上年增加 9.03 亿元，增长 20.2%。工商银行一半以上的基金交易和理财产品销售、90% 以上的外汇买卖和账户贵金属交易均通过电子银行渠道进行。华夏银行电子渠道理财销售额在全行的占比达到 60.89%。

不断创新与优化，积极拓展电子银行经营新领域、新模式。2012 年，工商银行完善包括网上银行、电话银行、手机银行、短信银行、电视银行等在内的电子渠道体系，创新推出 50 多项面向客户的创新产品，完善近 300 项产品功能。农业银行致力于打造以网络金融、语音金融、移动金融、自助金融、电商金融等五大在线金融服务为体系的"智慧银行"。建设银行推出电子商务金融服务平台——善融商务，为从事电子商务的企业和个人客户提供产品信息发布、在线交易、支付结算、分期付款、融资贷款、资金托管、房屋交易等专业服务。

（五）自助设备投放继续加大，功能不断创新

2012 年，银行业金融机构新增自助设备 10.02 万台，增长 24.5%，总数达到 50.92 万台。11 家上市商业银行共投入自助设备 29.32 万台，比 2011 年增加 4.88 万台，增幅 19.95%。其

中，上市国有控股商业银行自助设备增量和增幅都较大（见表8－7）。

表8－7　　　　　　　　　部分上市商业银行自助设备投放情况　　　　　　　单位：台、%

银行机构	2012 年	2011 年	新增	增速
工商银行	70 202	59 140	11 062	18.70
农业银行	76 234	64 775	11 459	17.69
中国银行	39 100	30 000	9 100	30.33
建设银行	56 968	45 645	11 323	24.81
交通银行	20 520	16 954	3 566	21.03
上市国有控股商业银行合计	263 024	216 514	46 510	21.48
招商银行	8 835	8 427	408	4.84
中信银行	5 306	4 739	567	11.96
光大银行	5 798	6 264	−466	−7.44
浦发银行	6 042	5 183	859	16.57
华夏银行	3 846	3 000	846	28.20
部分上市全国性中小股份制商业银行合计	29 827	27 613	2 214	8.02
宁波银行	444	380	64	16.84
部分上市商业银行合计	293 295	244 507	48 788	19.95

注：上市股份制商业银行中民生银行、兴业银行和平安银行，上市城市商业银行中北京银行和宁波银行未公布相关数据。
资料来源：各家银行年报、社会责任报告。

2012 年，中国商业银行同时也加大了自助银行建设。9 家上市商业银行共拥有自助银行5.43 万家，比 2011 年增加 1.08 万家，增幅 24.87%。上市国有控股商业银行自助银行的建设力度大于股份制商业银行，基本保持 25%以上的增幅（见表 8－8）。

表8－8　　　　　　　　　部分上市商业银行自助银行建设情况　　　　　　　单位：家、%

银行机构	2012 年	2011 年	新增	增速
工商银行	17 437	13 772	3 665	26.61
中国银行	11 800	9 400	2 400	25.53
建设银行	13 814	10 681	3 133	29.33
交通银行	2 133	1 629	504	30.94
招商银行	2 174	2 031	143	7.04
中信银行	1 572	1 335	237	17.75
光大银行	1 096	961	135	14.05
浦发银行	3 527	3 069	458	14.92
华夏银行	738	600	138	23.00
合计	54 291	43 478	10 813	24.87

资料来源：各家银行年报。

自助渠道的交易显著提升。截至 2012 年年末，银行业金融机构自助设施总交易量达 321.56 亿笔，比 2011 年增加 68.33 亿笔，增长 26.98%，总交易额为 44.39 万亿元，比 2011 年增加

26.22 万亿元，增长 144.3%。

中西部和农村地区自助设备投放持续加强。2012 年，浦发银行在新疆新设立 2 家在行式自助银行，24 家离行式自助网点，比 2011 年增加 11 家。中信银行在西部地区投放自助设备 755 台，比 2011 年增加 175 台，增长 30.17%。北京银行借助人保财险北京郊区村镇的 148 个农村服务站，配置 POS 机、ATM、自助缴费终端等电子设备。

自助设备功能不断创新，服务能力进一步提升。建设银行在同业率先推出"可追踪假币 ATM"；交通银行推出全国首台"远程智能柜员机（iTM）"；光大银行在业内首推自助设备视频服务；民生银行推出"网络报警设备"ATM 旁的小保镖；浙商银行推出"自助机具"助力小微企业；北京银行推出"医保 ATM"服务大众。浦发银行在自助设备上实现了跨省、跨行代缴中国移动话费。同时，多家银行推出自助设备无卡取现服务，推广自助设备受理金融 IC 卡功能。

（六）网上银行快速发展，产品与服务体系日益完备

2012 年，中国商业银行网银客户数量保持较快增长。截至 2012 年年末，12 家上市商业银行网银客户数量达到 37 522.01 万户，其中个人网银客户 36 771.02 万户，企业网银客户 750.99 万户。上市国有控股商业银行网银客户数量全部保持 30% 以上的增速，全国性中小股份制商业银行网银客户数量也基本保持 20% 以上的增速（见表 8-9）。

表 8-9　　　　　　　　　　　16 家上市商业银行网银客户情况　　　　　　　　单位：万户、%

银行机构	个人网银客户			企业网银客户		
	2012 年	2011 年	增速	2012 年	2011 年	增速
工商银行	—	10 000	—	—	250	—
农业银行	8 837	6 527	35.39	190.01	128.59	47.76
中国银行	9 142.36	5 500	66.22	180.17	108	66.82
建设银行	11 926	8 454	41.07	213	139	53.24
交通银行	2 347.62	1 742.46	34.73	39.5	28.85	36.92
招商银行	1 174.01	—	—	23.01	18.49	24.44
中信银行	756.65	570.71	32.58	12.77	10.31	23.86
光大银行	634	—	—	16	9.39	70.39
民生银行	480.58	443.3	8.41	24.49	18.2	34.56
浦发银行	662.21	417.25	58.71	23.54	18.79	25.28
兴业银行	529.33	413.6	27.98	13.95	10.08	38.39
华夏银行	81.26	42.8	89.86	12.25	9.53	28.54
平安银行	—	—	—	—	—	—
北京银行	200	152.87	30.83	2.3	1.7	35.29
南京银行	—	—	—	—	—	—
宁波银行	—	—	—	—	—	—

注："—"表示未公布相关数据。南京银行 2012 年网上银行新增客户 14.3 万户，比年初增长 70.24%。
资料来源：各家银行年报、社会责任报告。

网上银行的交易规模不断扩大。2012年，工商银行网上银行交易额突破300万亿元，同比增长17.2%。南京银行网上业务交易金额5 163.56亿元，同比增长23.93%。北京银行个人网银交易量和交易额的近三年年均增幅分别达到92%和90%；公司网银交易量和交易额近三年年均增幅分别达到47%和101%（见表8－10）。

表8－10　　　　　　　　部分上市商业银行网上银行交易情况　　　　单位：亿笔、%、万亿元

银行机构	个人网银				企业网银			
	笔数	增幅	金额	增幅	笔数	增幅	金额	增幅
农业银行	—	—	72.64	—	—	—	54.26	—
建设银行	43.43	7.05	—	—	12.98	33.96	—	—
交通银行	4.58	37.17	—	—	1.44	42.5	—	—
招商银行	7.36	46.8	15.20	7.06	—	—	—	—
中信银行	0.56	54.7	3.37	48.46	0.18	33.70	21.28	22.2
民生银行	1.04	163.31	5.73	71.52	1 743.64	52.18	13.06	53.13
兴业银行	1.12	27.75	3.82	10.17	0.39	41.58	21.95	31.38
北京银行	0.09	92	0.67	90	0.09	47	5.30	101

注："—"表示未公布相关数据。北京银行个人网银和企业网银交易量和交易额的增幅为近三年年均值。
资料来源：各家银行年报。

网上银行产品与服务体系日益丰富。工商银行推出企业网银外汇买卖、积存金和理财产品网上银行质押贷款；中国银行面向企业客户新增供应链融资、企业养老金、结构性理财、公对私转账和资产托管服务；华夏银行推出企业网上银行跨行资金管理产品，上线了企业网银理财、个人网银自动跨行资金归集等23个产品，新增和优化467个功能；宁波银行先后推出企业网银委托贷款、网上保证金池、网上保理、固定期限理财等一系列特色产品。

大型商业银行还不断推动境外机构网上银行建设。工商银行境外机构推出工银电子密码器、网上银行贵金属等产品，截至2012年年末，工商银行26家境外机构开通网银业务，境外机构个人网上银行客户比2011年增长39%，企业客户增长34%。中国银行海外网上银行服务范围进一步扩大，在澳大利亚、德国、法国、南非、印度尼西亚等9个国家推广个人网上银行全球账户管理服务，继续提升新加坡、马来西亚、日本网上银行服务功能，网上银行服务已覆盖海外29个国家和地区。建设银行企业网银成功推出海外版，并在香港分行试运行。

（七）手机银行等移动银行爆发式增长

2012年，为响应快速发展的移动金融服务新需求，商业银行纷纷大力推进手机银行、短信银行等移动电子渠道建设。截至2012年年末，11家上市商业银行已经拥有手机银行客户2.83亿户，其中上市国有控股商业银行手机银行客户2.61亿户，增速都在50%以上，中信银行、浦发银行手机银行客户数量更是翻了几番（见表8－11）。

表8－11　　　　　　　　　　部分上市商业银行手机银行客户情况　　　　　　单位：万户、%

银行机构	2012 年	2011 年	新增	增速
工商银行	7 400	—	—	54.5
农业银行	5 685	3 483	2 202	63.22
中国银行	4 182.5	1 700	2 482.5	146.03
建设银行	8 390	4 695	3 695	78.70
交通银行	481.15	266.3	214.85	80.68
招商银行	966.49	449.47	517.02	115.03
中信银行	126.57	7.22	119.35	1 653.05
光大银行	271	—	—	—
民生银行	99.58	—	—	—
浦发银行	124.67	20.48	104.19	508.74
兴业银行	546.46	372.09	174.37	46.86

资料来源：各家银行年报。

　　手机银行交易规模也呈现爆发式增长。2012 年，工商银行手机银行交易额增长近 16 倍；建设银行手机银行交易笔数增长 85.06%；交通银行手机银行交易笔数增长 403.27%，交易额增长 312.29%；兴业银行手机银行交易笔数增长 107.76%，交易额增长 209.96%。

　　手机银行等移动银行客户端和服务平台不断完善。2012 年，工商银行推出 Android 网上银行、移动生活客户端；农业银行正式发布手机银行客户端；中国银行首家推出 Windows Phone 系统手机银行客户端；交通银行手机银行率先推出黑莓版、生活频道、对公频道等；兴业银行推出客户端手机银行 2.0 版、在线手机银行 3.0 版；宁波银行推出移动银行 iPhone 和 iPad 版。

　　移动金融持续创新。2012 年，工商银行创新推出手机预约取现、短信银行智能应答等服务；建设银行在同业首家推出手机银行二维码理财产品销售；招商银行率先在国内发布"招商银行手机钱包"，为消费者提供银行卡与手机合二为一的最新移动支付服务。中信银行围绕小微客户支付结算需求，创新推出小微手机银行；创新推出二维码收付款功能，成为国内首家提供手机银行二维码收付款服务的商业银行。

二、2013 年中国商业银行渠道建设展望

（一）境内机构网点数量将继续增长

　　2013 年，中国商业银行境内机构网点数量总体将保持增长，网点布局不断扩大。大型商业银行将重点加快新兴城镇和金融薄弱地区机构网点建设，网点数量增长较快。主要原因：一是在区域协调发展和城乡统筹发展的国家总体战略与新型城镇化建设的不断推进下，我国中西部

地区、县域乡镇将迎来较快的发展，对金融机构需求巨大。二是监管部门持续支持中西部地区和农村地区金融服务体系建设，明确网点建设的差异化政策。2011 年以来，银监会先后印发《关于进一步推进空白乡镇基础金融服务工作的通知》、《关于全面做好 2012 年农村金融服务工作的通知》等文件，召开全国金融机构空白乡镇工作推进会议，加快培育和完善中西部地区金融体系，加快提高薄弱地区金融服务水平。三是大型商业银行机构网点目前主要分布于发达地区及各级城市中心区，对于新兴城区、县域乡镇、农村地区以及中西部偏远地区覆盖不够，机构网点需求大。

中小商业银行机构网点建设将平稳增长，布局重点仍是从大中型城市向二、三线城市延伸。主要原因：一是监管部门要求中小商业银行加快转变发展方式，加强机构网点风险管理，对机构网点扩张较快但风险管理不到位的中小商业银行加强了监管。二是中小商业银行经过持续的网点扩张，基本已经完成在大中型城市的布局和覆盖，进一步扩张需求下降。三是中小商业银行由于资产规模的限制和经营战略的不同，短期内主要还是着重于大中型城市的布局经营，不会像大型商业银行一样，大力向中西部边远地区和乡镇地区延伸机构网点。

（二）境外渠道建设将更加深入

中国商业银行尤其是大型商业银行境外渠道建设面临有利形势。一是受国际金融危机和欧债危机影响，国际大型银行受到拖累，市场扩张速度放缓甚至收缩业务规模，为我国商业银行国际化发展提供了良好契机。二是中国企业"走出去"步伐不断加快，对境外金融需求不断增强，带动商业银行国际化战略加快实施，商业银行境外扩张步伐加快。三是人民币国际化向纵深推进，跨境人民币业务跨越式发展，人民币清算、人民币租赁、离岸人民币债券等业务发展迅速，为商业银行境外机构发展提供了广阔的业务空间。

2013 年，中国商业银行的境外渠道建设步伐将不断加快，渠道贡献日益增强。一是持续完善境外机构网络布局，紧紧抓住国家实施"走出去"战略和人民币跨境使用加速推进的重要机遇，不断扩大和优化全球网络布局，进一步加大美洲、非洲等地区的机构申设，增设境外二级机构，加快构建全球一体化服务体系。二是不断强化境内外联动、信息系统全球化延伸，推进全球产品线向纵深发展。商业银行将强化境内外联动和深层次合作，以构建全球化客户服务体系为基础，加快海外财富渠道布局，着力打造贸易金融、供应链融资、大宗商品融资、全球现金管理等产品体系。三是境外机构经营能力持续增强。商业银行将继续探索境外机构差异化、本土化发展模式，加大对境外机构指导力度，海外机构自主发展能力持续提升，境外渠道的综合效益将不断显现。

（三）电子渠道的替代作用将持续增强

2013 年，在各家商业银行的持续推进下，电子渠道交易占比将稳步提高，客户数量和交易规模不断扩大，但增速将呈现回落趋势。这是因为经过近几年的飞速发展，电子银行已经成为商业银行交易主渠道。主要商业银行电子渠道的交易占比平均已达到70%以上，即平均每受理10笔业务，就有7笔以上是通过以互联网为主的电子渠道完成，客户规模和交易规模基数较大，网上银行的增长逐渐放缓。

但以手机银行为主的移动银行将迅猛增长，客户规模和交易规模有望再创新高。一是中国移动互联网用户数量、应用水平、终端普及、市场规模等均呈现迅猛增长态势。移动用户快速增加，手机上网比例已经超过台式电脑上网比例。截至2012年年末，我国手机网民规模为4.2亿人，在整体网民中占比74.5%。其中，智能手机网民规模达3.3亿人，在手机网民中占比达79.0%，商业潜力巨大。二是手机银行已经成为商业银行大力推进的战略性新兴业务。大型商业银行全都推出了手机银行客户端，不断优化手机银行业务办理流程，简化操作步骤，拓展手机银行应用新领域；中小商业银行开始全面跟进，推出各种版本客户端，加大手机银行营销力度。三是手机银行客户拓展和业务创新还存在较大空间。目前，各家银行手机银行业务还远远没有覆盖网上银行客户，如交通银行2012年年底手机银行客户481万户，仅为网上银行客户数量的20%，网上银行客户拓展为手机银行客户的潜力巨大。手机银行目前主要提供账户查询、转账汇款等基础性金融服务，以"手机钱包"为代表的增值与支付服务发展前景广阔。商业银行将大力推广手机近场支付和移动互联网应用产品，为客户提供安全快捷的移动支付解决方案。

（四）各种电子平台不断推出

2013年，在电子银行的基础上，更多商业银行将涉足电子商务金融服务平台，加快各种应用电子平台建设，深入拓展电子渠道，延伸金融服务。一是电子商务金融服务平台将加快发展。目前，建设银行成功上线电子商务金融服务平台"善融商务"，交通银行推出电子商务平台——交博汇，工商银行已经着手拓展电子商务市场，农业银行正在试点运行电子商务销售支付平台，推广网上K码支付和跨行支付产品。随着我国网络购物用户规模和网络购物市场交易金额快速增长，越来越多的商业银行将搭建电子商务平台，不断加强与商户的深度合作和业务联盟，聚合信息服务提供商、支付服务提供商、电子商务企业等市场参与主体，为客户提供专业化的电子商务服务和金融支持服务。二是为优质客户搭建专属电子服务平台。在个人网银上推出私人银行专区或推出私人银行网上银行，为中小企业推出专业银企服务平台，提供更加专业细致的专属服务，如建设银行新推出的私人银行网上银行，农业银行推出的服务于中小企业的易捷版银企通平台。三是不断搭建各种应用电子平台，提供在线交易、支付结算、融资贷款、房屋交易等专业服务，加强电子银行应用，如建设银行"房e通"房产自主交易融资服务平台、"悦生活"生活服务缴费平台，交通银行同业合作远期结售汇电子服务平台、浦发银行贸易融资线上平台等，对电子银行的应用将不断深入。

（五）全渠道协同融合加速

随着服务渠道的多元化发展，商业银行将致力于整合服务渠道体系，构建统一的"大渠道"

经营格局，实现一点接入、全程响应的渠道服务，满足客户随时随地的接入需求。一是加强渠道的互通、互补和协同。大力提升电子渠道服务能力，推动物理渠道转型，加快新兴渠道建设，加强渠道间的整合协同，推动渠道经营由独立分散向统筹融合转型，实现金融数据及信息的实时无缝接入和网络各渠道的定制共享，为客户提供简洁、友好、高质量的服务。二是加强物理网点的电子化建设。注重加强物理网点与自助银行的统筹配置，推广自助发卡机等各种新型自助设备，建立电子银行专区，强化网点信息科技支撑，上线新一代网点平台，建立集约化的后台集中处理模式，不断提高网点人员的电子银行业务能力。三是积极构建电子银行的交互体系，提升电子渠道远程服务能力。相比物理网点，客户在通过电子渠道办理业务时，难以进行实时交互式的沟通与交流，智能化程度较低。目前，交通银行已经推出了远程智能柜员机服务模式，客户通过一台设备、一根网线，与柜面服务人员、客户理财经理实现远程实时沟通，可以自助或在远程服务人员的帮助下办理几乎目前所有柜面业务。光大银行推出自助设备视频服务和"光大网上营业厅"。2013 年，商业银行将不断推进电子渠道的交互体系建设，不断增加后台支持与远程服务，提升电子渠道的综合服务能力和客户体验。

第九章 中国商业银行风险管理体系建设

2012 年，银监会发布新资本监管标准，利率市场化改革进一步深化，理财业务风险、信息科技风险等引人关注，地方政府融资平台贷款、房地产行业、产能过剩行业等风险尚未完全化解，这些因素都给中国商业银行的风险管理带来了新的压力和挑战。面对种种压力，各家商业银行积极应对，变挑战为机遇，进一步完善了自身的全面风险管理体系，增强了风险防范能力。2013 年，商业银行将面临更加严格的资本监管要求，利率市场化改革的深化，会进一步加大市场风险、流动性风险及信用风险的管理难度，商业银行的风险偏好也将面临理性考验。与此同时，商业银行的公司治理结构将进一步优化，内部控制制度也将更加有效。

一、2012 年中国商业银行风险管理体系建设回顾

（一）强化资本管理，稳步推进新资本协议实施

2012 年 6 月，银监会发布了《商业银行资本管理办法（试行）》（以下简称《资本办法》），将于 2013 年 1 月 1 日起施行，要求商业银行在 2018 年年底前达到规定的资本充足率监管要求。《资本办法》是同步统筹巴塞尔 II 和巴塞尔 III，国际标准与中国实际国情相结合的成果，与之前已经陆续发布的《关于中国银行业实施新监管标准的指导意见》、《商业银行杠杆率管理办法》、《商业银行贷款损失准备管理办法》，以及已经公开征求意见的《商业银行流动性风险管理办法（征求意见稿）》，构建起了以资本充足率、杠杆率、流动性和贷款损失准备指标为主要支柱的中国银行业审慎监管制度体系。

《资本办法》的主要内容包括五个层次：一是建立了统一配套的资本充足率监管体系；二是严格明确了资本定义；三是扩大了资本覆盖风险范围；四是强调科学分类，差异监管；五是合理安排了资本充足率的达标过渡期。其对商业银行的影响主要体现在三个方面：一是以严格的资本定义及计算方法，推动商业银行切实提升自身的风险管控能力；二是通过强化商业银行的资本约束机制，促使商业银行从高资本消耗的规模扩张发展模式，转变为资本节约的内涵发展模式；三是通过下调对小微企业贷款、个人贷款的风险权重，引导商业银行的业务发展方向。

2012 年 9 月，银监会还印发了《商业银行实施资本管理高级方法监管暂行细则》，对工商银行、农业银行、中国银行、建设银行、交通银行和招商银行等实施资本管理高级方法的商业银行的实施条件、核准程序与评审原则给予了明确、细致的规定。

面对新的资本监管标准和要求，中国商业银行在积极运用创新型资本工具补充资本、加强自身资本管理的同时，继续稳步推进新资本协议实施，对各类风险的管理政策、制度及计量工具等进一步加以完善和优化。2012 年各家银行的主要举措集中在以下 4 个方面。

第一，运用经济资本管理工具和绩效考核机制，强化资本约束机制，提高资本配置效率。工商银行严格执行限额管理措施，综合运用经济资本管理工具，优化信贷资产结构，提升资本管理效率；通过设置经济资本限额，有效控制风险加权资产增长，提高资本使用效率。中国银行结合监管新规定优化表内外资产结构，通过加强预算考核引导全行树立资本约束意识；借助加大对低资本消耗业务的资本配置力度、大力发展非利息收入业务、合理控制表外风险资产增长、严格控制高风险权重资产规模、加大授信环节的保证和抵质押风险缓释要求等措施，节约资本占用。建设银行全面实施了内部经济资本预算和配置管理，发挥经济资本对风险资产的总量控制和结构调整作用，加强了分行间调整力度和频率，既提升了经济效率，也优化了全行信贷资源配置和资产组合结构。

第二，完善相关政策、制度建设，确保经济资本和风险调整后资本回报率在实际经营管理中真正发挥作用。建设银行完善了新资本管理办法相关制度建设，扩大行业限额管理范围，发挥经济资本和风险调整后资本回报率在客户选择、产品配置、贷款定价、授信审批、资源配置和绩效考核中的作用。农业银行制定了 2012 年经济资本配置政策，建立了价值导向的经济资本配置机制，进一步加大资本配置与效益挂钩的力度。

第三，推进资本计量高级方法实施，提高风险资本计量的精确度。在信用风险方面，工商银行、农业银行、中国银行、建设银行、交通银行和招商银行等银行均对自身的内部评级系统和模型进行了优化，完善了内部评级制度体系。在市场风险方面，工商银行、农业银行和建设银行等银行已经开始逐步由标准法向内部模型法过渡。在操作风险方面，工商银行优化了高级计量法模型和信息系统，正在推进高级计量法项目成果的应用；农业银行、中国银行和建设银行等银行在进一步提升损失数据质量、完善关键风险指标体系，积极准备实施高级计量法。

（二）积极应对利率市场化改革深化带来的新挑战

2012 年 6 月和 7 月，人民银行两度下调人民币存贷款基准利率，并同时扩大利率浮动区间。这被认为是自 2004 年以来，利率市场化改革进程中的重要一步，预示着中国利率市场化改革开始进入加速期。从世界各国的历史情况来看，利率市场化对商业银行的影响巨大，会在短期内造成商业银行的存贷利差收窄，盈利能力下降；在长期内迫使商业银行转向新的发展与经营模式。值得引起警惕的是，包括日本、美国在内的很多国家的商业银行都出现过因经营模式转变，但相关管理水平尤其是风险管理水平没能跟上，而引发的经营危机和破产倒闭事件。总体来看，利率市场化对商业银行风险管理体系形成的挑战表现在以下几个方面。

一是直接加大商业银行的市场风险。利率市场化的深入，必然会带来利率受市场因素影响波动幅度加剧。一方面，会提高商业银行预测利率走势、管理资产负债结构的难度；另一方面，客户对含有选择权产品的行权可能性也会增加，如行使期权、提前偿还等，会对商业银行带来一定程度的现实损失。

二是增加了商业银行的流动性风险。因利率市场化会提高商业银行的资金成本，为了缓解成本压力、提高资产组合收益，商业银行可能不得不倾向于选择高收益、低流动性的资产，这部分资产占比的提高，势必会降低高流动性、低收益资产的占比，进而引起整体流动性的下降。

三是提高商业银行的风险偏好，并可能因逆向选择和道德风险而加剧商业银行的信用风险。利率市场化带来的存款成本上升、利差缩窄以及大客户脱媒趋势，都会影响到商业银行的盈利能力。为此，商业银行会逐步将宝贵的信贷资源配置到收益更高的业务领域，如中小企业客户或资本市场等业务。然而，在商业银行经营中，更高的收益意味着更高的风险，在风险/收益的权衡与平衡下，商业银行的风险偏好和风险容忍度可能逐步提升。逆向选择是指贷款利率的提高可能会使优质客户转而选择其他融资方式，最终留下的愿意付出更高贷款利率的客户往往风险较高；道德风险是指客户会为了补偿更高贷款利率的成本而从事更高风险的经济活动。这两项都会给商业银行带来信用风险。

四是对商业银行的风险计量工具与模型带来挑战。由于中国商业银行现有的各项风险计量工具与模型的参数，是基于利率市场化水平不太高的市场环境及相关数据设定的，利率水平波动幅度和频率的提高，会对模型工具的准确性和可靠性提出新的挑战。

五是考验商业银行现有风险管理政策、制度和流程。商业银行在利率市场化背景下进行经营模式转变与业务转型，意味着资产负债结构及客户结构的调整。商业银行需要及时对自身的风险管理制度和流程加以相应的调整。如从侧重服务少量的大型客户转变为争夺广大中小客户群体后，商业银行的信贷审批制度和流程，能否适应客户数量和合同审批数量激增，原有的内部评级体系能否适用小微企业客户等。

2012 年，为了适应利率市场化改革等外部环境的变化，提升利率风险管理水平，各家商业银行主要在三个方面进行了完善和努力。

第一，加强利率市场化研究，提高利率市场化条件下的定价能力和风险应对能力。工商银行加强了对利率执行情况的监测分析及同业比较，积极防范利率下行通道的重定价风险。建设银行深入开展利率市场化研究，加强利差管理，培养和提升利率市场化条件下的定价能力。中信银行根据对宏观经济走势的研究与预测，提前采取延长贷款重定价周期策略，缓解报告期内扩大存贷款利率浮动区间政策带来的不利影响。

第二，完善相关政策、制度和相关系统，提升利率风险管理精细化程度。工商银行建立健全了适应利率市场化要求的资金价格管理体系，提升利率风险的计量水平，加强利率风险限额管理，对利率风险管理系统进行优化，以实现利率风险的精细化管理。建设银行进一步完善了利率风险制度框架，采取标准化和差异化结合的价格策略，及时调整授权、优化系统、迅速回应客户需求。交通银行针对利率市场化趋势，加强了负债和定价管理，完善了资产管理业务制度和流程建设。招商银行加强了贷款定价管理，适当拉长贷款久期，开拓浮动利率的主动负债。

第三，实施业务转型，提高产品创新能力，扩大客户基础，确保盈利水平不出现下降。工商银行以资产管理、委托管理、代客交易、承销与咨询、代理销售等金融资产服务业务带动提升中间业务发展；积极促进中小企业客户拓展，实施"强个金"战略，扩大客户基础。农业银行积极开展产品创新，拓宽营销渠道，以理财产品对存款的带动效应，实现存款业务增长。招商银行积极推动贷款结构优化调整，大力发展"两小"业务①，专注于具有高成长空间、市场前景广阔、技术含量高的企业客户。

（三）加强重点领域风险管理与防控

第一，进一步强化理财业务风险管理。近年来，中国商业银行的理财业务发展迅猛，带来了可观的中间业务收入，但同时也暴露出了一定的问题和风险。理财业务的"资产池"运作模式导致的资金投向不明等隐患，部分商业银行借短期理财产品变相揽储"冲时点"，以及客户利益频频受到损害等问题的凸显，促使监管机构不断强化对商业银行理财业务的管理和规范。2011年，银监会先后发布《商业银行理财产品销售管理办法》和《进一步加强商业银行理财业务风险管理有关问题的通知》。2012年，各家商业银行纷纷对理财业务风险管理政策、制度与流程加以完善。如建设银行对理财产品涉及的信用风险、市场风险、流动性风险、政策风险、法律风险和管理风险进行综合评估，定量定性分析各种压力情景下的风险暴露，严格档案管理精细化、资金支用规范化、押品管理专业化、法律文本规范化等要求，提高理财业务规范化程度，同时加强对自营理财存量业务的风险排查，重点核实抵押、质押品的真实性及有效性，确保理财产品按期正常兑付，调整理财业务资产结构，控制高风险资产配置，提高低风险资产配置比重。招商银行对理财产品的客户本金及收益在财务核算方面采用账务分离、独立核算方式，通过优化资产品种和期限结构等手段不断降低流动性风险，2012年开始对表外理财资产实施全面托管。光大银行开展了理财业务发展模式、产品模式、投资模式和销售模式四个方面的转型工作，上线了代客资产组合分级管理系统，实现了理财产品独立核算、科学管理、信息充分披露和资产管理业务专业化、标准化。

第二，继续加强地方政府融资平台贷款风险管理。连续几年以来，通过强化风险缓释与贷后管理，严格新增贷款管理，上收审批权限、建立台账管理体系，坚持长期监测、分析等措施，

---

① "两小"业务，指小企业及小微企业业务。

多数商业银行的地方政府融资平台贷款总量都实现了下降。2012 年 3 月，中国银监会要求商业银行按照"支持类、维持类、压缩类和退出类"对地方政府融资平台贷款进行分类管理，还明确提出要在保持"降旧控新"的基础上，进一步细化和深化具体政策措施。2012 年，各家商业银行继续完善相关制度和流程，加强地方政府融资平台贷款风险管理。如工商银行调整了融资平台贷款政策，进行平台贷款整改和信用增级，审慎把握融资平台退出，严格控制新增融资平台贷款，上收平台客户授信及贷款审批权限。中信银行积极调整存量贷款结构，加快对维持类和压缩类客户的退出力度，同时注重地区结构的适度调整和平衡。浦发银行对"监管类"平台的新增贷款进行重点管理，对"监测类"平台贷款的变动情况进行跟踪监测，实现了融资平台贷款"降旧控新"的总体目标，在持续推进"名单制"管理基础上，实行信贷分类制度，实现统一标准，分类管理，审慎退出，加强退后动态管理，严格把握平台退出条件，实行总行集中审批，审慎评估退出后平台贷款风险，强化监测类平台贷款的风险管控，按自身现金流、项目进展情况分类处置妥善化解存量平台贷款风险。

第三，继续强化房地产贷款风险管理。对于中国商业银行来说，房地产贷款的风险管理一直是中国商业银行的重点风险防控领域。2012 年，各家商业银行主要通过加强贷款管理、实施限额控制和资金封闭管理等措施，控制防范房地产贷款风险。工商银行进一步完善了房地产信贷制度，继续实施行业限额管理，严格控制房地产贷款投放，加强房地产项目资本金管理和贷款资金封闭管理，严格控制向限购城市新发放房地产贷款。农业银行通过严格限制准入、上收审批权限、加快贷款回收、开展风险排查等措施，控制房地产贷款总量和风险。中国银行和建设银行都开展了房地产贷款压力测试，及时排查风险。中信银行进一步提高了房地产开发商和房地产项目准入标准，重点支持地理位置好、价位合理、抗跌价风险能力强、有实际需求的普通住宅项目，并坚持抵押和资金封闭管理原则。

第四，提升信息科技风险、国别风险等新型风险的防控与管理水平。随着信息科技的作用逐步从业务支持走向与业务的融合，成为银行稳健运营和发展的支柱，信息科技风险已经成为中国商业银行的又一个重要风险类型。2012 年，银监会制定了《银行业金融机构信息科技外包监管指引》，以降低商业银行信息科技外包引发的风险。各家商业银行继续强化信息科技风险管理体制建设，加大了对系统运行、电子银行服务和信息科技外包等领域的风险防控力度。此外，国别风险[①]等风险管理制度与流程也在近年来得到了不断完善和优化。2012 年，工商银行、中国银行、建设银行和交通银行等银行继续完善国别风险管理体系，开展国别风险评估与评级，设定全集团的国别风险限额，对国别风险敞口进行持续性统计、分析与监测，并针对国别风险开展专项压力测试。

---

① 国别风险，是指由于某一个国家或地区经济、政治、社会变化及事件，导致该国家或地区借款人或债务人没有能力或者拒绝偿付银行业金融机构债务，或使银行业金融机构在该国家或地区的商业存在遭受损失，或使银行业金融机构遭受其他损失的风险。

（四）优化公司治理架构，强化内部控制

2011 年中国银监会发布的《商业银行公司治理指引（征求意见稿）》中，明确定义了商业银行公司治理，是指股东大会、董事会、监事会、高级管理层、股东及其他利益相关者之间的相互关系，包括组织架构、职责边界、履职要求等治理制衡机制，以及决策、执行、监督、激励约束等治理运行机制。2012 年 9 月，巴塞尔委员会发布了《有效银行监管核心原则（修订版）》，该版本比 2006 年发布的《有效银行监管核心原则》新增加了一条公司治理原则：监管要求银行和银行集团有健全的公司治理政策和流程控制过程，包括战略方向，组织架构，控制环境，银行董事会和高级管理人员责任与薪酬。系统风险组合和系统重要性银行相关情况必须与这些政策和程序相称。

由于有效公司治理在银行安全与稳健运行中起着至关重要的作用，近年来，中国商业银行一直在建立健全科学的公司治理架构。目前，各家商业银行均已建立起了由股东大会、董事会、监事会和高管层组成的职责明确、相互协调、有效制衡的公司治理架构。其中，董事会决定着经营发展战略、风险管理政策以及资本管理等重大事项，对整个集团的公司治理负全面责任。同时，各家商业银行均在董事会下设战略委员会、审计委员会、风险管理委员会、关联交易控制委员会、提名委员会和薪酬委员会。这些专业委员会在董事会与高管层之间起到了重要的联系纽带作用，有助于公司治理切实发挥成效。高级管理层与股东大会、董事会和监事会共同构成的"三会一层"，相互独立运作、有效制衡、相互合作、协调运转，是商业银行实现有效内部控制、科学稳健运营的基础。

2012 年，中国商业银行进一步完善了公司治理机制，并完善了相关文件及规章制度，强化了内部控制力度。具体措施主要有以下五个方面。

第一，强化监事会职能，实现有效监督。根据中国银监会印发的《商业银行监事会工作指引》的要求，各家商业银行进一步规范了监事会的组织和行为，提高了监事会工作的独立性、权威性和有效性，为商业银行良好的公司治理提供了监督机制保障。如工商银行加强了监事会对重大财务活动、风险管理和内部控制的监督力度，探索建设具有自身特色的监事会监督工作体系。中国银行监事会首次组织开展了上市公司规范运作自查工作，对本行公司治理现状进行分析和评价，并由董事会、高级管理层、监事会分别针对存在的问题提出整改措施。建设银行监事可列席董事会会议、董事会专门委员会会议和年度工作会、分行行长座谈会、经营形势分析会、行长办公会等重大会议，还通过广泛参与各项调研检查、工作访谈、专题研究、履职测评等方式全面开展监督工作。

第二，完善相关委员会及部门的工作规则与内部控制规章制度。工商银行修订了公司章程、董事会专门委员会工作规则等制度办法，全面修订了内部控制和合规管理基本规定，开展制度梳理和集团制度统筹管理，优化了内部控制环境。农业银行加强规章制度体系建设，形成了覆盖纵向效力层级和横向业务板块的规章制度体系。建设银行修订了三会议事规则及专门委员会工作细则等文件，进一步细化明确了"三会一层"职责边界，制定了内部控制评价办法，明确了内部控制评价的内容、程序和方法，按照主要业务流程中关键控制点的控制状况进行评价，推动实现内部控制全员、全面、全过程管理，同时还制定了子公司内部控制规范实施工作指引，指导子公司提升内控管理水平。中信银行修订了《中信银行股份有限公司合规政策》，进一步明确境内外分、子公司的合规风险识别评估等职责，强化了授信业务、会计核算、信息系统、财务授权、预算管理等方面的内部控制措施。

第三，加强内部监督力度，积极开展风险自查和评估。工商银行修订了风险管理评价、限额、评估办法，并开展了2012年度内部控制评价项目。农业银行构建了以尽职监督和内控合规监督为主的高级管理层内控监督体系，全流程统筹推动检查监督工作。中信银行建立起一道防线自查、二道防线监督检查和三道防线审计检查相结合的内部监督检查机制。

第四，优化流程管理，以绩效考评促内控执行力提升。工商银行深入实施业务综合流程改造和优化，完善了业务授权管理制度，完善了分行经营绩效和业务发展考评办法。农业银行重点实施了内控评价和整改考核，改进内控评价方式方法。建设银行完成了378项流程优化项目，有效提高了服务与管理效率。

第五，确保信息沟通渠道畅通，提高内部控制效率。工商银行正式投产新版网讯系统，统一技术体系和管理流程，实现了信息整合、快捷导航、智能办公、交流互动和统一认证与授权，进一步畅通了信息沟通渠道。农业银行持续推进内控合规管理信息系统应用，健全信息沟通共享机制，打造内控合规管理的信息平台、作业平台和管理平台，总行和部分分行实施内控合规信息联系制度，初步构建了信息共享平台。

（五）强化风险管理文化建设，提升全员风险素质

商业银行从本质上来说是经营风险的企业，风险管理文化是商业银行企业文化的核心内容，也是商业银行全面风险管理体系真正发挥成效的关键因素。商业银行构建起全面风险管理体系，只能说是具备了有效风险管理的躯体，成熟的风险管理文化才是能使这具躯体真正活起来的灵魂。风险管理文化的缺乏，最终会造成风险管理政策、制度、流程和工具等失效。因此，风险管理文化又被称为商业银行风险防控的一面无形"盾牌"。

2012年，被誉为美国最大、最稳健银行的摩根大通银行，因自身风险控制失灵造成高达20亿美元的交易损失，引发了全球热议。从表面上看起来，摩根大通此次损失事件的原因主要有几点：一是为了追求利益放弃了风险管理部门的独立性，甚至为了获取更高的赢利而有意授予该部门过高的权限；二是公司高管层盲目自信，忽视风险警示；三是风险管理政策、制度、模型及风险监控系统等多个环节未能发挥应有的作用。从本质上分析，这些问题的根源来自于该行自上而下各层级人员的风险意识淡薄和风险管理文化的弱化。

专栏 9 – 1

摩根大通银行"伦敦鲸"巨额亏损事件概况

　　2012 年 5 月，摩根大通银行宣布，由于该行首席投资办公室（CIO）的一项"合成对冲"的交易失误，公司在近 6 周时间内巨亏 20 亿美元，并且未来的损失还可能进一步加大。此消息一出立即引起股市下跌，次日摩根大通股价下挫超过 10%，市值缩水超过 150 亿美元。由于此次亏损，标准普尔将摩根大通的前景展望从"稳定"下调至"负面"，另一知名信用评级机构惠誉评级将摩根大通的债务评级下调了一个等级，并将该行其他所有类型的评级置于负面观察名单当中。惠誉认为，虽然此次摩根大通的损失仍在可控范围内，但损失规模之大以及风险敞口仍继续存在将可能导致摩根大通流动性短缺，还引发对摩根大通风险偏好和风险管理框架、实践以及监管机制的质疑。

　　"伦敦鲸"是市场与媒体为摩根大通位于伦敦的首席投资办公室（CIO）交易员埃克西尔（Bruno Iksil）所取的绰号。该交易员从年初开始建立了基于 CDX. NA. IG9 指数的大量 CDS 头寸，由于头寸巨大引起了市场与媒体的注意。4 月时包括《华尔街日报》在内的多家媒体都报道了摩根大通有操纵 CDX 指数的行为，但该行首席执行官（CEO）戴蒙并未给予充分的重视，并笑称媒体的报道为"茶杯里的风暴"。

　　CDX. NA. IG. 9 是一个包含 125 家相同加权权重的投资级公司的信贷违约掉期（CREDIT DEFAULT SWAP）的指数。该指数发行于 2007 年 9 月，初期包含包括麦当劳、美国运通、惠普、迪士尼和梅西百货等在内的 125 家投资级公司，后来随着房利美、房地美、贷款提供商 CIT 和储蓄银行华盛顿互惠陷入违约，被从这个指数中被移除，该指数目前只包含 121 家公司。

　　首席投资办公室（CIO）是摩根大通企业分部下的一个业务部门，其原本的职能是"负责管理整个公司所有主要业务线的日常运营所产生的结构性利息、汇率和某些信用风险"。也就是说，CIO 原本是一个风险管理职能部门，但摩根大通认为"CIO 运营可以对冲结构性风险，并投资于使公司的资产和债务处于更好的组合状态"，并将其转型为一个盈利部门。2010 年，CIO 的投资组合最高达 2 000 亿美元，产生了 50 亿美元利润，比摩根大通 2010 年净利润的四分之一还多。正是由于 CIO 曾经为摩根大通带来巨额的盈利，该部门所拥有的话语权甚至超过了首席风险官，这可能是此次亏损事件发生的根本原因之一。

　　在商业银行的风险管理工作中，人的因素起着举足轻重的作用，员工的风险意识和风险素质往往会直接决定全面风险管理体系是否有效。近年来，中国商业银行正在逐步建立、培育符合自身特点的风险管理文化，通过宣讲、培训等方式提高员工的风险素质。然而，由于风险管理文化具有的特殊性，商业银行往往需要十几年，甚至是几十年的不间断努力，才能够培育出成熟的风险管理文化。因此，中国商业银行风险管理文化建设是一项长期而艰巨的任务。

2012 年，多家国内商业银行都将风险管理文化明确列为企业文化体系建设的重要组成部分。总体来看，各家商业银行风险管理文化的建设与发展情况可划分为三类。第一类是将风险管理作为企业文化的一部分重要内容。如光大银行号召全行"形成以学习、创新、风险管理和社会责任为主流的企业文化，成为公司持续健康发展的内在驱动力"；民生银行提出"使内控、营销、风险、激励、考核等经营管理各领域统一于企业文化和品牌建设确定的使命、愿景和核心理念，形成独具特色的经营哲学、行为准则和良好形象"。第二类是在全行范围宣传、推广合规文化。如农业银行提出要"持续构建以合规教育、制度完善、合规执行、监督检查、整改纠偏、考核奖惩为内涵的合规文化建设长效机制"；中信银行提出要"积极探索和构建以价值理念和行为规范为核心的、具有本行特色的企业文化体系"。第三类是明确提出了风险文化理念，并建立起了相对成熟的风险文化管理体系。如工商银行积极开展风险文化建设，组织风险文化建设专题研讨，促进企业文化与经营管理相融并进。

二、2013 年中国商业银行风险管理体系建设展望

（一）资本新标准首年施行，中国商业银行可望达标

《资本办法》要求中国银行业自 2013 年 1 月 1 日起实施新资本监管标准，根据其过渡期安排（见表 9 - 1），2013 年年底，中国商业银行的核心一级资本充足率、一级资本充足率和资本充足率应分别达到 5.5%、6.5% 和 8.5%，系统重要性银行的核心一级资本充足率、一级资本充足率和资本充足率应分别达到 6.5%、7.5% 和 9.5%。

表 9 - 1　　　　　　　　过渡期内资本充足率监管标准　　　　　　　　单位:%

银行类别	资本充足率类别	2013 年年底	2014 年年底	2015 年年底	2016 年年底	2017 年年底	2018 年年底
系统重要性银行	核心一级资本充足率	6.5	6.9	7.3	7.7	8.1	8.5
	一级资本充足率	7.5	7.9	8.3	8.7	9.1	9.5
	资本充足率	9.5	9.9	10.3	10.7	11.1	11.5
其他银行	核心一级资本充足率	5.5	5.9	6.3	6.7	7.1	7.5
	一级资本充足率	6.5	6.9	7.3	7.7	8.1	8.5
	资本充足率	8.5	8.9	9.3	9.7	10.1	10.5

资料来源：中国银监会。

为了达到新的资本监管标准，中国商业银行未来的努力方向将主要表现在四个方面：一是进一步提升自身的资本管理能力，完善各项政策、制度、管理流程，有效运用各类资本计量工

具；二是积极转变经营方式，大力发展资本节约型业务，探索内涵式集约化发展模式；三是切实优化信贷结构，提高资产质量，将业务发展和市场拓展的目光转移到小微贷款、个人贷款和信用卡授信等领域；四是积极运用创新型资本工具，探索通过发行优先股、创新二级资本工具等方式对各级资本进行补充，并逐步对此前发行的不合格的二级资本工具进行置换。

总体来看，中国商业银行的整体资本充足率水平较高。2012 年 16 家上市商业银行的资本充足率和核心资本充足率分别在 10.5% 和 7.8% 以上。2013 年年底中国商业银行各级资本充足率达标的前景还是比较乐观的。

（二）利率市场化提速信号频现，商业银行风险管理压力加大

2013 年 5 月 6 日，国务院部署 2013 年深化经济体制改革重点工作，提出将稳步推出利率汇率市场化改革措施。同时，德勤公司在 5 月 7 日发布的《中国利率市场化之影响与应对策略》报告中指出，中国已经进入核心利率市场化的阶段。尽管现阶段放开存款利率的上限和贷款利率的下限，实现利率完全市场化的配套制度和条件还不够成熟，但利率浮动空间有可能会进一步加大。

2013 年，中国利率市场化改革很可能进一步深化，商业银行的存款成本会有所上升，存贷款利差将继续收窄，进而影响商业银行的盈利水平；同时，市场的利率水平波动幅度将会加大，直接导致商业银行利率风险和流动性风险压力增加。对此，各家商业银行明确提出将对自身相应的管理制度、流程和系统加以完善和优化，如加强利率风险监测及预测，强化成本管理，推进流程再造，提升利率精细化管理水平和利率风险定价能力。招商银行、民生银行等明确将"小微"企业作为未来业务发展重点领域的商业银行还提出，将提升针对"小微"业务的差异化风险管理，在风险管理组织架构、风险管理体制以及风险管理团队等层面切实加强"小微"业务风险管控能力。

（三）商业银行保持理性风险偏好的难度和压力增大

商业银行的风险偏好是指商业银行为实现持续经营和盈利，在自身风险承受能力范围内（即风险容忍度范围内），所愿意接受的风险总量和特征，是商业银行整体发展战略在风险管理层面的体现，也是商业银行一切风险管理活动的根本出发点。近年来，越来越多的商业银行明确提出了自身的风险偏好，在风险偏好的基础上确定各项风险管理政策和目标，还建立起了一整套科学、有效的风险偏好传导机制。

2013 年，中国商业银行将面临更大的盈利压力，一方面是由于国内外宏观经济形势仍不乐观，经济下行趋势短期内难以逆转，经济结构的调整和企业效益的下滑都会引发更多的信贷风险暴露；另一方面是受利率市场化改革深化、金融"脱媒"和同业竞争进一步加剧等因素影响，商业银行的盈利能力将面临严峻的考验。

面对盈利压力，商业银行如何在风险与盈利之间进行平衡，需要引起特别注意。一方面，

要避免个别商业银行的高级管理层为追求短期利润而提高风险偏好，放宽风险限额；另一方面，也要防止基层分支机构迫于盈利压力而有意承担更大的风险，使风险偏好在传导过程中产生偏差甚至扭曲。

（四）房地产贷款风险和地方政府融资平台贷款风险仍将是商业银行的重点防控领域

房地产贷款风险和地方政府融资平台贷款风险是在中国商业银行经营过程中，受特定外部环境和内部因素影响，逐渐积累并显现的问题。从根本上化解这些风险，对于商业银行来说是一个长期而艰巨的任务。

2012 年，中国房地产贷款增速有所回升，房地产贷款余额 12.11 万亿元，同比增长 12.8%。房地产贷款增长加速背后所隐藏并积聚的信用风险不容忽视。2013 年，中国商业银行将进一步加强房地产贷款风险防控，从准入标准、限额管理、退出机制以及从严审计等环节入手，同时强化贷后管理，积极开展压力测试，确保房地产贷款风险可控。

近年来，各家商业银行对地方政府融资平台贷款进行了严格的清理和规范，平台贷款总量规模和增速都得到了控制。2011—2012 年，地方政府融资平台贷款规模增速约为 2%。2012 年，地方政府融资平台贷款进入兑付高峰期，加之受各种政策及市场原因引起的地方财政收入下降加剧了其偿债压力，部分地方政府融资平台开始通过信托、企业债等方式进行融资，其中城投债成为地方政府融资平台变相融资的重要渠道。2012 年，城投债发行量出现"井喷"，全年银行间债券市场发行的城投类债券（仅包括中期票据和企业债两种形式）累计达 6 367.9 亿元，较 2011 年增加 3 805.9 亿元，同比增长 148%，其中隐藏的风险不容忽视。2013 年，中国银监会印发《关于加强 2013 年地方政府融资平台贷款风险监管的指导意见》，要求 2013 年各家银行遵循"总量控制、分类管理、区别对待、逐步化解"的总体原则，以控制总量、优化结构、隔离风险、明晰职责为重点。同时，《指导意见》中提出各家银行均要建立包括银行贷款、企业债券、中期票据、短期融资券、信托计划、理财产品等在内的全口径融资平台负债统计制度。2013 年，商业银行在防控地方政府融资平台贷款风险的同时，还需要积极防范融资平台变相融资可能引发的相应风险。

（五）公司治理结构进一步优化，内部控制制度更加有效

2013 年，中国商业银行的股权结构将会继续优化，多元、分散、相互制衡的股权结构将有效改善公司治理结构。中小型商业银行，尤其是城市商业银行的总股本中，民间资本的占比可能进一步提高。民间资本参与商业银行的改革重组与战略转型，有助于其公司治理结构的完善。另外，作为商业银行公司治理架构的重要组成部分，董事会与监事会的职责与权力将会继续加强，并在商业银行的经营与发展中发挥应有的决策及监督作用。

近年来，商业银行的内部控制体系不断建立健全，但部分商业银行仍然出现了因内部控制制度未被执行而引发的风险事件与案件。2012年，部分商业银行的表外业务风险有所上升，垫款出现大幅上升，理财产品潜在赔付风险较大，且存在期限错配现象。有的商业银行由于分支机构存在管理粗放，信贷政策和授信制度执行不到位，贷后管理及监控缺失，风险报告不及时等问题，造成企业集群信用违约风险事件增多，个别银行的分支机构甚至受到了民间融资风险传染。另外，还有部分商业银行由于重视程度不足、对投诉应对不及时等原因，对声誉风险管控不力，造成了2012年媒体的负面报道频繁出现。

2013年，商业银行将继续强化各项内部控制相关制度与流程建设，一方面继续健全和完善理财业务风险、声誉风险等领域的风险防控与监测制度，另一方面着力落实贷款精细化管理，尤其是确保贷后监控及报告制度的有效执行。同时，商业银行还需要加强对内部控制的执行力和有效性的研究，探索如何提高内部控制执行力，有效提升内部控制成效。

第十章　中国商业银行风险管理状况

2012年，中国商业银行根据最新监管要求和业务发展需要，持续推进全面风险管理，虽不良贷款余额出现反弹，但不良贷款率保持平稳，资本充足率水平持续提升，风险补偿能力不断提高，各项风险指标控制良好。展望2013年，新资本管理办法开始实施，资本计提将覆盖操作风险，资本充足水平或将有所下降；受经济下行周期影响，不良贷款反弹压力将更大；利率市场化和汇率形成机制改革步伐可能会进一步加快，市场风险凸显。

一、2012年中国商业银行风险管理状况回顾

（一）资本净额平稳增长，资本充足率持续提高

为了适应巴塞尔Ⅲ新监管标准，加强我国商业银行资本监管，维护银行体系稳健运行，中国银监会于2012年6月发布了《商业银行资本管理办法（试行）》，自2013年1月1日起施行。该办法对商业银行资本管理提出了更高要求，将之前规定的核心资本和附属资本划分为核心一级资本、其他一级资本和二级资本，将资本充足率划分为四个层次，系统重要性银行和非系统重要性银行资本充足率总的要求分别为11.5%和10.5%，高于之前的监管标准。

2012年，中国商业银行仍采用之前的监管要求披露资本信息，资本净额、核心资本净额分别达7.79万亿元和6.24万亿元，同比分别增长21.57%和21.39%，资本净额保持平稳增长态势[①]。16家上市商业银行中，国有控股商业银行资本净额增速低于平均值，全国性中小股份制商业银行和城市商业银行资本净额增速均高于平均值，中小商业银行仍处于高速资本扩张中（见表10-1）。

中国商业银行经过前几年大规模上市融资和债券发行后，2011年以来资本补充方式逐步从外部融资为主向内部利润留存为主转变。中国商业银行2011年、2012年通过股票市场融资额分别只有750亿元和684亿元，远低于2010年的4 537亿元。2012年，中国商业银行补充资本总额达1.38万亿元，其中全部外部市场融资4 600亿元左右，只占补充资本总额的34%左右，资

---

① 资本净额和核心资本净额相关数据通过银监会网站公布统计数据计算所得。

本补充主要依靠内部积累。

表 10-1　　　　　2012 年 16 家上市商业银行资本及加权风险资产情况　　　　单位：亿元、%

银行名称	资本净额	增速	核心资本净额	增速	加权风险资产	增速
工商银行	12 990.14	16.77	10 104.63	18.83	95 112.05	12.60
农业银行	9 100.48	19.27	7 012.93	15.44	72 161.78	12.96
中国银行	9 886.58	14.53	7 948.73	13.47	72 532.30	8.97
建设银行	10 934.29	18.27	8 757.52	16.66	76 377.05	12.98
交通银行	4 560.75	29.40	3 658.42	38.85	32 425.07	14.45
国有控股商业银行小计	47 472.24	18.22	37 482.23	18.15	348 608.25	12.15
招商银行	2 522.31	24.28	1 880.46	20.27	20 777.55	17.99
中信银行	2 634.41	25.53	1 939.82	14.47	19 486.36	14.48
光大银行	1 521.03	26.87	1 119.77	23.36	13 836.05	22.54
民生银行	2 172.19	24.81	1 642.88	30.30	20 200.11	26.07
浦发银行	2 334.17	16.85	1 680.72	16.07	18 570.66	19.03
兴业银行	2 108.90	41.81	1 636.39	46.64	17 374.56	29.26
华夏银行	947.08	13.92	714.64	15.15	8 732.14	22.67
平安银行	1 018.66	11.34	768.96	14.35	8 955.93	12.70
全国中小股份制商业银行小计	15 258.75	24.07	11 383.64	22.62	127 933.36	20.63
北京银行	838.57	35.38	708.28	43.83	6 193.79	26.54
南京银行	280.73	10.10	227.30	13.43	1 851.07	10.02
宁波银行	298.45	29.58	219.11	20.05	1 906.61	27.11
城市商业银行小计	1 417.75	28.34	1 154.70	31.91	9 951.47	23.20
16 家上市商业银行合计	64 148.74	19.77	50 020.57	19.43	486 493.10	14.47

资料来源：各家银行年报。

2012 年，中国商业银行整体资本充足率、核心资本充足率达 13.25% 和 10.62%，分别比上年提高 0.54 个百分点和 0.42 个百分点，维持了近几年持续提高的趋势。16 家上市商业银行资本充足率和核心资本充足率水平均满足监管要求，大部分银行资本充足水平高于上一年（见表 10-2）。中国商业银行资本充足水平持续提高的主要原因是，各商业银行在加大资本筹集的基础上，积极优化资产结构，降低高资本消耗资产配置比例，加权风险资产增速明显低于资本净额增速。2012 年，中国商业银行加权风险资产增速为 16.59%，低于资本净额增速 4.98 个百分点，绝大多数上市商业银行资本净额增长幅度高于加权风险资产净额增长速度。

表 10-2　　　　　16 家上市商业银行资本充足率情况　　　　单位：%、个百分点

银行名称	资本充足率			核心资本充足率		
	2012 年	2011 年	增减	2012 年	2011 年	增减
工商银行	13.66	13.17	0.49	10.62	10.07	0.55
农业银行	12.61	11.94	0.67	9.67	9.50	0.17

续表

银行名称	资本充足率			核心资本充足率		
	2012 年	2011 年	增减	2012 年	2011 年	增减
中国银行	13.63	12.97	0.66	10.54	10.07	0.47
建设银行	14.32	13.68	0.64	11.32	10.97	0.35
交通银行	14.07	12.44	1.63	11.24	9.27	1.97
招商银行	12.14	11.53	0.61	8.49	8.22	0.27
中信银行	13.44	12.27	1.17	9.89	9.91	-0.02
光大银行	10.99	10.57	0.42	8.00	7.89	0.11
民生银行	10.75	10.86	-0.11	8.13	7.87	0.26
浦发银行	12.45	12.70	-0.25	8.97	9.20	-0.23
兴业银行	12.06	11.04	1.02	9.29	8.20	1.09
华夏银行	10.85	11.68	-0.83	8.18	8.72	-0.54
平安银行	11.37	11.51	-0.14	8.59	8.46	0.13
北京银行	12.90	12.06	0.84	10.90	9.59	1.31
南京银行	14.98	14.96	0.02	12.13	11.76	0.37
宁波银行	15.65	15.36	0.29	11.49	12.17	-0.68

资料来源：各家银行年报。

（二）不良贷款有所反弹，信贷资产质量出现分化

2012 年，中国商业银行不良贷款余额出现反弹，不良贷款率小幅降低。2012 年，中国商业银行不良贷款余额 4 928.5 亿元，比上年增加了 649.8 亿元，结束了连续多年的持续降低，开始出现反弹；不良贷款率为 0.95%，比上年降低了 0.05 个百分点。16 家上市商业银行中，除农业银行外，其余 15 家银行不良贷款余额均出现上升，反弹最大的交通银行比上年增加了 50.09 亿元；虽然大部分上市商业银行不良贷款额开始出现反弹，但大多数上市商业银行不良贷款率仍低于行业平均水平，风险可控（见表 10-3）。

2012 年，中国商业银行不良贷款额出现反弹的主要原因：一是 2012 年中国宏观经济增速逐季放缓，企业经营环境恶化，现金流紧张，特别是加工贸易型企业的生存压力巨大，偿还贷款能力下降。二是银监会 2012 年要求商业银行开展贷款五级分类准确性自查，商业银行加大贷款分类的精确性管理，暴露出一部分隐藏的不良贷款。

表 10-3　　　　　　　　2012 年 16 家上市商业银行不良贷款及拨备情况　　单位：亿元、%、个百分点

银行名称	不良贷款额	比 2011 年增减	不良贷款率	比 2011 年增减	不良贷款拨备覆盖率	比 2011 年增减
工商银行	745.75	15.64	0.85	-0.09	295.55	28.63
农业银行	858.48	-15.10	1.33	-0.22	326.14	63.04
中国银行	654.48	21.74	0.95	-0.05	236.30	15.55
建设银行	746.18	37.03	0.99	-0.10	271.29	29.85

续表

银行名称	不良贷款额	比2011年增减	不良贷款率	比2011年增减	不良贷款拨备覆盖率	比2011年增减
交通银行	269.95	50.09	0.92	0.06	250.68	-5.69
招商银行	116.94	25.21	0.61	0.05	351.79	-48.34
中信银行	122.55	42.82	0.74	0.14	288.25	15.94
光大银行	76.13	18.86	0.74	0.10	339.63	-27.37
民生银行	105.23	29.84	0.76	0.13	314.53	-42.76
浦发银行	89.40	31.13	0.58	0.14	399.85	-99.75
兴业银行	52.86	15.70	0.43	0.05	465.82	80.52
华夏银行	63.39	7.39	0.88	-0.04	320.34	12.13
平安银行	68.66	35.71	0.95	0.42	182.32	-138.34
北京银行	29.43	8.08	0.59	0.06	419.96	-26.43
南京银行	10.44	2.41	0.83	0.05	316.74	-7.24
宁波银行	11.09	2.76	0.76	0.08	275.39	34.65
全部商业银行	4 928.50	649.80	0.95	-0.05	295.50	17.40

资料来源：各家银行年报和银监会年报。

2012年，中国商业银行积极应对宏观经济环境和金融监管要求变化，积极调整完善信贷政策，规范信贷操作流程，加大信贷结构调整力度，严格控制重点领域信用风险，不良贷款拨备覆盖率持续提升，信贷风险可控，资产质量稳定。2012年年末，中国商业银行各项资产减值准备金额达1.53万亿元，比2011年增加了2 630.8亿元；商业银行整体拨备覆盖率达295.5%，比上年提高17.4个百分点。受不良贷款余额增加的影响，部分上市商业银行拨备覆盖率有所下降，降幅最大的平安银行比上年降低138.34个百分点（见表10-3）。

2012年，不同类型银行业机构、不同行业、不同区域信贷资产质量出现分化。一是从商业银行机构类型看，农村商业银行贷款质量下滑明显。2012年，不同类型商业银行不良贷款余额均出现不同程度上涨，其中农村商业银行增幅最大，达65.3%，不良率提高了0.2个百分点（见表10-4）。农村商业银行不良余额的大幅增加，一方面受宏观经济下滑的影响，另一方面农村商业银行法人机构从2011年的212家增加到2012年的337家，增大了不良贷款余额基数。

表10-4　　　　　　　　　　中国商业银行不良贷款分类别情况　　　　　　　单位：亿元、%、个百分点

项目	年份	大型国有控股商业银行	全国性中小股份制商业银行	城市商业银行	农村商业银行	外资银行	合计
不良贷款余额	2012	3 095.2	797.0	418.7	563.7	54.0	4 928.5
	2011	2 995.9	563.1	338.6	341.0	40.1	4 278.7
	增幅	3.3	41.5	23.7	65.3	34.7	15.2
不良贷款率	2012	1.0	0.7	0.8	1.8	0.5	1.0
	2011	1.1	0.6	0.8	1.6	0.4	1.0
	增减	-0.1	0.1	0.0	0.2	0.1	0.0

资料来源：中国银监会。

二是批发零售业和制造业等行业不良贷款率持续攀升，房地产、融资平台等社会关注类贷款质量控制良好。2012 年，中国商业银行批发和零售业不良贷款率达 1.61%，比上年上升了0.45 个百分点；制造业不良贷款率达 1.60%，同比上升 0.06 个百分点。房地产行业贷款不良率只有 0.71%，地方政府融资平台集中的交通运输、电力燃气供应等行业贷款不良率大都在0.80% 左右，低于平均水平，贷款质量控制相对良好。

三是西部地区贷款质量明显好于东部地区。2012 年，中国商业银行东部地区贷款不良余额增加了 655 亿元，不良率提高了 0.1 个百分点；西部地区贷款不良余额下降了 70.3 亿元，不良率下降了 0.24 个百分点（见表 10-5）。2012 年，引起东部地区不良贷款反弹的主要原因是在外贸环境恶化的影响下，长三角、珠三角等地区部分企业经营遇到困难，偿债能力下降。

表 10-5 　　　　　　　　　　2012 年中国商业银行不良贷款地区分布情况　　　　单位：亿元、%、个百分点

	不良额	不良额变化	不良率	不良率变化
东部	3 144.4	655.0	1.00	0.10
中部	727.5	20.9	0.95	-0.14
西部	648.5	-70.3	0.77	-0.24

资料来源：中国银监会。

（三）市场风险管理难度加大，但风险控制良好

市场风险是指因市场价格，即利率、汇率、股票价格和商品价格的不利变动而使银行表内和表外业务发生损失的风险。中国商业银行面临的主要市场风险是汇率风险和利率风险。

2012 年，随着利率市场化、汇率形成机制改革的不断推进，监管要求的提高，商业银行市场风险管理难度加大。2012 年 4 月 16 日，央行将银行间即期外汇市场人民币兑美元交易价浮动幅度由 5‰扩大到 1%，外汇指定银行为客户提供当日美元最高现汇卖出价与最低现汇买入价之差不得超过当日汇率中间价的幅度由 1% 扩大至 2%，人民币汇率浮动区间扩大，汇率双向波动加大，对商业银行汇率风险管理提出更高要求。同时，2012 年 6 月 8 日，央行第一次将金融机构存款利率浮动区间上调为基准利率的 1.1 倍，贷款利率下限进一步调整为基准利率的 0.7 倍，利率市场化迈出了实质性步伐，利率管理难度加大，加剧了重新定价和利差缩小等风险。

2012 年，面对市场风险管理挑战，中国商业银行持续推进业务结构调整，加强制度建设，提高市场风险管理的针对性。一是不断完善市场风险管理架构。大型商业银行普遍设有专门的市场风险管理委员会或市场风险管理二级部等，中小股份制商业银行也加强市场风险管理组织架构建设，招商银行成立了总行直属的市场风险管理部。二是持续优化市场风险计量模型，加快市场风险内部模型法实施准备、验证工作，深入推广内部模型法应用，为资本管理的高级方法实施奠定基础。三是加快市场风险管理系统建设应用，市场风险管理系统覆盖境内所有机构，大型商业银行已基本覆盖境外分行，并逐步扩展至境内外子公司。四是加强市场形势研判，提高利率风险应对及时性。中国商业银行根据央行利率变动政策，特别是提高存款利率上限政策，

在密切关注利率市场趋势的基础上，及时调整利率定价策略，出台相应利率定价细则，增强利率市场应对能力。

2012年，中国商业银行市场风险管理能力不断提高，市场风险控制总体良好。从汇率风险状况看，尽管多数上市商业银行利润受汇率影响的敏感性比2011年增大（见表10－6），但16家上市商业银行汇兑收益总额比2011年增加了66.82亿元，增幅达到2.4倍，汇率风险可控。从利率风险状况看，2012年6月、7月，央行两次下调金融机构人民币存贷款基准利率，一年期存款基准利率由年初的3.5%降低到3.0%，一年期贷款基准利率由年初的6.56%降低到6.0%。16家上市商业银行中，多数上市商业银行净利息收入利率变化的敏感性较2011年有所提高，但大部分银行的净利息收入随着基准利率的降低而提高（见表10－6），利率风险管理状况良好。

表10－6　　　　　　　　　　　　部分上市商业银行汇率及利率敏感度情况　　　　　　　　单位：百万元

银行名称	汇率或利率变动幅度①	汇率波动引起利润变动②			利率波动引起利息净收入变动		
		2012年	2011年	绝对增减幅度	2012年	2011年	绝对增减幅度
工商银行	1%	172	175	−3	−6 994	−12 509	−5 515
	−1%	−172	−175		6 994	12 509	
农业银行	1%	−247	76	171	−10 362	−10 745	−383
	−1%	247	−76		10 362	10 745	
中国银行	1%	−312	1 204	−892	−9 112	−9 328	−216
	−1%	312	−1 204		9 112	9 328	
建设银行	1%	—	—		−36 670	−37 516	−846
	−1%	—	—		36 670	37 516	
交通银行	1%	346	92	254	12 730	10 788	1 942
	−1%	−346	−92		−12 730	−10 788	
招商银行	1%	−23	−49	−26	−1 556	−896	660
	−1%	23	49		1 556	896	
中信银行	1%	17	28	−11	1 419	1 841	−422
	−1%	−17	−28		−1 419	−1 841	
光大银行	1%	22	2	20	−3 333	−1 224	2 124
	−1%	−22	−2		3 351	1 227	
民生银行	1%	6	1	5	3 484	2 070	1 414
	−1%	−6	−1		−3 484	−2 070	
浦发银行	1%	251	102	149	1 424	2 360	−936
	−1%	−251	−102		−1 424	−2 360	

---

① 工商银行、农业银行、中国银行、光大银行、民生银行、浦发银行、华夏银行、深圳发展银行为美元对人民币汇率变动幅度；其他银行为全部外币对人民币汇率变动幅度。交通银行与其他银行数据不可比。

② 工商银行、农业银行、中国银行、兴业银行、华夏银行、深圳发展银行和南京银行为税前利润；交通银行、招商银行、中信银行、光大银行、民生银行、浦发银行和宁波银行为净利润。

续表

银行名称	汇率或利率变动幅度①	汇率波动引起利润变动②			利率波动引起利息净收入变动		
		2012 年	2011 年	绝对增减幅度	2012 年	2011 年	绝对增减幅度
兴业银行	1%	6	−3	3	4 084	5 080	−996
	−1%	−6	3		−4 084	−5 080	
华夏银行	1%	−7	−1	6	−1 712	−1 460	252
	−1%	7	1		1 712	1 460	
平安银行	1%	20	32	−12	−596	146	458
	−1%	−20	−32		596	−146	
北京银行	1%	—	—		−271	98	173
	−1%	—	—		271	−98	
南京银行	1%	5.2	3.6	1.6	−438	−427	11
	−1%	−5.2	−3.6		438	427	
宁波银行	1%	−278	−166	112	−627	−300	327
	−1%	278	166		627	300	

资料来源：各家银行年报。建设银行和北京银行未披露该项数据。

（四）流动性水平逐步上升，中小银行贷存比有所下降

2012 年，面对国内经济增长速度放缓态势，央行加大流动性释放，在两次下调存贷款基准利率的基础上，于 2012 年 2 月、5 月两次下调存款准备金率，存款准备金率从年初的 21% 下调到 20%。在央行相对宽松政策作用下，2012 年货币市场流动性总体上较 2011 年有所改善，市场利率逐步走低，银行间市场同业拆借、债券回购等加权平均利率较上年有所下降。根据中国银监会统计资料，截至 2012 年年末，中国商业银行平均流动性比率为 45.83%，比 2011 年上升了 2.63 个百分点。2012 年，16 家上市商业银行的流动性比率均高于监管要求，其中有 11 家上市商业银行的人民币流动性比率比 2011 年有所提高（见表 10 − 7），说明上市商业银行的总体流动性状况良好。

表 10 − 7　　　　　　　　　　　16 家上市商业银行流动性比率情况　　　　　单位：%、个百分点

银行名称	币种	流动性比率		
		2012 年	2011 年	比上年增减
工商银行	人民币	32.50	27.60	4.90
	外币	65.20	90.60	−25.40

① 工商银行、农业银行、中国银行、光大银行、民生银行、浦发银行、华夏银行、深圳发展银行为美元对人民币汇率变动幅度；其他银行为全部外币对人民币汇率变动幅度。交通银行与其他银行数据不可比。

② 工商银行、农业银行、中国银行、兴业银行、华夏银行、深圳发展银行和南京银行为税前利润；交通银行、招商银行、中信银行、光大银行、民生银行、浦发银行和宁波银行为净利润。

续表

银行名称	币种	流动性比率		
		2012 年	2011 年	比上年增减
农业银行	人民币	44.75	40.18	4.57
	外币	161.78	154.66	7.12
中国银行	人民币	49.80	47.00	2.80
	外币	65.20	56.20	9.00
建设银行	人民币	56.73	53.70	3.03
	外币	58.81	53.54	5.27
交通银行	本外币	37.93	35.37	2.56
招商银行	人民币	52.29	44.28	7.24
	外币	56.66	77.29	-20.63
中信银行	人民币	48.85	58.97	-10.12
	外币	86.48	96.55	-10.07
光大银行	人民币	51.25	37.67	13.58
	外币	45.88	70.94	-25.06
民生银行	本外币	36.01	40.90	-4.89
浦发银行	人民币	37.57	42.80	-5.23
	外币	36.99	68.07	-31.08
兴业银行	本外币	29.06	30.71	-1.65
华夏银行	人民币	33.95	39.39	-5.44
	外币	50.44	51.28	-0.84
平安银行	人民币	51.31	55.72	-4.41
	外币	88.90	62.89	26.01
北京银行	本外币	37.57	33.64	3.93
南京银行	人民币	36.06	39.21	-3.15
	外币	84.83	15.72	69.11
宁波银行	本外币	41.99	52.19	-10.20

资料来源：各家银行年报。

2012 年，中国银行业金融机构本外币各项贷款增速高于存款增速 1.5 个百分点，贷存比较上年提高 0.51 个百分点，达 65.31%。16 家上市商业银行贷存比均未突破 75% 的监管红线，但结构出现分化，五家大型国有控股商业银行贷存比均有所上升，增幅最高的中国银行比上年提高 3.22 个百分点，大部分中小商业银行贷存比开始回落，降幅最大的兴业银行比上年降低 3.67 个百分点（见表 10-8）。

表10-8		16家上市商业银行贷存比情况		单位:%、个百分点
银行名称	币种	贷存比		
		2012 年	2011 年	比上年增减
工商银行	本外币	64.10	63.50	0.60
农业银行	本外币	59.22	58.50	0.72
中国银行	本外币	71.99	68.77	3.22
建设银行	本外币	66.23	65.05	1.18
交通银行	本外币	72.71	71.94	0.77
招商银行	本外币	71.37	71.80	-0.43
中信银行	本外币	73.59	72.97	0.62
光大银行	本外币	71.52	71.67	-0.15
民生银行	本外币	71.93	72.85	-0.92
浦发银行	本外币	72.21	71.93	0.28
兴业银行	本外币	67.79	71.46	-3.67
华夏银行	本外币	69.51	66.72	2.79
平安银行	本外币	69.61	72.94	-3.33
北京银行	本外币	68.19	64.41	3.78
南京银行	本外币	58.63	61.77	-3.14
宁波银行	本外币	67.74	66.62	1.12

资料来源：各家银行年报。

（五）全面加强操作风险管理，取得良好成效

2012 年，中国商业银行根据操作风险最新监管要求和操作风险变化趋势，进一步完善操作风险管理框架和体系，从管理制度、管理工具、管理系统等方面全面加强操作风险管理，提升了操作风险管理的准确性。

一是进一步完善操作风险管理制度体系。制定操作风险管理规定、重大操作风险事件报告制度管理办法等，印发操作风险监测工作手册，完善由操作风险管理规定、相关管理办法及细则和手册构成的三级操作风险管理体系。

二是持续推进操作风险三大工具建设应用。2012 年，中小商业银行普遍制定操作风险控制自我评估（RCSA）、损失事件数据收集（LDC）、关键风险指标监测（KRI）三大基础管理工具运用的基本制度和业务细则，试行推广三大管理工具实施应用；大型商业银行持续深化完善操作风险三大工具的应用，建立操作风险自评估机制，更新完善关键风险指标体系，全面开展操

作风险损失数据收集工作。

三是积极推进操作风险高级计量法实施准备工作。加强操作风险数据整理、分析,夯实操作风险高级计量法实施基础;建立基于损失分布法、情景分析法、内部衡量法的计量分析框架,开发完善高级计量法计量模型;积极向银监会申请操作风险计量方法的验收工作。

四是加强重点领域风险评估和检查。围绕商业银行重点、热点问题积极组织开展操作风险评估,重点推进信贷等主要业务领域反欺诈风险点的识别和防控,强化授信业务的真实性。

2012 年,中国商业银行操作风险管理取得了良好成效。根据中国银监会现场检查情况看,2012 年受银监会查处违规资金金额、处罚违规银行业金融机构数、取消高管人员任职资格人数均比 2011 年有明显下降,保持了连续几年的下降趋势,中国商业银行操作风险状况明显改善(见表 10 - 9)。

表 10 - 9 近五年银监会对银行业金融机构现场检查情况

年份	查处违规金额 (亿元)	处罚违规银行业 金融机构数(家)	取消高管人员 任职资格人数(人)	现场检查平均 机构覆盖率(%)
2012	11 565	1 553	55	20
2011	12 634	1 977	66	19
2010	15 370	2 312	49	28
2009	11 514	4 212	86	31
2008	12 883	873	78	24

资料来源:中国银监会。

(六) 声誉风险、信息技术风险等新型风险管理加强

近年来,根据监管要求和业务发展需要,中国商业银行不断加强除信用风险、市场风险、操作风险之外的贷款集中度风险、战略风险、银行账户利率风险、流动性风险、声誉风险、剩余操作风险等主要风险的评估,确保主要风险得到及时识别、审慎评估和有效监控。

2012 年,中国商业银行积极推进新资本协议第二支柱的规划建设,重点加强声誉风险[①]、信息技术风险[②]、国别风险及金融创新风险等风险的管理力度。一是建立声誉、信息技术、国别等相关风险的管理制度办法,持续完善相关风险管理体系。二是推进相关风险的计量和标准化管理,提高相关风险的识别、计量、监测和控制能力,提高相关风险管理的能力和水平。三是加大对子公司及海外分支机构的声誉风险、信息技术风险及国别风险等风险的管理力度,将相关风险管理纳入全面风险管理体系。

---

① 声誉风险是指由商业银行经营、管理及其他行为或外部事件导致利益相关方对商业银行负面评价的风险。
② 信息技术风险是指信息科技在商业银行运用过程中,由于自然因素、人为因素、技术漏洞和管理缺陷产生的操作、法律和声誉等风险。

二、2013年中国商业银行风险状况展望

（一）资本监管趋严，资本充足率水平或将小幅下降

2013年，新的资本监管办法开始施行，资本充足率计算方法更趋严格，资本管理压力加大。一是现有部分资本工具不再符合要求，将会减少资本存量。根据监管要求，商业银行已发行的不含有减记或转股条款的次级债、可转换债券等，已不符合监管资本要求，余额从2013年起按年10%开始扣减。一方面，新资本工具发行需要一定准备时间，2013年的发行量会减少，2013年前4个月，商业银行债券发行额只有682亿元，比上年同期减少571.5亿元；另一方面，存量不合格债券扣减后余额减少，2012年年末商业银行发行的存量债券1.27万亿元，其中次级债达1.02万亿元，按照次级债10%扣减，将会减少存量资本1 000亿元左右。二是在信用风险、市场风险的基础上，新增操作风险资本要求，并规定操作风险加权资产为操作风险资本要求的12.5倍，这将增加银行资本占用。三是对信用风险权重的调整，在总体上也会增加资本占用。

同时，为抑制经济周期性下滑，促进企业扩大投资，保持实体经济平稳较快增长，2013年货币政策仍将相对宽松，商业银行贷款及总资产将保持平稳增长，商业银行风险资产总额也将稳定增长。

2013年，中国商业银行在资本管理压力加大，风险资产保持平稳增长的情况下，平均资本充足率水平可能会下降。从2013年第一季度末数据看，商业银行资本充足率水平为12.28%，较2012年年末已有所下降。

（二）将强化表外资产风险防控，不良贷款反弹压力加大

近年来，随着信贷额度管理的加强，商业银行信贷资金表外化运作趋势加剧，监管部门已开始重视商业银行表外资产监管。2013年，中国银监会已出台相关政策，规范商业银行理财业务投资运作，限制委托贷款、信托贷款、票据资产进入理财产品基础资产的规模，将不合规的理财产品基础资产限期转入银行表内等。在监管要求下，商业银行将进一步规范表外资产运作，适度压缩表外资产规模，强化表外资产风险管理。

同时，商业银行资产质量与宏观经济周期性因素有很大相关性，在经济下行周期，企业经营相对困难，银行不良贷款反弹压力加大。2013年，世界经济复苏仍具有很大不确定性，国内经济增长动力依然不足，特别是出口贸易占比较大的行业和区域，其企业经营压力巨大，还款能力将下降。

2013年，中国商业银行在监管要求趋严、宏观经济发展动力不足、房地产行业调控力度加大、地方政府融资平台风险仍较大的综合影响下，不良贷款余额可能会进一步增加，不良贷款

率反弹压力将大增。

（三）市场风险凸显，管理压力将进一步加大

2013 年，随着利率市场化和人民币汇率形成机制改革步伐的进一步加快，黄金价格高位回落，市场价格波动加大，对商业银行市场风险管理提出更大挑战。

一是利率市场化提速，加大利率重定价风险。2012 年，央行首次将人民币存款利率浮动区间的上限调整为基准利率的 1.1 倍，这标志着利率市场化改革迈出了较大的步伐。2013 年，央行根据市场利率水平，可能会进一步扩大人民币存贷款利率的浮动区间。一方面，2012 年的存款利率上浮和市场基准利率的下调，将主要影响商业银行 2013 年的存贷款价格水平，2013 年的重新定价风险大增；另一方面，如果进一步扩大存贷款利率浮动区间，对商业银行市场化定价能力提出更大挑战，特别是中小商业银行的存款成本可能会大幅上升，利差水平将明显收窄。

二是人民币汇率双向波动加大，汇率风险大增。自从 2005 年人民币汇率改革以来至 2012 年期间，人民币对美元总体呈单向升值趋势，中国商业银行主要通过采取限额管理，控制外汇敞口，实现汇率风险管理。但从 2012 年以来，人民币单边升值趋势减弱，双向波动加大。2013 年，中国对外贸易压力仍较大，出口增速持续回落，美元将逐步走强，这些因素促使人民币汇率双向波动还会加强，对中国商业银行外币资产定价和风险管理能力提出更高要求，迫切要求中国商业银行应用价格杠杆、风险对冲等多种手段提高汇率管理水平。

三是黄金价格高位下跌，对商业银行冲击不容小视。2013 年以来，黄金价格结束了连续多年的上涨行情，开始出现连续下跌之势，跌幅已超过 20% 的牛熊转换线，黄金价格可能会长时间处于下跌通道。黄金价格的下跌对中国商业银行开展的黄金自营和代理交易，以及黄金冶炼、加工等行业企业的信贷投放等带来较大风险。2013 年，中国商业银行面临的黄金市场风险不容小视。

2013 年，中国商业银行面对市场风险大增的新挑战，将会进一步完善市场风险管理制度体系，积极推进市场风险内部模型法实施准备工作，积极开展内部模型法验证工作，深入推广内部模型法核心应用，加快市场风险管理系统建设推广，市场风险管理能力将会有大幅提高。

（四）操作风险精细化管理水平将持续提升

根据资本监管最新要求，中国商业银行从 2013 年开始计提操作风险资本，这就要求商业银行提高操作风险计量的精准性，进一步加强操作风险管理的精细化水平。

一是完善指标体系，加大数据的搜集整理。操作风险关键指标体系是否全面是进行操作风险损失数据搜集与评估的基础，目前，大型商业银行已建立了操作风险关键指标体系，而中小商业银行操作风险关键指标体系仍处于不断扩展完善阶段，未来将会进一步增加监测指标，覆盖操作风险全领域。同时，中国商业银行将加大操作风险损失数据搜集工作，深入分析损失数据的事件类型、原因、流程分布等，夯实操作风险计量的数据基础。

二是建立完善适合的操作风险计量模型。根据新的监管规定，商业银行可以采用基本指标法、标准法和高级计量法计量操作风险资本要求。目前大型商业银行均在标准法的基础上，开发操作风险高级计量模型，并积极申请监管当局验证，操作风险计量方法从标准法向高级法过渡。中小商业银行将根据监管要求和自身风险管理需要，选择适合的操作风险计量方法，推进先进计量技术和管理技术在操作风险管理领域的实质性应用，加强计量模型开发。

三是加大操作风险管理系统的开发应用。操作风险管理信息系统具有记录和存储操作风险损失数据和操作风险事件信息、支持操作风险和控制自我评估、监测关键风险指标等功能，从而实现操作风险管理全流程的标准化和 IT 化，提高操作风险精细化管理水平。目前，部分商业银行已建立了操作风险管理系统，未来中国商业银行将进一步加大操作风险管理系统开发应用，逐步向分行、国内子公司及海外分支机构推广，实现操作风险管理系统的全覆盖。

第十一章 中国商业银行财务效益

2012 年，面对国内外复杂的经济环境，中国商业银行立足于服务实体经济，加快经营转型，严格成本控制，总体上取得了较好的经营绩效：营业收入继续增长；成本费用控制合理；盈利能力保持平稳；集约经营指标继续提高。与此同时，中国商业银行也面临着收入、利润等增长速度不断放缓的局面。展望 2013 年，中国商业银行财务效益或将如下：营业收入增速将小幅下滑；费用增长将与上年持平；净利润增速继续回落，盈利能力保持稳定；集约化经营水平会继续提高，集约财务指标将持续向好。

一、2012 年中国商业银行财务效益状况回顾

（一）利息收入增速继续放缓

2012 年，16 家上市商业银行利息净收入 2.04 万亿元，增长 16.34%，同比增速下降了 8.37 个百分点。其中，国有控股商业银行增速同比下降了 7.10 个百分点，全国性中小股份制商业银行增速同比下降了 14.10 个百分点，三家城市商业银行增速同比下降了 3.31 个百分点（见表 11 - 1）。

16 家上市商业银行的利息净收入占营业收入比重为 78.45%，与上年基本持平。其中，国有控股商业银行利息净收入占自身营业收入比重为 77.08%，全国性中小股份制商业银行为 82.02%，三家城市商业银行为 87.86%。可见，国有大型商业银行战略转型近年来相对较快，过度依靠利差收入的情形已有很大程度改变，中小商业银行表现相对滞后。

利息净收入增速放缓主要有两个原因。其一，国内经济增速放缓，贷款增速相对下滑。2012 年全球经济增长比上年下滑约 0.7 个百分点，中国经济增速则下滑了约 1.4 个百分点。16 家上市商业银行 2012 年贷款余额 42.35 万亿元，增长 13.89%，增速同比下降了 0.5 个百分点。其二，利率市场化加速和货币政策调整的叠加效应，银行净利差整体下降。2012 年，人民银行不仅两次降息和下调存款准备金率，带动利率下行，同时还将金融机构居民存款利率浮动区间的上限调整为基准利率的 1.1 倍，将贷款利率浮动区间的下限调整为基准利率的 0.7 倍，带动银行付息成本上升，净利差收窄。16 家上市商业银行净利差算术平均为 2.54%，比上年下降了

0.05 个百分点。

表11 –1	上市商业银行利息净收入		单位：亿元、%、个百分点	
银行机构	2011 年	2012 年	增长率	增长率变化
工商银行	3 627.64	4 178.28	15.18	-4.25
农业银行	3 071.99	3 418.79	11.29	-15.57
中国银行	2 280.64	2 569.64	12.67	-4.91
建设银行	3 045.72	3 532.02	15.97	-5.14
交通银行	1 026.01	1 201.26	17.08	-3.63
国有控股商业银行	13 052.00	14 899.99	14.16	-7.10
招商银行	763.07	883.74	15.81	-17.88
中信银行	651.06	754.86	15.94	-19.31
光大银行	394.40	502.63	27.44	-2.20
民生银行	648.21	771.53	19.02	-22.28
浦发银行	614.42	733.62	19.40	-16.52
兴业银行	507.34	721.93	42.30	8.90
华夏银行	302.93	353.44	16.67	-16.42
平安银行	252.90	330.35	30.63	-29.14
全国性中小股份制商业银行	4 134.32	5 052.10	22.20	-14.10
北京银行	187.72	246.23	31.17	1.52
南京银行	65.12	76.96	18.18	-22.71
宁波银行	68.33	92.16	34.87	1.27
城市商业银行	321.17	415.34	29.32	-3.31
16 家上市商业银行合计	17 507.49	20 367.43	16.34	-8.37

资料来源：各家银行年报。

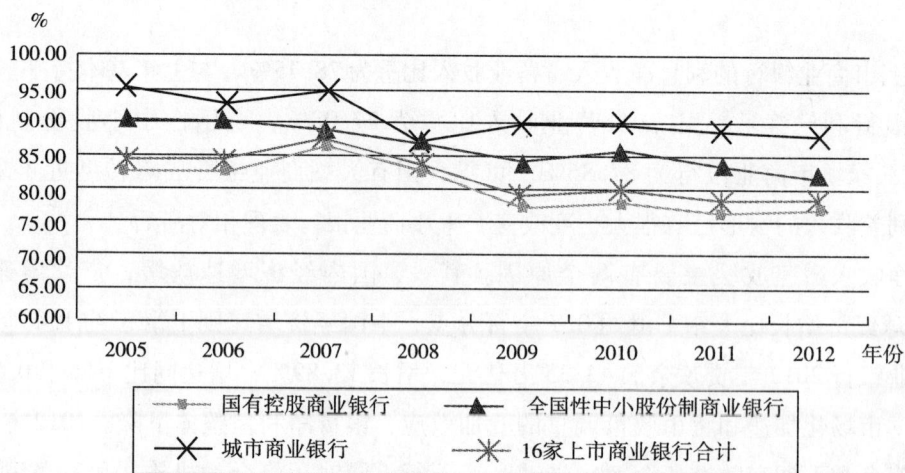

图 11 –1　16 家上市商业银行净利息收入占营业收入比重

（二）中间业务收入增速大幅下滑

16家上市商业银行手续费及佣金净收入4 642.10亿元，同比增长12.56%，增速比上年下降了25.89个百分点。其中，国有控股商业银行手续费及佣金净收入增速同比下降了26.84个百分点，全国性中小股份制商业银行同比下降了26.71个百分点，三家城市商业银行同比下降了9.27个百分点（见表11-2）。

16家上市商业银行的手续费及佣金净收入占营业收入比重为17.88%，比上年下降了0.58个百分点，改变了此前占比持续上升的势头。其中，国有控股商业银行手续费及佣金净收入占自身营业收入比重为18.89%，全国性中小股份制商业银行为15.33%，三家城市商业银行为9.69%。

近些年，为改变单纯依靠利差收入的增长模式，中国商业银行一直加快战略转型，大力发展中间业务，包括结算业务、投行业务、理财业务、私人银行业务、信用卡业务、养老金业务等，中间业务收入一直高速增长。但是，随着中间业务收入基数的不断增长，尤其是一些中间业务品种不断迈向成熟，如信用卡、理财、结算等，继续保持高速增长的难度不断加大。此外，受监管层要求银行规范和清理中间业务收费的影响，银行业中间业务收入增长受到一定程度政策制约，如取消了代发工资账户、退休金账户、低保账户、医保账户、失业保险账户、住房公积金账户的年费和账户管理费（含小额账户管理费）等，这些因素叠加使得中间业务收入增速大幅下降。其中，国有控股商业银行受到的影响最大，城市商业银行影响较小。

表11-2　　　　　　　　　　　上市商业银行手续费及佣金净收入　　　　　单位：亿元、%、个百分点

银行机构	2011年	2012年	增长率	增长率变化
工商银行	1 015.50	1 060.64	4.45	-34.97
农业银行	687.50	748.44	8.86	-40.18
中国银行	646.62	699.23	8.14	-10.55
建设银行	869.94	935.07	7.49	-24.06
交通银行	186.57	208.82	11.93	-16.93
国有控股商业银行	3 406.13	3 652.20	7.22	-26.84
招商银行	156.28	197.39	26.31	-11.63
中信银行	88.37	112.10	26.85	-28.29
光大银行	69.73	94.79	35.94	-12.14
民生银行	151.01	205.23	35.90	-46.28
浦发银行	67.17	87.46	30.21	-35.69
兴业银行	88.45	149.47	68.99	-15.24
华夏银行	29.76	40.46	35.95	-70.00
平安银行	36.65	57.21	56.10	-75.13
全国性中小股份制商业银行	687.42	944.11	37.34	-26.71

续表

银行机构	2011 年	2012 年	增长率	增长率变化
北京银行	16.13	26.72	65.65	-1.67
南京银行	7.30	9.25	26.71	-26.97
宁波银行	7.19	9.82	36.58	-10.46
城市商业银行	30.62	45.79	49.54	-9.27
16 家上市商业银行合计	4 124.17	4 642.10	12.56	-25.89

资料来源：各家银行年报。

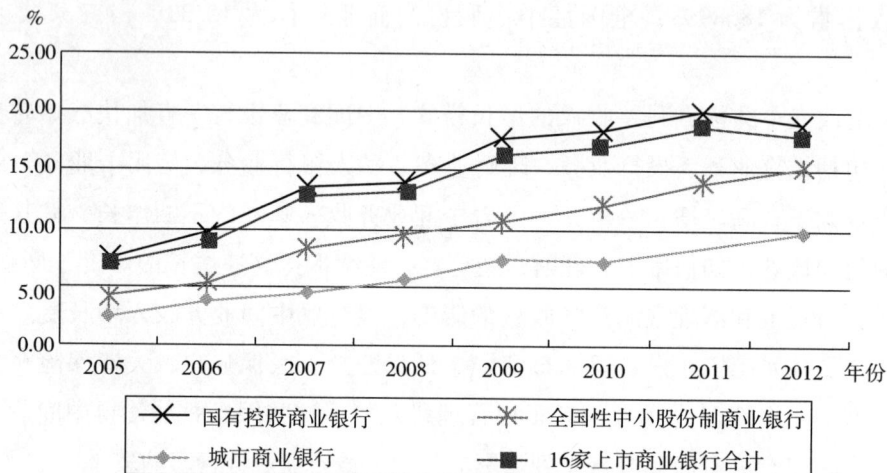

资料来源：各家银行年报。

图 11-2　16 家上市商业银行手续费及佣金净收入占营业收入比重

（三）营业收入增长大幅减速

净利息收入和手续费及佣金净收入的大幅减速，使 2012 年度营业收入增长受到较大影响。16 家上市商业银行营业收入合计 2.60 万亿元，同比增长 16.23%，增速比上年下滑了 10.99 个百分点。其中，国有控股商业银行增速同比下降了 10.57 个百分点，全国性中小股份制商业银行同比下降了 14.37 个百分点，三家城市商业银行同比下降了 3.90 个百分点（见表 11-3）。

表 11-3　　　　　　　　上市商业银行营业收入情况　　　　单位：亿元、%、个百分点

银行机构	2011 年	2012 年	增长率	增长率变化
工商银行	4 752.14	5 369.45	12.99	-11.80
农业银行	3 777.31	4 219.64	11.71	-18.35
中国银行	3 281.66	3 660.91	11.56	-6.99
建设银行	3 970.90	4 607.46	16.03	-6.72
交通银行	1 269.56	1 473.37	16.05	-5.75
国有控股商业银行	17 051.57	19 330.83	13.37	-10.57

续表

银行机构	2011 年	2012 年	增长率	增长率变化
招商银行	961.57	1 133.67	17.90	-16.82
中信银行	769.48	894.35	16.23	-21.76
光大银行	460.73	599.16	30.05	0.37
民生银行	823.68	1 031.11	25.18	-25.21
浦发银行	679.18	829.52	22.14	-14.09
兴业银行	598.70	876.19	46.35	8.58
华夏银行	335.44	397.77	18.58	-18.45
平安银行	296.43	397.49	34.09	-30.39
全国性中小股份制商业银行	4 925.20	6 159.26	25.06	-14.37
北京银行	207.28	278.17	34.20	1.63
南京银行	74.63	91.14	22.14	-18.52
宁波银行	79.66	103.42	29.82	-4.92
城市商业银行	361.56	472.73	30.75	-3.90
16 家上市商业银行合计	22 338.33	25 962.82	16.23	-10.99

资料来源：各家银行年报。

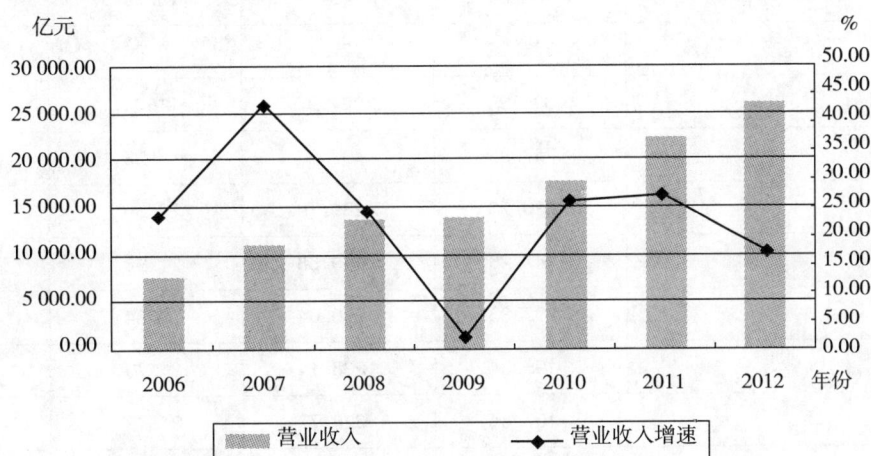

资料来源：各家银行年报。

图 11 - 3　上市商业银行营业收入增长情况

（四）费用增长控制良好

中国商业银行 2012 年费用增长相对较低，16 家上市商业银行业务及管理费用合计达 8 158.60亿元，仅增长 13.91%，比上年大幅下降了 6.25 个百分点，改变了近两年费用支出保持 20% 左右增长的势头。其中，国有控股商业银行业务及管理费用支出增长 11.62%，全国性中小股份制商业银行为 20.58%，三家城市商业银行为 25.79%。这基本反映了三种不同类型商业银行的扩张速度（见表 11 -4）。

因费用支出增速依然低于营业收入增速，16家上市商业银行业成本收入比持续下降，平均为31.42%，比上年下降了0.64个百分点。其中，国有控股商业银行成本收入比平均为31.15%，全国性中小股份制商业银行平均为32.51%，三家城市商业银行平均为28.39%。

近几年，中国商业银行为保持业务发展能力，提高同业竞争力，在渠道建设和信息技术上投入较大，增设新网点和改造存量网点、开发和升级业务系统、增加自助设备等。在业务管理费用中，人员费用约占50%，因受通货膨胀和同业竞争影响，人员工资增长压力也不断攀升。尽管如此，相对于营业收入的增长，中国商业银行成本控制较为理想，2012年资本支出和人员费用支出更是大幅回落，成本收入比在国际银行业中处于较低行列。

表11-4　　　　　　　　　上市商业银行业务及管理费用　　　　　　单位：亿元、%、个百分点

银行机构	2011年	2012年	增长率	增长率变化
工商银行	1 395.98	1 533.36	9.84	-9.91
农业银行	1 355.61	1 551.30	14.44	-6.52
中国银行	1 085.11	1 164.36	7.30	-7.46
建设银行	1 182.94	1 345.66	13.76	-2.45
交通银行	375.29	427.29	13.86	-1.85
国有控股商业银行	5 394.93	6 021.97	11.62	-6.32
招商银行	347.98	407.95	17.23	-4.95
中信银行	229.73	281.79	22.66	0.87
光大银行	147.20	179.56	21.98	5.07
民生银行	293.33	350.64	19.54	-16.11
浦发银行	195.54	238.14	21.79	3.14
兴业银行	187.84	228.77	21.79	-12.31
华夏银行	140.50	158.92	13.11	-19.10
平安银行	118.55	156.64	32.13	-28.95
全国性中小股份制商业银行	1 660.67	2 002.42	20.58	-7.13
北京银行	54.61	71.71	31.32	16.07
南京银行	23.11	27.21	17.76	-25.23
宁波银行	28.98	35.29	21.79	-6.72
城市商业银行	106.70	134.22	25.79	1.86
16家上市商业银行合计	7 162.30	8 158.60	13.91	-6.25

资料来源：各家银行年报。

%

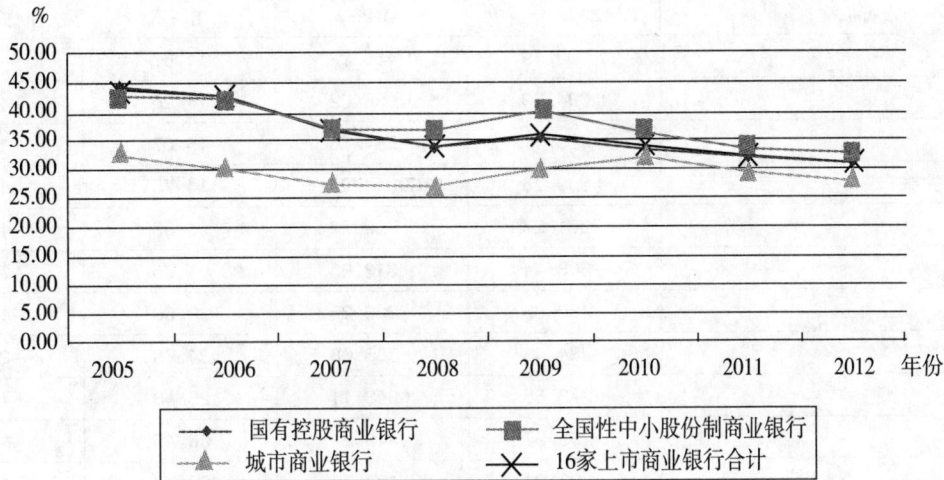

注：成本收入比为业务及管理费用与营业收入的比值。

资料来源：各家银行年报。

图 11 - 4　上市商业银行成本收入比走势

（五）净利润增长继续放缓

2012 年，国内银行业金融机构税后利润 1.51 万亿元，增长 20.74%，增速比上年下降了 18.49 个百分点。16 家上市商业银行净利润合计 1.04 万亿元，同比增长 17.32%，增速比上年下降了 11.64 个百分点，延续了 2010 年以来增速不断趋缓的势头。其中，国有控股商业银行净利润增长了 14.75%，增速比上年下降了 10.24 个百分点；全国性中小股份制商业银行增速为 25.84%，增速比上年下降了 19.52 个百分点；三家城市商业银行为 28.26%，增速比上年下降了 6.59 个百分点（见表 11 -5）。

国际金融危机后，国家出台了一系列经济振兴措施，固定资产投资、消费和外贸都有不同程度增长或恢复，为商业银行发展提供了较好环境。同时，中国商业银行不断提高公司治理水平和科技水平，大力发展零售业务、中间业务和电子银行业务，加强产品创新，严格成本控制，这些因素促使国内商业银行净利润一直持续快速增长。但随着 2011 年后国家一些经济政策的逐步退出，经济增长因结构调整而开始放缓，同时对银行资本监管的硬约束不断增强，对资产拨备要求更为严格，利率市场化加速缩窄净利差，使国内商业银行利息收入和中间业务收入的增速在 2012 年都开始大幅趋缓，这直接压低了净利润增速。

表 11 -5　　　　　　　　　上市商业银行净利润情况　　　　　　单位：亿元、%、个百分点

银行机构	2011 年	2012 年	增长率	增长率变化
工商银行	2 084.45	2 386.91	14.51	-11.04
农业银行	1 219.56	1 451.31	19.00	-9.50

续表

银行机构	2011 年	2012 年	增长率	增长率变化
中国银行	1 303.19	1 455.22	11.67	-7.14
建设银行	1 694.39	1 936.02	14.26	-11.22
交通银行	508.17	584.76	15.07	-14.66
国有控股商业银行	6 809.76	7 814.22	14.75	-10.24
招商银行	361.27	452.77	25.33	-14.87
中信银行	308.44	313.85	1.75	-39.87
光大银行	180.85	236.20	30.60	-10.75
民生银行	284.43	383.08	34.68	-26.12
浦发银行	273.55	343.11	25.43	-17.21
兴业银行	255.97	349.27	36.45	-1.76
华夏银行	92.21	127.96	38.77	-15.18
平安银行	103.90	135.11	30.03	-35.32
全国性中小股份制商业银行	1 860.63	2 341.34	25.84	-19.52
北京银行	89.46	116.84	30.60	-0.85
南京银行	32.35	40.45	25.01	-14.55
宁波银行	32.54	40.68	25.04	-15.08
城市商业银行	154.35	197.97	28.26	-6.59
16 家上市商业银行合计	8 824.74	10 353.53	17.32	-11.64

资料来源：各家银行年报。

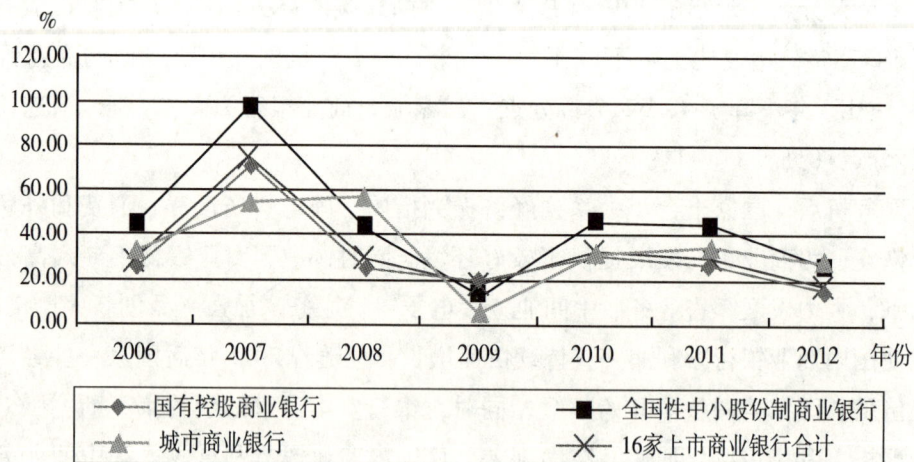

资料来源：各家银行年报。

图 11 -5　上市商业银行净利润增长情况

（六）盈利能力总体保持平稳

据银监会数据，2012 年，银行业金融机构平均资产利润率和净资产利润率分别为 1.2% 和 19.0%。16 家上市商业银行平均净资产收益率为 20.52%，基本与上年持平，但在行际间分化比较明显。其中，国有控股商业银行除农业银行外，基本都有轻微下降；全国性股份制商业银行中，除中信银行大幅下降外，其他银行净资产收益率基本保持平稳；城市商业银行除北京银行外，南京银行和宁波银行是小幅攀升。从资产收益率来看，16 家上市商业银行平均总资产收益率为 1.22，与上年也是基本持平（见表 11-6）。

在营业收入、净利润增速放缓情形下，国内商业银行盈利能力依然保持平稳，主要有两个原因。一是费用支出增速和提取的资产减值增速大幅回落，很大程度抵消了净利差收窄和中间业务收入增速大幅下滑的不利情形，平均营业净利率 39.8%，比上年提高了 0.37 个百分点。二是资产增速低于营业收入增速，同时因短期贷款占比增加，提高了资产利用效率，2012 年资产周转率为 0.03 次，相比上年有微幅上升。此外，因股权资本占资产比重依然呈扩大之势，表明中国商业银行近些年较高的盈利能力不是由杠杆率提高所致。国民经济多年的快速增长，是中国商业银行盈利能力不断提升的外部基础。与此同时，股改上市后，中国商业银行公司治理日臻完善，市场化约束不断增强，追求利润和企业价值最大化已经深入到银行管理决策的核心，经营活动重视投入产出，大力发展不占用资本或较少占用资本的中间业务、收益率较高的个人贷款业务、中小企业业务，大力支持国家新兴产业建设，支持民生领域发展等，国内商业银行保持盈利能力的内部基础不断稳固。

表 11-6　　　　　　　　　　　　上市商业银行盈利指标　　　　　　　　单位:%、个百分点

银行机构	平均净资产收益率			平均总资产收益		
	2011 年	2012 年	变化	2011 年	2012 年	变化
工商银行	23.44	22.92	-0.52	1.44	1.45	0.01
农业银行	20.46	20.74	0.28	1.11	1.16	0.05
中国银行	18.16	18.02	-0.14	1.17	1.19	0.02
建设银行	22.45	22.04	-0.41	1.47	1.47	0
交通银行	20.52	17.91	-2.61	1.19	1.18	-0.01
国有控股商业银行	21.01	20.32	-0.69	1.27	1.29	0.02
招商银行	24.17	24.78	0.61	1.39	1.46	0.07
中信银行	20.92	16.65	-4.27	1.27	1.10	-0.17
光大银行	20.37	22.44	2.07	1.12	1.18	0.06
民生银行	23.89	25.67	1.78	1.40	1.41	0.01
浦发银行	20.07	20.95	0.88	1.12	1.18	0.06
兴业银行	24.62	24.38	-0.24	1.20	1.23	0.03
华夏银行	18.56	18.47	-0.09	0.81	0.94	0.13

续表

银行机构	平均净资产收益率			平均总资产收益		
	2011 年	2012 年	变化	2011 年	2012 年	变化
平安银行	19.24	16.95	-2.29	1.05	0.94	-0.11
全国性中小股份制商业银行	21.48	21.29	-0.19	1.17	1.18	0.01
北京银行	19.25	19.14	-0.11	1.06	1.13	0.07
南京银行	15.87	17.35	1.48	1.29	1.29	0
宁波银行	18.81	19.93	1.12	1.24	1.28	0.04
城市商业银行	17.98	18.80	0.82	1.20	1.23	0.03
16 家上市商业银行合计	20.68	20.52	-0.16	1.21	1.22	0.01

资料来源：各家银行年报。

（七）人均净利润和机构平均净利润增速同步放缓

16 家上市商业银行人均净利润 50.25 万元，增长 10.65%，增速比上年下降了 13.42 个百分点。其中，国有控股商业银行人均利润 45.24 万元，增长 11.08%；全国性中小股份制商业银行人均利润为 74.36 万元，增长 1.99%；三家城市商业银行人均利润为 107.38 万元，增长 13.14%。从机构平均净利润来看，16 家上市商业银行机构平均净利润为 1 372.58 万元，增长 13.85%，增速也下滑了 13.22 个百分点。整体来看，中国商业银行集约财务指标与净利润增长基本保持同步，2012 年净利润增速大幅下滑，人均净利润增速和机构平均净利润增速也相应地走低（见表 11-7）。

尽管盈利指标的增速降低，但绝对值依然保持了增长势头，说明中国商业银行集约经营水平持续改善。股改以来，国内商业银行一直致力于加强集约化经营，依靠生产要素效率提高来实现低投入高产出，以最大限度提高经济效益，包括建立集中的中后台处理中心，优化机构布局，精减人员，扁平化改革组织架构等。2012 年，中国商业银行在此前基础上，更进一步优化网点布局和人员配置，升级改造网点 2 000 余家。大力发展电子银行，实施业务流程综合改造和优化工程，更大范围实现前中后台分离，建立区域或全国性的业务处理中心和产品研发中心、客户服务中心，极大提高了生产效率，如工商银行柜面对公非现金业务集中处理比例已高达 97% 以上。

表 11-7　　　　　　　　　上市商业银行人均净利润和机构平均净利润　　　　单位：万元、%

银行机构	人员平均净利润			机构平均净利润		
	2011 年	2012 年	变化	2011 年	2012 年	变化
工商银行	47.10	52.25	10.94	1 234.35	1 366.37	10.70
农业银行	24.88	28.92	16.26	519.82	618.00	18.89
中国银行	44.95	48.18	7.19	1 190.02	1 307.01	9.83
建设银行	47.19	52.28	10.79	1 247.62	1 369.57	9.77

续表

银行机构	人员平均净利润			机构平均净利润		
	2011 年	2012 年	变化	2011 年	2012 年	变化
交通银行	56. 37	60. 75	7. 77	1 823. 36	2 017. 81	10. 66
国有控股商业银行	40. 73	45. 24	11. 08	1 006. 36	1 130. 51	12. 34
招商银行	79. 67	76. 30	−4. 23	4 027. 54	4 701. 66	16. 74
中信银行	82. 93	75. 87	−8. 51	3 990. 17	3 534. 35	−11. 42
光大银行	63. 98	73. 89	15. 48	2 624. 84	3 043. 81	15. 96
民生银行	69. 68	77. 82	11. 68	4 820. 85	5 456. 98	13. 20
浦发银行	87. 59	95. 88	9. 47	3 691. 65	4 158. 91	12. 66
兴业银行	73. 96	82. 77	11. 91	3 956. 26	4 864. 48	22. 96
华夏银行	48. 13	55. 44	15. 18	2 164. 55	2 688. 16	24. 19
平安银行	56. 01	42. 35	−24. 39	3 277. 76	2 995. 74	−8. 60
全国性中小股份制商业银行	72. 91	74. 36	1. 99	3 662. 65	4 037. 50	10. 23
北京银行	121. 90	141. 47	16. 05	4 321. 73	4 929. 89	14. 07
南京银行	78. 00	83. 43	6. 96	3 516. 68	4 004. 49	13. 87
宁波银行	68. 12	76. 34	12. 07	2 154. 64	2 351. 53	9. 14
城市商业银行	94. 91	107. 38	13. 14	3 429. 97	3 874. 07	12. 95
16 家上市商业银行合计	45. 41	50. 25	10. 65	1 205. 61	1 372. 58	13. 85

资料来源：各家银行年报。

二、2013 年中国商业银行财务效益状况展望

(一) 营业收入增长压力加大，增速将小幅下滑

展望未来，中国的城市化、工业化进程还将持续较长一段时间，商业银行在国内担当主融资渠道的角色仍难以动摇，决定了银行营业收入增长的长期性。但就 2013 年来看，营业收入快速增长压力较大。

世界经济快速回升的基础不甚牢固，外需仍较为疲弱，国内在经济结构调整大背景下，增速会承受一定压力。同时，货币政策处在保增长和防通胀的夹缝中，很可能会维持上年的适度宽松状况，货币投放难以出现大幅增长。即使经济走势比预期更弱，国家可能为刺激经济增长而加大贷款投放，但也难以出现贷款的超高速增长，银行业生息资产小幅增长可能性最大。从净息差来看，受两次下调基准利率的滞后影响，付息成本和贷款收益虽然均会下降，但同时因受 2012 年利率市场化加速影响，付息成本下降程度会更小，导致 2013 年净息差会比 2012 年轻微下降。因此，净利息收入增长短期内将受到多种因素制约，很可能会是小幅增长或与上年

持平。

从中间业务收入增长来看，一方面，中间业务仍是中国商业银行发展较快、潜力较大、创新较活跃的领域，客户的"非信贷"多元金融服务需求为中间业务发展开辟了广阔空间，如民生领域的持续投入，中国高端富裕人士的快速增长，将持续推动结算、信用卡、私人银行、养老金、资产管理等业务的长期发展；金融市场发展促进政府债、企业债市场发展，财务顾问、并购咨询、证券承销等业务增长可期。另一方面，中间业务也面临着增长基数不断扩大，监管不断严格，同业竞争加剧，营销难度不断加大，新兴拳头产品后继乏力等情形，尤其是规范银行中间业务收费将短期内对中间业务收入的增长构成压力。

（二）费用增长将与上年持平，成本收入比保持低位上升

未来，金融业竞争将更为激烈，中国商业银行为保持业务发展能力，仍需较多的资本投入。但从另一方面来看，在营业收入增长压力不断加大情形下，银行也必须从严控制费用开支，保持成本收入比在合理范围。因此，费用增长将主要集中在影响银行长期发展的重要方面。一是信息科技投入。信息科技水平已成为银行的关键竞争力，业务运营几乎完全依赖于此，业务系统和所需的软硬件要持续不断地升级换代。二是网点和自助设备投入。尽管各家银行都大力发展电子银行，但中短期内物理网点规模和质量仍是银行的核心竞争力之一，不仅网点升级改造所需资金投入依然较大，同时租金和物业成本也不断上升。三是人员费用投入。同业竞争的加剧和优秀人才流动性的增强，要求银行必须保证合理的员工工资增长才能激发士气和留住优秀员工。而近些年衣食住行等生活开支和养老金支出不断升高，尤其是高房价时代，银行员工工资增长的压力不断攀升。就 2013 年来看，上述几个方面的费用增长将会保持和上年基本持平，或是小幅增加，成本收入比有可能会小幅上升。

（三）净利润增速继续回落，盈利能力将总体稳定

中国商业银行保持利润高速增长，正面临不断加大的压力。一是发展方式转变会带来转换成本，实体经济增长放缓势必会影响到商业银行收入和利润的增长。二是受通货膨胀隐忧和前几年宽松货币政策影响，国内货币政策的可调空间受到挤压，给信贷规模增长带来压力。三是此前运营成本增速一直慢于营业收入增速，但很有可能随着经济结构的调整而出现变化，人员工资等一些刚性的费用增长会对利润增长构成一定压力。四是总体资产质量稳中有忧。中国商业银行近些年不良贷款率不断下降，进一步下降空间很小，但反弹的压力却开始加大，2012 年不良贷款额已经开始上升，后续地方政府融资平台、房地产贷款，过剩产能企业、外贸企业等贷款风险很有可能开始暴露。

尽管如此，也要看到，中国商业银行保持盈利能力的基础还较稳固，利润增速虽会回落，但会保持适度的增长。一是外部经济环境尽管复杂，但国内财政政策还有较大的操作空间，经济保持适度增长可期。二是金融产业格局总体稳定，银行业进入门槛还较高，居民储蓄利率短

期内难以完全放开，银行业会保持一定的合理利润率。三是中国的商业银行正积极转型，逐步完善以市场和客户为中心的市场化机制，中国商业银行盈利能力已有坚实的内部基础。

（四）集约化经营继续深入，集约指标将持续向好

依靠信息科技的集约化经营是当代企业经营管理的发展趋势，即资本或资源的集中、高效率和节约使用。目前，中国商业银行集约化经营正处于跨区域大集中阶段，进一步打破原有业务流程限制，以集约原则全面建设流程银行，实现更大范围的前中后台分离，建立区域或全国性的业务处理中心、产品研发中心和客户服务中心等，"网点和电子渠道全面受理、中心集中处理和服务"的运营模式不断完善。今后，中国商业银行在信息科技的支撑下，集约化经营将不断朝更高层次发展。一是要实现全货币集约化运营。二是要实现境内外一体化集约运营。三是要在集团层面实现多平台一体化集约运营。因此，在这些集约化经营措施的推动下，中国商业银行人均、网均等集约经营指标将会继续改善。

第十二章　全国性中小股份制商业银行

　　2012 年，全国性中小股份制商业银行①加强全面创新，小企业、理财、信用卡等业务获得较快发展，资产负债保持高速增长，虽然利润增速大幅放缓，贷款不良额和不良率"双升"，但风险可控。2013 年，全国性中小股份制商业银行资产负债增速可能会放缓，盈利增速将继续下滑，风险控制压力加大，将进一步加大养老金、资金结算托管、投资银行及零售银行等业务发展，通过业务的多元化发展应对外部环境变化带来的经营压力。

一、2012 年全国性中小股份制商业银行发展回顾

（一）资产负债高速增长，存贷款增速上升

　　截至 2012 年年末，全国性中小股份制商业银行资产、负债总额分别达 23.53 万亿元和 22.21 万亿元，同比增长 28.01% 和 28.40%，分别比上年提高了 4.69 个百分点和 5.59 个百分点，资产负债获得了高速增长，增速结束了连续两年的下降趋势。2012 年，全国性中小股份制商业银行资产增速分别比大型国有控股商业银行和城市商业银行高 16.06 个百分点和 4.35 个百分点；负债增速分别高 16.80 个百分点和 4.59 个百分点。具体看，2012 年大部分中小股份制商业银行资产负债保持了高速增长，只有中信银行和平安银行增速出现大幅下滑（见表 12 - 1），中信银行是因为同业资金往来业务大幅减少，存放同业款项下降了 38.79%，同业及其他金融机构存放款下降了 30.89%；平安银行资产负债增速变动较大是因为两家银行合并所致。

表 12 - 1　　　　　　　　2012 年全国性中小股份制商业银行资产负债情况　　　　单位：亿元、%、个百分点

银行名称	资产			负债		
	资产总额	资产增速	增速变动	负债总额	负债增速	增速变动
招商银行	34 082.19	21.94	5.61	32 077.12	21.97	6.03
中信银行	29 599.39	7.02	-25.87	27 568.53	6.56	-25.65

---

　　① 指 8 家上市全国性中小股份制商业银行（招商银行、中信银行、民生银行、浦发银行、兴业银行、光大银行、华夏银行、平安银行及 4 家非上市全国性中小股份制商业银行（广发银行、浙商银行、恒丰银行、渤海银行），其中平安银行为深圳发展银行与原平安银行合并改名为现在的平安银行。

银行名称	资产			负债		
	资产总额	资产增速	增速变动	负债总额	负债增速	增速变动
光大银行	22 792.95	31.50	14.69	21 649.73	32.24	15.50
民生银行	32 120.01	44.10	21.87	30 434.57	45.28	23.37
浦发银行	31 457.07	17.17	-5.34	29 660.48	17.00	-5.58
兴业银行	32 509.75	34.96	4.73	30 803.40	34.35	3.91
华夏银行	14 888.60	19.67	0.07	14 141.37	19.82	2.36
平安银行	16 065.37	27.69	-45.23	15 217.38	28.66	-41.75
广发银行	11 681.50	27.11	14.27	11 046.22	27.51	15.23
浙商银行	3 938.39	30.47	-8.43	3 711.30	31.99	-8.95
恒丰银行	6 179.50	41.31	-17.89	5 920.85	41.92	-18.97
渤海银行	4 721.02	51.08	33.20	4 522.90	52.81	37.04

资料来源：各家银行年报。

2012 年年末，全国性中小股份制商业银行资产、负债总额占银行业金融机构比重分别为 17.61% 和 17.78%，较上年分别提高了 1.41 个百分点和 1.48 个百分点，占比连续多年稳步提高。

2012 年年末，12 家全国性中小股份制商业银行贷款与垫款余额为 11.30 万亿元，同比增长 17.00%，增速比上年提高了 1.86 个百分点；存款余额约为 15.79 万亿元，同比增长 18.40%，增速比上年提高了 1.93 个百分点，存贷款平均增速开始出现回升[1]（见表 12-2）。

表 12-2　　　　2012 年全国性中小股份制商业银行存贷款情况　　单位：亿元、%、个百分点

银行名称	贷款			存款		
	余额	增速	增速变动	余额	增速	增速变动
招商银行	19 044.63	16.05	1.41	25 324.44	14.07	-2.95
中信银行	16 629.01	15.96	2.53	22 551.41	14.59	0.88
光大银行	10 231.87	14.99	0.74	14 269.41	16.46	-2.53
民生银行	13 846.10	14.88	0.92	19 261.94	17.11	1.11
浦发银行	15 445.53	16.01	-0.13	21 343.65	15.31	2.47
兴业银行	12 291.65	25.01	9.92	18 132.66	34.79	16.03
华夏银行	7 201.68	17.78	1.96	10 360.00	15.62	-1.11
平安银行	7 207.80	16.13	-36.21	10 211.08	20.01	-31.14
广发银行	6 157.50	13.99	-1.71	8 561.66	15.30	-2.77
浙商银行	1 823.06	22.37	-9.53	2 668.88	24.32	-12.59
恒丰银行	1 715.92	18.62	-1.77	3 065.07	51.22	33.67
渤海银行	1 414.79	25.71	3.95	2 134.21	31.71	11.06
合计	113 009.53	17.00	1.86	157 884.41	18.40	1.93

资料来源：各家银行年报。

---

[1]　平均同比增速数据计算剔除了平安银行数据，因平安银行合并数据口径不同，无法同比；营业收入、净利润、利息净收入、佣金及手续费收入等平均同比增速数据计算也剔除了平安银行数据。

2012 年，全国性中小股份制商业银行存款增速上升的主要原因有：一是 2012 年下半年以来，我国实际利率由负转正，居民存款意愿增强，存款开始逐步回升。二是 2012 年央行将存款利率的浮动上限提高到基准利率的 1.1 倍，大部分商业银行对定期存款利息进行了上浮，使得银行定期存款大幅增加。三是股票市场持续低迷，房地产市场调控加强，居民投资意愿下降，促使银行存款增加。

2012 年，全国性中小股份制商业银行存款增速小幅上升，央行两次下调商业银行存款准备金率，全国性中小股份制商业银行存款准备金率从年初的 17.5% 下降到 16.5%，存贷比有所降低（见表 12 - 3），这些因素共同使得全国性中小股份制商业银行贷款资金紧张的局面有所缓解，促使贷款增速也出现小幅上升。

表 12 - 3　　　　　　　　　全国性中小股份制商业银行贷存比情况　　　　　　单位：%、个百分点

银行名称	2010 年	2011 年	2012 年	2012 年变动
招商银行	74.59	71.8	71.37	-0.43
中信银行	72.83	72.97	73.59	0.62
光大银行	71.63	71.67	71.52	-0.15
民生银行	72.78	72.85	71.93	-0.92
浦发银行	69.76	71.58	72.21	0.63
兴业银行	71.21	71.46	66.50	-4.96
华夏银行	67.00	66.72	69.51	2.79
平安银行	72.61	72.88	70.64	-2.24
广发银行	72.35	71.64	71.67	0.03
浙商银行	72.08	69.31	68.14	-1.17
恒丰银行	69.70	71.37	55.98	-15.39
渤海银行	66.19	67.74	65.19	-2.55

资料来源：各家银行年报。

（二）盈利增长速度大幅放缓

2012 年，12 家全国性中小股份制商业银行营业收入总额达 6 797.11 亿元，同比增长 24.18%，增速比上年降低了 14.14 个百分点；实现净利润 2 585.39 亿元，同比增长 26.24%，增速比上年下降了 20.16 个百分点，营业收入和净利润虽然仍保持 20% 以上的较高增长速度，但增速大幅放缓（见表 12 - 4）。

表 12 – 4 2012 年全国性中小股份制商业营业收入和净利润情况 单位：亿元、%、个百分点

银行名称	营业收入			净利润		
	总额	增长率	增速变动	总额	增长率	增速变动
招商银行	1 133.67	17.90	–16.82	452.77	25.33	–14.87
中信银行	894.35	16.23	–21.76	313.85	1.75	–39.87
光大银行	599.16	30.05	0.37	236.20	30.60	–10.76
民生银行	1 031.11	25.18	–25.21	383.08	34.68	–26.12
浦发银行	829.52	22.14	–14.09	343.11	25.43	–17.21
兴业银行	876.19	46.35	8.58	349.27	36.45	–1.76
华夏银行	397.77	18.58	–18.45	127.96	38.77	–15.18
平安银行	397.49	34.09	–30.39	135.11	30.03	–35.32
广发银行	311.05	10.41	–17.90	112.20	17.05	–37.85
浙商银行	104.22	23.30	–32.87	40.26	41.26	–32.20
恒丰银行	127.99	35.75	–20.28	58.20	40.29	–44.33
渤海银行	94.60	47.37	–15.57	33.39	81.72	–54.52
合计	6 797.11	24.18	–14.14	2 585.39	26.24	–20.16

资料来源：各家银行年报。

2012 年，全国性中小股份制商业银行盈利增速大幅放缓，主要有以下原因。

一是净利差缩小导致利息净收入增速下降。2012 年，央行连续两次降息以及提高存款利率浮动上限，使得存款吸收能力相对弱于大型国有控股商业银行的全国性中小股份制商业银行存款成本上升，净息差、净利差缩小，直接导致净利息收入增速的大幅降低。2012 年，12 家全国性中小股份制商业银行中，分别有 10 家银行净息差和净利差比上年有所缩小，10 家银行利息净收入增速出现下降，平均增速下降了 13.71 个百分点，降幅最大的渤海银行下降了 44.81 个百分点（见表 12 – 5）。

二是监管加强导致佣金及手续费收入增速放缓。2012 年，监管部门开展了对银行业不规范经营专项治理活动，特别是对银行收费问题进行了全面整顿。相对于大型国有控股商业银行，全国性中小股份制商业银行经营管理的规范性相对弱一些，监管加强使得这些银行手续费及其他服务性收入受到较大影响，佣金及手续费收入增速出现大幅下滑。2012 年，除浙商银行外，其他全国性中小股份制商业银行佣金及手续费收入增速均出现大幅降低，平均增速下降了 27.27 个百分点（见表 12 – 5）。

表 12 – 5　　　　2012 年全国性中小股份制商业银行各项收入及净息差、净利差情况　　单位:%、个百分点

银行名称	利息净收入		佣金及手续费收入		净息差		净利差	
	增速	增速变动	增速	增速变动	2012 年	比上年	2012 年	比上年
招商银行	15.81	–17.88	26.31	–11.63	3.03	–0.03	2.87	–0.07
中信银行	15.94	–19.31	26.85	–28.29	2.81	–0.19	2.61	–0.24
光大银行	27.44	–2.20	35.94	–12.16	2.54	0.05	2.34	0.04
民生银行	19.02	–22.28	35.90	–46.28	2.94	–0.20	2.75	–0.21
浦发银行	19.40	–16.52	30.23	–35.65	2.58	–0.02	2.39	–0.03
兴业银行	42.30	8.90	68.99	–15.24	2.64	0.12	2.68	0.20
华夏银行	16.67	–16.42	35.97	–69.97	2.71	–0.10	2.52	–0.11
平安银行	30.63	–29.14	56.12	–75.07	2.37	–0.16	2.19	–0.18
广发银行	3.74	–18.71	41.02	–34.97	2.52	–0.41	2.31	–0.47
浙商银行	20.19	–39.14	44.69	12.98	—	—	2.76	–0.41
恒丰银行	53.67	19.70	53.64	–272.18	—	—	—	—
渤海银行	34.13	–44.81	98.75	–118.37	2.11	–0.06	1.91	–0.07
合计	21.32	–13.71	37.77	–27.27	—	—	—	—

注：净息差是净利息收入与生息资产平均余额的比值；净利差是平均生息资产收益率与平均计息负债成本率之比，即等于生息率 – 付息率。"–"表示未披露相关数据，下同。

资料来源：各家银行年报及公开披露信息。

（三）不良贷款余额、不良贷款率"双升"

2012 年年末，全国性中小股份制商业银行不良贷款余额 797 亿元，比上年末增加了 234 亿元；不良贷款率为 0.72%，比上年末上升了 0.12 个百分点[1]，在不良贷款余额和不良贷款率持续了多年的双降后，开始出现反弹。从各家银行具体情况看，12 家全国性中小股份制商业银行不良贷款余额均出现不同程度的上升，10 家银行不良贷款率较上年有所提高。除广发银行外，其余 11 家全国性中小股份制商业银行不良贷款率均低于全国商业银行 0.95% 的平均不良贷款率，贷款风险可控（见表 12 – 6）。

表 12 – 6　　　　全国性中小股份制商业银行不良贷款变动情况　　单位：亿元、%、个百分点

银行名称	不良贷款余额			不良贷款率		
	2011 年	2012 年	2012 年变动额	2011 年	2012 年	2012 年变动率
招商银行	91.73	116.94	25.21	0.56	0.61	0.05
中信银行	85.41	122.55	37.14	0.60	0.74	0.14
光大银行	57.27	76.13	18.86	0.64	0.74	0.10

---

[1]　数据来源于中国银监会网站统计数据。

银行名称	不良贷款余额			不良贷款率		
	2011 年	2012 年	2012 年变动额	2011 年	2012 年	2012 年变动率
民生银行	75.39	105.23	29.84	0.63	0.76	0.13
浦发银行	58.27	89.40	31.13	0.44	0.58	0.14
兴业银行	37.15	52.86	15.71	0.38	0.43	0.05
华夏银行	56.00	63.39	7.39	0.92	0.88	-0.04
平安银行	32.95	68.66	35.71	0.58	0.95	0.42
广发银行	72.31	91.11	18.80	1.34	1.48	0.14
浙商银行	3.60	8.45	4.85	0.24	0.46	0.22
恒丰银行	8.53	11.46	2.94	0.59	0.67	0.08
渤海银行	1.56	2.01	0.45	0.14	0.14	0.00

资料来源：各家银行年报。

2012 年，引起全国性中小股份制商业银行不良贷款反弹的行业性和区域性因素突出。2012 年，受宏观经济增速放缓、国内外需求不足等因素影响，企业经营环境恶化，盈利水平下降，特别是加工制造业和批发零售业更为困难，形成大量不良贷款。以民营经济、出口加工及国内外贸易为特色的长江三角洲、珠江三角洲地区，集中了全国大部分加工贸易型中小企业、小微企业，国内外经济环境对这些企业的影响最为严重，部分中小企业经营停顿，资金链异常紧张甚至断裂，导致上述区域银行贷款质量出现下降。从披露相关数据的部分全国性中小股份制商业银行看，制造业和批发零售业不良贷款率均明显上升，同时这些银行长江三角洲地区不良贷款率均大幅反弹（见表 12 -7）。

表 12 -7　　　部分全国性中小股份制商业银行不良贷款反弹较大的行业和区域情况　　　单位:%、个百分点

银行名称	制造业		批发与零售业		长江三角洲	
	不良率	比去年上升	不良率	比去年上升	不良率	比去年上升
招商银行	1.00	0.13	1.09	0.08	1.05	0.40
中信银行	1.19	0.44	2.15	1.35	1.24	0.66
浦发银行	1.06	0.08	1.44	0.66	—	—
平安银行	1.83	1.05	1.63	0.64	1.06	0.50
广发银行	3.16	0.13	2.66	0.69	—	—

资料来源：各家银行年报。

2012 年，全国性中小股份制商业银行不良贷款拨备覆盖率仍较高，大部分银行高于300%，远高于150%的监管标准（见表 12 -8）。与 2011 年相比，尽管全国性中小股份制商业银行减值准备计提和余额仍在不断提高，但部分银行不良贷款拨备覆盖率却出现了下降，浙商银行和平安银行分别大幅下降了 283.36 个百分点和 138.34 个百分点（见表 12 -8），这主要是不良贷款大幅上升所致。

表 12-8　　　　全国性中小股份制商业银行减值准备和拨备覆盖率情况　　　　单位：亿元、%、个百分点

银行名称	减值准备				拨备覆盖率	
	2012年计提	计提变动	2012年余额	余额变动	2012年	2012年变动
招商银行	62.76	-27.72	411.38	44.34	351.79	-48.34
中信银行	128.04	70.70	353.25	120.67	288.25	15.94
光大银行	63.22	24.31	258.56	48.13	339.63	-27.37
民生银行	95.37	4.89	330.98	61.62	314.53	-42.76
浦发银行	76.04	4.45	357.47	66.35	399.85	-99.75
兴业银行	117.58	91.33	246.23	103.09	465.82	80.52
华夏银行	38.12	-8.55	203.07	30.48	320.34	12.13
平安银行	28.19	7.61	125.18	19.52	182.32	-138.34
广发银行	41.49	8.82	154.89	-12.29	170.00	-61.21
浙商银行	10.42	1.05	35.65	10.07	421.60	-283.36
恒丰银行	12.84	2.53	39.42	13.93	343.85	45.00
渤海银行	7.07	1.91	26.22	7.06	1 304.48	76.98

资料来源：各家银行年报。

　　2012年，12家全国性中小股份制商业银行资本充足水平呈现小幅波动，资本充足率比上年提高的有5家，下降的7家；核心资本充足率比上年提高的有7家，下降的5家，但12家全国性中小股份制商业银行资本充足率和核心资本充足率水平均达到了监管要求（见表12-9）。

表 12-9　　　　　　　　　全国性中小股份制商业银行资本管理情况　　　　单位：亿元、%、个百分点

银行名称	资本充足率		核心资本充足率		资本净额		加权风险资产		资本净额增速与加权风险资产增速之差
	2012年	变动	2012年	变动	2012年	增速	2012年	增速	
招商银行	12.14	0.61	8.49	0.27	2 522	24.28	20 778	17.99	6.28
中信银行	13.44	1.17	9.89	-0.02	2 634	25.53	19 486	14.48	11.05
光大银行	10.99	0.42	8.00	0.11	1 521	26.87	13 836	22.54	4.33
民生银行	10.75	-0.11	8.13	0.26	2 172	24.81	20 200	26.07	-1.26
浦发银行	12.45	-0.25	8.97	-0.23	2 334	16.85	18 571	19.03	-2.18
兴业银行	12.06	1.02	9.29	1.09	2 109	41.81	17 375	29.26	12.55
华夏银行	10.85	-0.83	8.18	-0.54	947	13.92	8 732	22.67	-8.76
平安银行	11.37	-0.14	8.59	0.13	1 019	11.34	8 956	12.70	-1.36
广发银行	11.27	0.17	8.37	0.32	853	18.43	7 566	16.60	1.83
浙商银行	12.51	-1.43	9.84	-1.03	294	9.59	2 349	22.17	-12.58
恒丰银行	11.38	-0.03	9.66	-0.08	296	30.54	2 604	30.91	-0.38
渤海银行	11.68	-0.09	9.63	0.11	239	16.71	2 044	17.65	-0.94

资料来源：各家银行年报。

（四）全面加强创新，持续深化小企业金融服务

2012年，全国性中小股份制商业银行致力于构建富有成效的小企业金融服务专业化运营模式，着力扩大服务领域、创新业务产品、加强风险控制、规范服务管理，不断提升对小企业的金融服务水平。

1. 积极探索新的小企业经营模式，深化小企业金融服务。一是部分全国性中小股份制商业银行将小微企业金融服务划入零售银行业务条线。招商银行将单户授信500万元以下小微企业客户的整体金融服务和管理划入零售条线；民生银行在中小企业事业部之外，专门开发了"商贷通"业务品牌，专门为小微企业服务，并将"商贷通"业务划归零售条线管理。二是创新推出"平台金融"业务模式。华夏银行自主研发了资金支付管理系统，对接供应链核心企业、大宗商品交易平台、市场商圈等平台客户，建立金融服务网络平台，为平台客户及其体系内小企业提供在线融资、现金管理、跨行支付、资金结算、资金监管等全方位、全流程电子化金融服务。三是创新小微客户组织形式，组建小微企业城市商业合作社。民生银行与地方工商联、金融办等政府机构合作，按行业、商圈、社区等将小微企业组织起来，成立商业合作社，民生银行以合作社为单位提供批量融资、培训、法律税务咨询等服务，为合作社小微企业提供经验交流、生意撮合等增值服务，搭建起小微企业共享、协作和交流的平台。

2. 加快推进多层次小企业专营体系建设。2012年，全国性中小股份制商业银行在继续加大分行和区域性小企业信贷中心、小企业金融事业部建设的同时，将小企业专营体系进一步下移，大力建设小企业专业支行。2012年，民生银行全面启动了小微专业支行建设工作，对50家小微金融专业支行进行了授牌。华夏银行将绍兴、常州两家特色分行所辖的支行全部转型为小企业和个人业务的服务主体。随着小企业专业支行的加快建设，全国性中小股份制商业银行在总行、分行、支行多个层次建立小企业专营机构，层次丰富、布局合理、覆盖面广的小企业专业化经营体系逐步形成。

3. 持续加大业务产品创新，力争提供多元化、综合型金融服务。2012年，全国性中小股份制商业银行根据小企业融资需求特点，继续加大业务产品创新，产品创新呈现序列化、品牌化特征。一是继续向扩大抵押品范围和小额信用贷发展。招商银行推出抵押贷、AUM信用贷、小额信用贷、供销流量贷等标准化序列产品；中信银行推出法人房产按揭贷款、小额标准抵押贷款、小额信用贷款等新产品。二是满足小企业资金需求短频快特点。浙商银行推出"放得快"、"市场经营户担保一日贷"、"还贷通"等小贷产品；广发银行推出"好融通"、"快融通"、"市场贷"、"盈利贷"等产品。三是满足客户多种金融需求。招商银行推出集融资、结算和生活于一体的小微专属金融服务工具"生意一卡通"，全方位满足客户各种融资需求；民生银行进一步深化小微金融2.0提升策略，提供全面综合的小微金融服务。四是努力打造服务品牌。兴业银行全面推进"兴业芝麻开花—中小企业成长上市计划"服务，进一步整合内外部资源，为企业提供资金、管理及服务等内容，品牌形象深入人心；华夏银行持续推广以"小、快、灵"为特点

的小企业服务"龙舟计划"，全力打造"中小企业金融服务商"品牌，品牌影响力不断提高。

4. 加大制度、流程创新，不断提高小企业贷款风险管理水平。2012 年，面对严峻的外部环境，全国性中小股份制商业银行进一步加大小企业贷款风险管理能力建设。招商银行加强风险管理技术创新，通过量化风险管理工具、评分卡模型和决策引擎系统的运用，实现全行统一的小微贷款风险管理；进一步优化授信调查报告，在各分行推广小企业信贷中心的"五岗分离"作业和风险管理模式，至年末"五岗分离"模式已在绝大多数分行得到应用。光大银行制订了《关于小微企业不良贷款处置及授信后管理的方案》，制订了小微企业呆账贷款的核销办法，建立适应中小企业和小微企业发展的授信风险管理体系，对中小企业、小微企业打分卡进行重检和优化，改进授信业务流程。2012 年，全国性中小股份制商业银行不断加强小企业贷款风险管控，贷款不良率虽然有所上升，但仍继续维持在较低水平。从公布小企业贷款不良率的银行看，最高的中信银行小企业不良贷款率为 1.59%，最低的民生银行只有 0.40%，风险可控。

2012 年，全国性中小股份制商业银行小企业金融业务取得了较好的经营成果，小企业贷款余额和客户数实现了高速增长（见表 12 - 10）；贷款利率获得不同程度上浮，其中中信银行小微企业贷款平均利率为基准利率上浮 15.83%，民生银行新发放贷款平均上浮比例达到 30% 以上。

表 12 - 10 　　　　　　2012 年部分中小股份制商业银行发放中小企业贷款情况 　　单位：亿元、%、万户

银行名称	贷款余额	贷款新增	贷款增速	不良率	客户总数	新增客户	客户增速
招商银行	5 925.39	914.49	18.25	1.12	0.59	0.01	2.07
中信银行	2 122.18	437.63	25.98	1.59	1.73	0..20	13.07
光大银行	2 143.00	710.00	49.52	—	1.75	0.37	26.78
民生银行	3 169.51	844.56	36.33	0.40	99.23	4.00	116.66
浦发银行	8 184.19	2 767.43	51.09	—	4.30	0.73	20.38
兴业银行	1 320.65	494.83	59.92	—	31.28	8.35	36.44
广发银行	1 948.52	248.27	14.60	—	0.97	0.063	6.88
华夏银行	1 350	295.31	28.00	—	1.64	—	—
平安银行	558.34	78.05	16.25	1.24	—	—	—
广发银行	913.02	160.21	21.28	—	—	—	—
浙商银行	457.93	109.88	31.57	—	—	—	—

注：招商银行客户数据只包括小企业信贷中心有贷款客户；民生银行贷款和客户数均为小微企业、个体商户数据，不包括中小企业事业部相关数据；浦发银行中小企业贷款和客户数为国家四部委口径数据；兴业银行小企业客户按自定义统计的数据；浙商银行为单户 500 万元的小企业贷款余额数。
资料来源：各家银行年报。

（五）加强理财业务管理创新，业务规模保持高速发展

1. 健全理财业务管理架构。2012 年，中信银行成立了总行理财业务管理部，统一管理、核算、销售理财产品，实现了理财业务前中后台分离、渠道统一、客户关系维护一致，理财业务组织架构进一步清晰。兴业银行成立资产管理部，牵头制定理财业务重大决策、制度等，实现

对全行理财业务统筹管理，进一步提高了理财业务的规范化运作水平。

2. 完善理财业务管理制度。2012年，招商银行在理财业务的账务核算方面，实现了理财产品的客户本金及收益账务分离、独立核算，提高了理财产品的精细化管理水平。光大银行积极推进系统建设，上线了代客资产组合分级管理系统，实现了理财产品独立核算、科学管理、信息充分披露和资产管理业务专业化、标准化。兴业银行制定理财基础资产准入标准，初步实现了总行对于理财业务统一创设和统筹管理的要求，并通过加强制度设计、系统建设、监测报告、信息披露、品牌推广等多项工作，夯实理财业务的管理基础。

3. 加强理财业务品牌建设。2012年，民生银行秉承"大智之选，大有之道"的理财业务发展理念，明确金融管家定位，全力打造"非凡资产管理"理财业务品牌。华夏银行通过研发特色理财产品、优化管理流程、加强团队建设、拓展业务渠道等多重措施，竭力打造"龙盈理财"业务品牌，推进一站式金融服务平台建设。

4. 加大产品研发，理财业务保持高速发展。2012年，全国性中小股份制商业银行持续推进产品研发，特别是加大了对结构性理财产品的创新。2012年，招商银行先后推出了"朝招金"、"睿远"、"私人套利"、"A股指数挂钩"等系列理财产品，结构化理财产品余额达78亿元，较上年增长725%。广发银行推出了外币结构性理财产品和"盆满钵满日日赢"理财计划。华夏银行推出"理财晚间档"（网银专属）、老年客户专享等理财产品，进一步细化理财产品线。

2012年，全国性中小股份制商业银行在加强产品创新的同时，加大理财产品发行和销售，从公布相关数据的银行看，平安银行理财产品发行规模超1.4万亿元，增速达106.76%；民生银行发行规模超1万亿元，增速42.88%；招商银行仅个人理财产品销售规模就达3.06万亿元，增速达48.13%。

（六）信用卡业务蓬勃发展

1. 信用卡产品创新呈高端化、联名化特征。招商银行着力聚焦高价值客户群体，积极推出美国运通黑金卡、银联白金卡、新浪微博达人卡等信用卡产品，有力夯实高价值客户基础。中信银行创新推出"I白金卡"等产品，围绕"家庭、商旅、时尚"全面升级白金卡权益及服务体系，重新升级了"九五至尊·领袖人生"无限卡等高端产品权益。民生银行携手世界第二大航空公司——美国达美航空共同推出了全球通用的"民生·达美SKYMILES"联名信用卡；携手香格里拉酒店集团、美国运通发行了"民生·香格里拉"联名卡。华夏银行针对中高端客户推出了华夏精英尊尚白金卡，与欧美航空公司合作推出了"汉莎航空MILES&MORE—华夏"联名信用卡等。

2. 大力开展主题营销活动，扩大市场影响力。2012年，招商银行整合内外部营销资源，持续推出"非常三亚"、"非常港澳"、"非常美国"主题旅游营销活动。中信银行继续加强与航空、旅行社、品牌酒店等商旅伙伴的合作，扩大商旅产品营销范围，完善了航空、酒店、旅游全方位的商旅产品体系。平安银行全年按规划地推出"追爱天天刷"、"周周刷节节高"与"超级平安月"大型营销促动活动，开展"10元看电影"、"加油打折"、"超市优惠"、"商旅奖励"四大主题营销活动，市场影响力进一步提升。广发银行独创"广发日"买一送一、周五半价优惠，通过提供丰富的优惠和主题活动，有效提升了市场影响力。

表 12 - 11　　　　　　　　　　2012 年部分全国性中小股份制商业银行信用卡业务情况

单位：万张、亿元、%、个百分点

银行名称	发卡量		交易额		实现收入		信用卡不良率	
	累计发卡量	增速	交易总额	增速	收入	增速	不良率	变动
招商银行	4 484.00	13.20	6 572.00	32.05	117.16	39.94	1.06	-0.32
中信银行	1 713.91	21.78	2 730.86	64.10	59.28	63.50	—	—
光大银行	1 458.00	31.00	3 067.00	159.00	15.52	85.84	0.68	-0.26
民生银行	1 462.00	26.75	2 937.69	65.49	—	—	—	—
浦发银行	879.00	41.55	806.00	50.65	19.03	53.00	—	—
兴业银行	1 056.20	16.18	1 722.70	50.50	40.10	60.40	0.91	—
平安银行	1 097.28	69.26	2 184.00	64.50	—	63.36	0.98	-0.12
广发银行	2 293.00	23.75	—	—	97.31	38.80	0.58	—

注：光大银行信用卡收入为银行卡手续费收入，不良率为180天以上逾期率。

资料来源：各家银行年报。

3. 信用卡业务高速发展，各项指标大幅增长。2012 年，全国性中小股份制商业银行整合优势资源，加大信用卡产品创新，优化审批政策和流程，有效提升了信用卡业务经营水平，业务获得了极大发展。一是发卡量保持高速增长。从披露相关数据的银行看，信用卡发卡增速最高的平安银行达 69.26%，增速最低的招商银行也达 13.20%。二是交易额和业务收入均实现大幅增长。2012 年，招商银行信用卡交易额高达 6 572 亿元，业务收入 117.16 亿元，增速均在 30%以上；其他银行交易额增速均在 50%以上，业务收入增速均在 40%以上。三是信用卡贷款不良率保持在较低水平。不良率最高的招商银行也只有 1.06%，比上年降低了 0.32 个百分点；信用卡不良率最低的广发银行只有 0.58%（见表 12 - 11）。

二、2013 年全国性中小股份制商业银行发展展望

（一）资产负债增速可能会放缓

2012 年，全国性中小股份制商业银行资产负债保持高速增长，一方面，全国性中小股份制商业银行利用相对宽松的货币市场环境，充分发挥其经营管理优势，各项业务取得了长足发展；另一方面，深圳发展银行和原属于城市商业银行的平安银行合并划归为全国性中小股份制商业银行，从而增加了全国性中小股份制商业银行资产负债总额。

2013 年，中国商业银行面临的经营环境仍较严峻，部分行业产能过剩严重，经济结构性调整加速，各国贸易摩擦不断，一些不平衡、不协调问题依然突出，经济企稳回升的基础尚未牢固。具体到全国性中小股份制商业银行来说，一方面，利率市场化加速、银行理财产品监管加强等，对中小股份制商业银行吸收存款带来较大影响，存款保持高速增长的压力很大；另一方面，作为全国性中小股份制商业银行主要客户群体的中小企业，2013 年的经营状况可能更艰难，中小商业银行贷款发放可能会更加谨慎，从而影响贷款增速。2013 年，全国性中小股份制商业银行在存贷款增长压力加大的情况下，资产负债增速可能会再次出现放缓。

（二）盈利增速继续下降的可能性仍较大

2012 年，全国性中小股份制商业银行在利率市场化改革提速、中间业务规范性经营监管加强等影响下，营业收入和净利润均出现了大幅下滑，2013 年，这些影响盈利增长的因素依然存在，甚至影响会更大，全国性中小股份制商业银行盈利增速继续下降的可能性仍较大。

2013 年，随着全国性中小股份制商业银行存贷款增速可能放缓，其生息资产增速也将会下降，从而将直接影响利息收入增速。同时，2012 年存款利率上浮和市场基准利率下调，对资产负债重定价影响的滞后效应在 2013 年将更为突出，加之 2013 年我国利率市场化改革将持续推进，这将会导致存贷款利差进一步收窄，影响全国性中小股份制商业银行盈利能力。

2013 年，全国性中小股份制商业银行不良贷款余额可能会继续上升，为了提高贷款风险补偿能力，面对 2012 年拨备覆盖率有所下降的局面，2013 年全国性中小股份制商业银行将会大幅提高拨备水平，从而也会影响其盈利增速。

（三）风险防控的压力将进一步加大

1. 不良贷款余额和不良率可能会继续上升。2013 年，我国宏观经济增速下行的风险仍较大，出口增速难以恢复，中小企业经营将更加困难，特别是东南沿海地区加工贸易型小企业将面临大面积倒闭风险，这将会引发中小企业融资规模占比相对较高的全国性中小股份制商业银行不良贷款进一步反弹。同时，全国性中小股份制商业银行也面临着部分行业产能过剩、融资平台贷款风险暴露以及房地产调控等影响，不良贷款上升的压力将进一步加大。

2. 利率市场化将导致利率风险管理压力加大。从近期央行和国家层面的最新讨论动态看，认为我国目前已经进入利率市场化改革的最佳时期，2013 年利率市场化改革可能会进一步推进。如果进一步扩大存贷款利率浮动区间，对商业银行市场化定价能力提出更大挑战，利率风险管理难度大增。

3. 新资本管理办法开始实施，加大风险管理压力。新资本管理办法增加了操作风险资本计提及严格化合格资本工具的新要求，一方面，将会增加资本占有，降低存量资本余额，进而降低资本充足率水平；另一方面，将提高中小股份制商业银行操作风险精确计量要求，加大风险管理压力。

2013年，无论是不良贷款反弹概率的提高，还是利率市场化、新资本管理办法的实施，都将给全国性中小股份制商业银行风险防控带来较大压力，全面风险管理将成为中小商业银行2013年经营管理的重中之重。

（四）将大力发展养老金、结算托管、投资银行等新兴业务

2013年，在中国经济增长动力仍不足，银行信贷在社会融资总量中的比重逐步下降的大环境影响下，商业银行传统资产负债业务持续高速增长将难以为继。同时，利率市场化改革加速，商业银行利差将会缩小，影响净利息收入的持续较快增长。以上因素将对中小股份制商业银行存贷款业务的高速发展带来很大压力，必须找到新的业务增长点。

未来，中国经济社会必将在改革中持续发展，改革成为新一届政府工作的主旋律。在经济金融领域，新型城镇化必将提高社会保障的覆盖面和保障水平，提高财政转移支付力度；产业转移升级将引发企业重组并购以及上市融资需求增加；金融财政改革将推动债券、期货、保险等非银行金融业务的大发展。以上经济金融变革趋势将为商业银行大力发展养老金、结算、托管、投资银行等相关新兴业务带来难得的市场机遇。

这些新兴银行业务目前仍由大型国有控股商业银行主导，但全国性中小股份制商业银行凭借其灵活的战略调整，相对优越的渠道、信息技术等优势，已经开始布局资产负债之外的新兴业务，取得了初步成效，在投资银行、现金管理、资金托管结算等方面已经占有一定市场份额，中间业务收入占比在稳步提高。2013年，各家全国性中小股份制商业银行均认为新兴业务发展的市场潜力巨大，进一步加大资源投入，明确业务发展思路和目标，新兴业务必将获得更大发展。

（五）零售银行仍将是未来重点发展的传统优势业务

近年来，以个人助业消费贷款、信用卡、财富管理等为主的零售银行业务一直是全国性中小股份制商业银行重点发展的传统优势业务，业务基础扎实，经营绩效较好，为银行带来丰厚利润。未来随着我国居民财富的不断积累，消费潜能的释放，个人创业、理财以及消费金融需求将进入大发展时期，住房、装修、旅游等消费信贷业务，以及分期付款、信用卡透支、移动支付等新兴消费金融业务将大有舞台。全国性中小股份制商业银行将会抓住机遇，大力发展零售银行业务，突出传统优势。

2013年，新的资本管理办法开始实施，对符合标准的微型和小型企业债权的风险权重由原来的100%下调为75%，对除个人住房抵押贷款之外的其他个人类债权的风险权重也有相应下调，这将从节约资本的角度调动商业银行大力发展小微金融和零售银行业务的积极性。

从各家全国性中小股份制商业银行公布的2013年业务发展重点来看，也纷纷将零售银行列为重点发展业务。如民生银行在将小微金融划为零售条线后，2013年将通过加快分支行转型和信贷工厂建设，持续完善城市合作社服务职能，进一步巩固小微金融业务的先发优势；兴业银

行将围绕"高净值、高价值、高成长"目标客户群，加强业务和客户细分，重点从生产组织模式、生产能力、服务体系建设三个方面入手，着力提高零售业务市场竞争力，进一步加快跨越赶超步伐；广发银行将深化个人金融专业化营销体系改革，加大资源投入，围绕客户、渠道、产品、营销管理等方面，全力建设最佳中高端零售银行；其他中小股份制商业银行也制定了零售银行发展目标和措施，零售银行业务将会有较大发展。

第十三章　中国城市商业银行

2012 年，城市商业银行资产负债增速继续下降，四年来增速首次落后于股份制商业银行。营业收入增长放缓，利润增幅下滑，盈利能力出现明显分化。不良贷款额和不良贷款率有一定比例上升，江浙等风险集中暴露区域的城市商业银行资产质量全面承压。2013 年，受宏观经营环境影响，城市商业银行资产负债增速可能会进一步放缓，营业收入和净利润增速下滑或将难以避免，不良贷款率预期升高。在经营管理上，城市商业银行将紧跟实体经济需求，加快战略转型与创新步伐，坚持特色化发展，全面加强风险管理和资本管理。

一、2012 年中国城市商业银行发展回顾

（一）资产负债增速继续下降

截至 2012 年年末，中国城市商业银行资产总额为 12.35 万亿元，负债总额为 11.54 万亿元，分别增长 23.66% 和 23.81%，比 2011 年分别下降 3.47 个百分点和 2.65 个百分点。资产和负债占银行业金融机构总资产和总负债比重均为 9.24%，分别比 2011 年提高 0.43 个百分点和 0.45 个百分点。城市商业银行资产负债增速快于大型商业银行，但慢于股份制商业银行，这是四年来城市商业银行增速首次落后于股份制商业银行。

2012 年，中国城市商业银行共 144 家，机构数量与上年持平。城市商业银行平均资产规模超过 857 亿元，其中，9 家城市商业银行资产规模超过 3 000 亿元，占城市商业银行资产总规模的 37%。主要城市商业银行[①]资产负债保持增长，增速基本保持在 20% 以上，相比 2011 年资产负债增速有所回升（见表 13 - 1、表 13 - 2）。

2012 年，城市商业银行资产负债增速相对放缓，主要原因在于：宏观经济形势严峻，经济增长放缓，固定资产投资增长放慢；货币信贷增长平稳，信贷结构调整力度加大，房地产、地方政府融资平台和"两高一剩"行业贷款持续减少。主要城市商业银行存贷款增速基本在 20% 左右，比 2011 年有所下降，影响资产负债增长（见表 13 - 1、表 13 - 2）。

[①] 主要城市商业银行选取的是资产超过 3 000 亿元以上的城市商业银行和部分公布年报的其他规模城市商业银行，共计 18 家。

表 13 - 1　　　　　　　2012 年主要城市商业银行总资产及贷款增长情况　　　　单位：亿元、%

银行名称	总资产	增速	贷款总额	增速
北京银行	11 199. 69	17. 09	4 967. 20	22. 46
上海银行	8 169. 04	24. 57	3 905. 40	16. 72
江苏银行	6 502. 38	26. 47	3 522. 15	21. 11
宁波银行	3 735. 37	43. 39	1 456. 18	18. 63
盛京银行	3 132. 04	41. 61	1 141. 31	16. 02
南京银行	3 437. 92	22. 00	1 252. 69	21. 85
杭州银行	3 249. 84	33. 22	1 521. 39	19. 94
徽商银行	3 242. 24	26. 17	1 637. 95	19. 20
天津银行	3 023. 46	28. 46	1 224. 31	27. 45
大连银行	2 568. 00	36. 67	1 014. 00	17. 75
成都银行	2 402. 99	32. 47	942. 52	16. 89
汉口银行	1 623. 82	17. 72	591. 92	23. 83
重庆银行	1 561. 48	22. 74	766. 34	19. 70
锦州银行	1 232. 58	15. 77	617. 81	19. 32
富滇银行	1 053. 32	26. 89	501. 63	18. 22
青岛银行	1 016. 58	31. 98	457. 23	33. 34
宁夏银行	677. 36	20. 99	361. 69	18. 77
日照银行	508. 76	28. 84	281. 90	24. 81

资料来源：各家银行年报。

表 13 - 2　　　　　　　2012 年主要城市商业银行总负债及存款增长情况　　　　单位：亿元、%

银行名称	总负债	增速	存款总额	增速
北京银行	10 482. 78	15. 70	7 137. 72	16. 20
上海银行	7 746. 32	24. 84	5 450. 32	16. 77
江苏银行	6 160. 98	26. 68	5 318. 63	22. 47
宁波银行	3 514. 20	45. 34	2 075. 77	17. 45
盛京银行	2 984. 34	42. 32	2 079. 87	21. 29
南京银行	3 189. 81	22. 69	2 136. 56	28. 38
杭州银行	3 074. 72	33. 97	2 206. 89	21. 23
徽商银行	3 037. 43	26. 61	2 395. 43	16. 46
天津银行	2 855. 86	29. 20	2 013. 16	16. 64
大连银行	2 460. 23	37. 56	1 749. 38	27. 41
成都银行	2 273. 99	33. 41	1 641. 92	21. 81
汉口银行	1 504. 32	15. 86	1 081. 01	17. 85
重庆银行	1 479. 01	22. 41	1 140. 43	27. 70
锦州银行	1 119. 28	15. 71	827. 41	1. 53
富滇银行	991. 44	28. 00	718. 74	16. 55
青岛银行	942. 22	34. 47	750. 40	24. 56
宁夏银行	619. 16	21. 06	560. 80	18. 64
日照银行	470. 80	28. 97	413. 24	25. 87

资料来源：各家银行年报。

2005 年，城市信用社开始大规模重组改制。2010 年，改制工作基本完成，城市商业银行体系基本形成。改制后的城市商业银行迎来快速发展期，机构数量不断增加，总资产负债规模不断扩大。但从近两年资产负债规模增速下滑情况看，城市商业银行快速发展期已接近尾声，发展趋于平稳。

（二）营业收入增长放缓

2012 年，主要城市商业银行营业收入保持增长，大部分主要城市商业银行营业收入增速在20% 以上。其中北京银行、杭州银行、天津银行、重庆银行、日照银行营业收入增速超过30%。但与 2011 年相比，大部分主要城市商业银行营业收入增速继续下滑，其中锦州银行营业收入增速仅为 6.4%，比 2011 年下降 43.53 个百分点（见表 13-3）。

表 13-3　　　　　　　　　　2012 年主要城市商业银行营业收入增长情况　　　　　单位：亿元、%

银行名称	营业收入	增速	利息净收入	增速	手续费及佣金净收入	增速
北京银行	278.17	34.20	246.23	31.17	26.72	65.71
上海银行	172.90	22.09	156.61	18.57	13.61	25.47
江苏银行	198.06	19.86	176.02	18.29	17.08	31.99
宁波银行	103.42	29.82	92.16	34.87	9.82	36.52
盛京银行	69.17	27.55	67.85	26.96	0.68	4.04
南京银行	91.14	22.14	76.96	18.18	9.25	26.69
杭州银行	97.88	30.28	88.42	31.46	9.07	49.53
徽商银行	92.32	19.96	63.43	21.91	3.96	-4.13
天津银行	64.97	30.20	60.75	31.02	3.61	35.58
大连银行	62.06	18.02	55.59	18.72	6.23	19.27
成都银行	56.21	13.22	53.95	14.05	0.72	22.64
汉口银行	43.50	23.13	33.83	20.07	8.53	16.78
重庆银行	46.37	31.66	41.45	—	3.68	—
锦州银行	34.61	6.40	32.53	2.43	0.97	21.48
富滇银行	28.43	24.56	27.27	24.99	1.01	0.97
青岛银行	28.70	15.49	26.07	13.38	2.35	66.63
宁夏银行	28.63	19.03	27.55	18.71	0.81	10.96
日照银行	22.60	33.02	20.05	30.58	1.95	38.79

注："—"表示未公布相关数据。

资料来源：各家银行年报。

城市商业银行营业收入增速整体放缓的主要原因：一是经济增长减速，生息资产规模扩张放慢，存款利率上浮，净息差、净利差缩小，利息净收入增长放缓。如南京银行净利差和净息差都下降 0.17 个百分点；苏州银行净利差下降 0.33 个百分点，净息差下降 0.37 个百分点；富滇银行净利差下降 0.02 个百分点、净息差下降 0.08 个百分点。上海银行、江苏银行、南京银行、大连银行、青岛银行的利息净收入增速都在20%以下，锦州银行利息净收入仅增长2.43%，影响了营业收入的增长。二是中间业务收费清理整治，手续费及佣金净收入增速下降。2012年，银监会开展了银行业不规范经营专项治理活动，对银行业收费问题进行了大范围检查和清理整治，对中间业务产生较大的影响，结算与清算、担保与承诺、顾问与咨询等佣金和手续费收入下降或放缓。如盛京银行2012年手续费及佣金净收入同比增长仅4.04%；富滇银行手续费及佣金净收入同比增长仅0.97%；徽商银行手续费及佣金净收入甚至减少，同比下降4.13%。三是其他非利息收益减少。其他非利息收益包括投资收益、公允价值变动损益、汇兑收益及其他业务收入。如2012年上海银行其他非利息收益下降305.86%，宁波银行其他非利息收益同比下降65.10%。

2012年，大部分主要城市商业银行收入结构持续改善。规模较大的城市商业银行利息净收入占比基本下降到90%以下，如北京银行利息净收入占比为88.52%，比2011年下降2.05个百分点。规模较小的城市商业银行利息净收入占比虽然在90%以上，但比2011年有所下降，如锦州银行利息净收入占比为94.01%，下降3.63个百分点。但也有部分城市商业银行利息净收入占比上升，如宁波银行利息净收入占比为89.11%，上升了3.33个百分点；成都银行利息净收入占比为95.97%，上升了0.7个百分点（见表13-4）。

表13-4　　　　　　　　　　2012年主要城市商业银行业务收入占比情况　　　　　　单位:%、个百分点

银行名称	利息净收入		手续费及佣金净收入		其他营业收入	
	占比	变动	占比	变动	占比	变动
北京银行	88.52	-2.05	9.61	1.83	1.88	0.22
上海银行	90.58	-2.68	7.87	0.21	1.55	2.47
江苏银行	88.87	-1.18	8.62	0.79	2.50	0.38
宁波银行	89.11	3.33	9.49	0.47	1.40	-3.80
盛京银行	98.09	-0.46	0.98	-0.22	0.93	0.68
南京银行	84.43	-2.83	10.15	0.36	5.42	2.46
杭州银行	90.33	0.80	9.27	1.19	0.40	-2.00
徽商银行	68.71	1.10	4.29	-1.08	27.00	-0.02
天津银行	93.50	0.59	5.56	0.22	0.94	-0.81
大连银行	89.58	0.53	10.04	0.11	0.38	-0.64
成都银行	95.97	0.70	1.29	0.10	2.75	-0.80
汉口银行	77.78	-1.98	19.60	-1.07	2.62	3.05
重庆银行	89.39	—	7.94	—	2.67	—
锦州银行	94.01	-3.64	2.81	0.35	3.17	3.29
富滇银行	95.95	0.33	3.54	-0.83	0.51	0.50
青岛银行	90.85	-1.69	8.21	2.52	0.95	-0.83
宁夏银行	96.25	-0.26	2.82	-0.20	0.93	0.47
日照银行	88.73	-1.66	8.61	0.36	2.66	1.30

注:"—"表示未公布相关数据。

资料来源:各家银行年报。

2012 年，城市商业银行利息净收入占比变化的差异表明各家银行在推进业务转型与结构调整方面存在较大差距。东部地区规模较大的城市商业银行不断加快业务结构优化，国际结算、电子银行、信用卡、投资银行等中间业务不断增长，带动中间业务收入持续提高。2012 年南京银行代理业务实现收入 3.67 亿元，同比增长 39.46%；结算业务实现收入 1.90 亿元，同比增长 72.98%；徽商银行金融市场业务实现中间业务收入 0.91 亿元，同比增长 86.1%；理财产品募集达 524 亿元，同比实现翻番。但地处中西部地区的城市商业银行业务转型与升级较慢，主要依靠息差收入，中间业务收入占比依然较小。

（三）利润增幅下滑

2012 年，主要城市商业银行净利润保持增长，大多数主要城市商业银行净利润增速保持在 20% 以上，北京银行、盛京银行、杭州银行、重庆银行、富滇银行、宁夏银行净利润增速达到 30% 以上。但与 2011 年相比，除上海银行和天津银行外，主要城市商业银行净利润增速普遍下滑，如大连银行净利润增速仅 1.59%，下降 29.36 个百分点；成都银行净利润增速为 5.72%，下降 42.20 个百分点（见表 13-5）。

表 13-5 　　　　　　　　　近两年主要城市商业银行净利润情况 　　　单位：亿元、%、个百分点

银行名称	2012 年	2011 年	增速	变动
北京银行	116.75	89.47	30.49	-1.02
上海银行	75.09	58.06	29.33	13.85
江苏银行	70.36	58.34	20.60	-18.78
宁波银行	40.68	32.54	25.04	-15.08
盛京银行	34.86	26.05	33.79	-1.95
南京银行	40.13	32.12	24.94	-14.03
杭州银行	35.58	26.91	32.21	-8.61
徽商银行	43.06	34.93	23.30	-5.94
天津银行	26.37	21.21	24.29	1.72
大连银行	17.50	17.23	1.59	-29.36
成都银行	25.42	24.04	5.72	-42.20
汉口银行	18.59	15.09	23.19	-25.27
重庆银行	19.26	14.63	31.61	-3.50
锦州银行	11.52	10.74	7.28	-20.35
富滇银行	9.65	7.36	31.15	-11.24
青岛银行	9.20	7.38	24.59	-18.93
宁夏银行	11.45	8.80	30.12	-1.17
日照银行	9.91	8.12	22.06	-46.43

资料来源：各家银行年报。

由于机构扩张受限，业务及管理费用支出相对稳定，绝大多数主要城市商业银行成本收入

比有所下降，如上海银行成本收入比下降4.73个百分点；天津银行成本收入比下降5.31个百分点。部分规模较大的城市商业银行不断加强精细化管理和集约化经营，成本收入比较低，如北京银行成本收入比为25.78%、盛京银行成本收入比为20.98%，比上市商业银行平均31.42%的成本收入比还低。但一些规模较小的城市商业银行成本收入比还是相对较高的，如锦州银行、富滇银行和青岛银行的成本收入比均超过40%（见表13-6）。

表13-6　　　　　2012年主要城市商业银行盈利水平及成本收入比情况　　单位:%、个百分点

银行名称	ROA	变动	ROE	变动	成本收入比	变动
北京银行	1.13	0.07	19.14	-0.11	25.78	-0.57
上海银行	1.02	0.07	19.53	1.51	33.30	-4.73
江苏银行	1.21	-0.03	22.45	-0.32	33.41	-0.63
宁波银行	1.28	0.04	19.97	1.16	34.13	-2.25
盛京银行	1.33	0.09	27.15	-0.94	20.98	-3.07
南京银行	1.28	-0.01	17.35	1.48	29.86	-1.11
杭州银行	1.09	-0.01	22.28	1.86	32.56	-2.02
徽商银行	1.48	-0.02	23.01	0.79	26.60	-0.49
天津银行	—	—	—	—	28.02	-5.31
大连银行	0.79	-0.17	17.65	-3.49	37.51	0.38
成都银行	1.21	-0.23	21.44	-2.87	29.80	-1.18
汉口银行	1.24	0.03	18.53	-2.16	28.19	-4.06
重庆银行	1.36	0.10	26.29	0.53	34.02	-0.46
锦州银行	1.01	-0.06	11.00	-0.76	41.21	-0.10
富滇银行	1.02	0.07	16.53	0.23	41.24	-2.95
青岛银行	1.03	-0.03	12.81	-3.55	41.81	1.63
宁夏银行	1.85	0.10	21.49	1.78	33.88	1.63
日照银行	2.19	0.09	29.22	-1.56	—	—

注："—"表示未公布相关数据。
资料来源：各家银行年报。

2012年，由于各家城市商业银行经营战略与经营管理水平不同，在经济增速放缓、利率市场化加速推进的情况下，城市商业银行的盈利能力出现明显分化。部分城市商业银行积极应对利率市场化改革，加强利率定价管理，稳定净利差和净息差水平，盈利能力持续增强。如宁波银行2012年净利差为3.23%，比上年提高了11个基点；净息差为3.48%，比上年提高了25个基点，资产利润率和资本利润率持续提高。但部分主要城市商业银行资产利润率和资本利润率下降，如大连银行资产利润率为0.79%，下降0.17个百分点；资本利润率为17.65%，下降3.49个百分点。

（四）资产质量略有下降

2012年以来，由于整体经济下行，银行业资产质量面临重大挑战。受大环境影响，城市商

业银行不良贷款额和不良贷款率有一定比例的上升，江浙等风险集中暴露区域的城市商业银行资产质量全面承压。

1. 不良贷款额增加，不良贷款率持平。2012 年，中国城市商业银行不良贷款余额为 418.7 亿元，比上年增加 80.1 亿元，增幅为 23.66%。不良贷款率为 0.8%，与 2011 年持平，低于全部商业银行平均不良贷款率 0.15 个百分点。不良贷款额连续两年出现增加，占全部商业银行不良贷款总额的比重也由 2011 年的 7.91% 上升到 8.50%。

大部分主要城市商业银行不良贷款额持续上升，个别城市商业银行不良贷款额甚至出现大幅反弹，如北京银行不良贷款额增加 8.09 亿元，增幅 37.89%；杭州银行不良贷款额增加 7.28 亿元，增幅 96.55%。长三角地区的部分城市商业银行不良贷款率集中上升，如江苏银行不良贷款率为 1.01%，比 2011 年上升了 0.05 个百分点；杭州银行不良贷款率为 0.97%，比 2011 年上升了 0.38 个百分点（见表 13 – 7）。

表 13 –7　　　　2012 年主要城市商业银行不良贷款额和不良贷款率情况　　　单位：亿元、个百分点、%

银行名称	不良贷款额	变动	不良贷款率	变动
北京银行	29.44	8.09	0.59	0.06
上海银行	32.64	−0.15	0.84	−0.14
江苏银行	35.65	7.76	1.01	0.05
宁波银行	11.09	2.76	0.76	0.08
盛京银行	6.14	−0.03	0.54	−0.09
南京银行	10.44	2.41	0.83	0.05
杭州银行	14.82	7.28	0.97	0.38
徽商银行	9.49	2.95	0.58	0.10
天津银行	8.86	−0.08	0.72	−0.21
大连银行	9.15	0.72	0.90	−0.08
成都银行	5.84	0.80	0.62	0
汉口银行	5.64	1.46	0.96	0.09
重庆银行	2.56	0.29	0.33	−0.02
锦州银行	5.33	0.64	0.84	−0.07
富滇银行	4.78	0.22	0.96	−0.12
青岛银行	3.48	0.52	0.76	−0.10
宁夏银行	2.90	0.28	0.80	−0.06
日照银行	2.76	1.32	0.98	0.34

注：成都银行和日照银行 2012 年不良贷款额为贷款总额与不良贷款率计算所得。

资料来源：各家银行年报。

2. 贷款集中度有升有降。2012 年，受区域经济发展不景气，部分行业风险暴露加大等因素影响，东部地区城市商业银行贷款集中度有所上升。北京银行单一最大客户贷款比例为 9.23%，上升3.37个百分点，逼近监管红线。中西部地区由于城市建设、交通改造、城乡统筹等项目投资较多，各方面贷款需求增加，该区域城市商业银行贷款集中度进一步下降。徽商银行最大十家客户贷款比例下降8.84个百分点，重庆银行最大十家客户贷款比例下降10.39个百分点（见表13－8）。

表13－8　　　　　　　　2012年主要城市商业银行客户贷款集中度情况　　　　单位:%、个百分点

银行名称	单一最大客户贷款比例	变动	最大十家客户贷款比例	变动
北京银行	9.23	3.37	36.36	0.25
上海银行	3.09	0.36	22.91	0.45
江苏银行	2.35	−0.25	16.26	−2.53
宁波银行	2.44	0.27	16.1	−2.21
盛京银行	8.42	2.19	57.41	—
南京银行	4.37	2.09	21.96	2.99
杭州银行	4.28	0.19	26.02	−1.75
徽商银行	5.04	−1.14	35.74	−8.84
天津银行	7.93	1.42	49.82	−3.02
大连银行	—	—	—	—
成都银行	5.27	−1.22	41.99	−5.41
汉口银行	5.20	−3.95	33.04	−23.25
重庆银行	4.63	−1.54	30.09	−10.39
锦州银行	8.75	−1.11	45.76	−1.04
富滇银行	6.83	−0.14	59.88	0.47
青岛银行	5.06	−0.45	41.38	−5.5
宁夏银行	4.96	−0.55	40.01	−2.00
日照银行	7.72	0.27	52.51	−3.86

注："—"表示未公布相关数据。

资料来源：各家银行年报。

3. 风险抵御能力减弱。2012年，城市商业银行资本充足水平低于商业银行整体加权平均水平。主要城市商业银行资本充足水平面临考验，多家城市商业银行资本充足率和核心资本充足率出现不同程度下降，江苏银行和大连银行的核心资本充足率刚刚超过8%。拨备覆盖率提升速度明显放缓，多家主要城市商业银行拨备覆盖率还出现大幅下降，杭州银行和徽商银行拨备覆盖率下降超过100个百分点（见表13－9）。

表13－9　　　　　　　　2012年主要城市商业银行资本充足率情况　　　　单位:%、个百分点

银行名称	资本充足率		核心资本充足率		拨备覆盖率	
	2012年	变动	2012年	变动	2012年	变动
北京银行	12.90	0.84	10.90	1.31	419.96	−26.43
上海银行	13.17	1.42	9.23	0.49	285.58	8.82

续表

银行名称	资本充足率		核心资本充足率		拨备覆盖率	
	2012 年	变动	2012 年	变动	2012 年	变动
江苏银行	12.16	-0.66	8.45	-0.28	263.32	-1.99
宁波银行	15.65	0.29	11.49	-0.68	275.39	34.65
盛京银行	11.65	-1.23	9.30	-0.56	301.47	40.27
南京银行	14.98	0.02	12.13	0.37	316.74	-7.24
杭州银行	12.46	0.25	9.52	0.36	256.22	-100.29
徽商银行	13.54	-1.14	10.30	-0.57	405.99	-127.34
天津银行	13.05	1.72	10.39	0.15	453.40	103.82
大连银行	11.23	-0.34	8.25	0.06	275.26	-16.88
成都银行	14.52	-0.70	11.62	-0.25	417.55	-11.44
汉口银行	13.53	2.48	11.20	1.04	254.39	17.75
重庆银行	12.63	0.67	9.39	0.13	537.70	10.96
锦州银行	14.66	0.65	13.42	1.25	265.74	25.65
富滇银行	13.27	-1.00	11.15	-0.98	332.84	25.90
青岛银行	13.70	-0.82	12.89	-0.82	352.35	12.01
宁夏银行	13.58	0.20	12.78	0.25	449.74	-10.18
日照银行	13.01	0.28	9.85	0.08	—	—

注："—"表示未公布相关数据。

资料来源：各家银行年报。

城市商业银行资本充足水平和拨备覆盖水平下降的主要原因在于：一是利润增速放缓，内部利润留存减少，核心资本净额增长较慢。二是外部融资市场低迷，城市商业银行次级债发行减少。三是各项业务发展较快，加权风险资产增加。四是不良贷款大幅上升。

（五）服务小微企业的能力持续增强

2012 年，城市商业银行继续坚持立足本地，服务小企业的战略定位，积极响应国家产业和信贷政策号召，结合国家经济结构调整和发展方式转变的战略要求，加大倾斜支持力度，推动小企业业务实现快速发展。

1. 积极推动体制机制转型。为更好地服务于小微企业，城市商业银行不断加大对体制机制的改革与转型。北京银行成立业务、审批、贷后三中心，突出强调对中小企业业务的前中后集约化管理；推动专营支行建设提速发展，信贷工厂在杭州、上海分行成功落地；推进"中小企业客户成长计划"，提升中小企业客户综合服务水平。成都银行继续推行小微金融中心建设，将小微金融中心打造为微贷业务的利润中心，并为分支行小微贷款提供前中后台的信贷工厂支撑。

2. 持续增加信贷投放。截至 2012 年年末，南京银行小企业贷款余额达 354.54 亿元，增长32.37%，占贷款总额的 28.00%，其中小微金融增幅为 32.4%；杭州银行小微企业贷款余额为

562.19 亿元，较上年增长 22.70%，占全行贷款总额的 37.20%；宁夏银行全年发放贷款的 68.06% 投向小微企业，连续三年实现"两个不低于"目标。

3. 强化产品与服务创新。宁波银行以特色创新为手段，上线"宁行 E 家人"小微企业商务社区，初步实现在线融资、商务、社交三大功能，是将社交化网络技术应用于商业银行系统的首次创新。徽商银行初步建立了"智汇 360"小微金融产品体系和"小巨人"俱乐部高端客户服务平台。成都银行创新推出小微企业专属融资产品——速保贷、速抵贷、多融易等。

4. 不断完善风险管控。南京银行完成小微企业贷款核心风险管控技术，推行授信业务平行作业，进一步细分小微企业客户类型，持续建设风险经理团队。大连银行推行专业审批人制度，通过建立信息数据中心、审批中心、放款中心、档案管理中心和信贷管理督导中心，规范业务流程，防控小企业业务风险。

（六）积极支持城镇化建设和新农村建设

2012 年，在国家大力推进城镇化建设和新农村建设背景下，城市商业银行依靠地缘优势，不断加大对周边地区县域乡镇的城镇化建设和"三农"发展的金融支持力度，敏锐抓住城镇化及新农村建设带来的发展机遇。

1. 加强新兴城镇及农村地区渠道建设。2012 年，根据银监会相关通知，城市商业银行加快了在辖内和周边经济紧密区申设分支机构的步伐，在县级以下地区铺设营业网点，积极支持本地区县域乡镇的城镇化建设。如南京银行开设了无锡新区支行；富滇银行新设楚雄开发区支行，搬迁昆明经开区支行，强化对园区经济的支持，新设普洱人民路、大理宾川、西双版纳勐泐、红河个旧四个支行，加大对县域经济的支持力度。另外，城市商业银行还积极设立村镇银行，扩大农村金融服务渠道。2012 年，成都银行发起设立了四川名山锦程村镇银行，并与西藏银行联营；盛京银行发起并实际控制 6 家村镇银行。

2. 积极支持城镇化建设。依靠地方政府的支持，城市商业银行紧紧抓住地方建设机遇，积极支持区域城镇化发展。富滇银行大力支持滇中经济、园区经济、商圈经济、桥头堡项目的发展，围绕"园区经济、县域经济、民营经济"，强化金融服务支持。成都银行积极支持成都市"五大兴市战略"项目 16 个，授信金额 47.9 亿元，发放贷款 45.1 亿元；助力天府新区、"北改"工程建设，分别向天府新区、"北改"工程项目授信 13 亿元和 15.5 亿元，项目贷款余额达 14 亿元。大连银行给予金州新区政府首批 2 000 套保障性住房项目 2 亿元授信支持。

3. 支持"三农"发展。富滇银行充分利用州县网点和四家村镇银行，不断加大"三农"支持力度，推广运用"林权抵押＋第三方收购"模式，推出"联保组合授信"、"橡胶产业链融资"模式、"林存融"等创新产品，涉农贷款余额突破 100 亿元。大连银行加强涉农金融产品创新，积极开发惠农信贷产品，推出的"农商宝"、"惠农通"等融资产品，提高农村金融服务能力。

二、2013 年中国城市商业银行发展展望

（一）资产负债规模增速可能进一步放缓

2013 年，中国经济企稳回升的基础尚未牢固，下行压力依然较大，经济增速将放缓。货币政策继续保持稳健，货币信贷将适度增长，非信贷类融资占比将不断提高。银监会将加强对系统性、区域性风险的防控，继续严控平台贷款、房地产贷款以及产能过剩行业贷款投放。受宏观经营环境影响，2013 年城市商业银行资产负债增速可能会进一步放缓。

从 2013 年度的经营计划来看，主要城市商业银行对资产增速及存贷款增速预期普遍降低。南京银行 2013 年存款经营目标为全年新增 380 亿元，比 2012 年存款新增减少 92 亿元。锦州银行 2013 年总资产经营指标为 1 400 亿元，比 2012 年增加 167 亿元，增长 13.54%；各项存款余额经营指标为 1 050 亿元，比 2012 年增加 135 亿元，增长 14.75%；各项贷款余额经营指标为 736 亿元，比 2012 年增加 104 亿元，增长 16.45%；各项指标增速皆低于 2012 年（见表 13 - 10）。

表 13 - 10　　　部分城市商业银行 2013 年资产与存贷款经营目标及增减情况　　　单位：%、个百分点

银行名称	总资产增长		存款增长		贷款增长	
	2013 年	增减	2013 年	增减	2013 年	增减
北京银行	14	-3.09	15	-1.2	17	5.46
南京银行	17.18	-11.2	—	—	—	—
徽商银行	—	—	13	-3.46	12.94	-6.26
大连银行	19.94	-16.73	22.93	-4.48	11.44	-6.31
成都银行	—	—	18	-3.81	—	—
锦州银行	13.54	-2.23	14.75	13.22	16.45	-2.87
富滇银行	15.76	-11.13	—	—	—	—
日照银行	—	—	21	-4.87	—	—

注："—"表示未公布相关数据。
资料来源：各家银行年报。

（二）盈利增速面临下滑压力

2013 年，利率市场化、金融脱媒、资本约束等挑战持续增加。同业竞争加剧，商业银行将在客户、产品、渠道、系统等方面展开激烈竞争。证券、保险、基金等非银行金融机构，也在积极向银行金融服务领域渗透，加剧银行业的竞争。与大型商业银行和股份制商业银行相比，规模相对较小、经营地域受限的城市商业银行面临的经营压力将持续加大。预计 2013 年城市商

业银行生息资产增速平稳，利息收入带动营业收入增速略有下降；费用增速稳中有升，营业收入和净利润增速下滑或将难以避免。

从部分主要城市商业银行 2013 年的经营计划来看，银行盈利增速面临下滑压力。北京银行和南京银行预计净利润增长 10% 以上，成都银行预计净利润增长 15%，皆大幅低于 2012 年增速。徽商银行预计实现经营利润 68.7 亿元，净利润 48.92 亿元，仅比 2012 年多出 5.86 亿元，预计增速仅为 13.61%，比 2012 年增速下降近 10 个百分点。

（三）不良贷款反弹压力加大

2013 年，受转变经济增长方式、产业结构调整和部分产业产能相对过剩的综合影响，再加上企业生产经营成本上升等因素，部分区域、部分行业、部分客户的信贷风险有所上升，地方政府融资平台、房地产、产能过剩行业、出口导向企业、担保圈等系统性金融风险仍是商业银行风险较为集中的领域，不良贷款反弹压力加大。

在部分城市商业银行 2013 年经营计划中，从力求不良贷款额和不良贷款率"双降"变为保持不良贷款的稳定，对不良贷款率的预期升高。北京银行、南京银行、大连银行、徽商银行在 2012 年不良贷款率 0.59%、0.83%、0.90% 和 0.58% 的水平上，将 2013 年不良贷款率的预期调整为控制在 1% 以下；日照银行 2012 年不良贷款率 0.98%，而其 2013 年经营目标中计划将不良贷款率控制在 1.5% 以内。

（四）战略转型步伐将持续加快

面对实体经济转型需求持续增加，城镇化建设不断加快，信用消费逐渐兴起，科技与文化企业蓬勃发展。同时，财政支出更多地向民生领域倾斜，保障房建设、城市轨道交通建设等带动各种金融需求不断增加，城市商业银行日益认识到经营转型的紧迫性。2013 年，城市商业银行将紧紧跟随实体经济需求，加快战略转型步伐。一是确定战略转型的方向与目标。北京银行将转型作为 2013 年发展主题之一，围绕支持服务实体经济、保障民生和扩大消费带来的金融需求，坚持特色化发展，着力开发有利于优化结构、减少资本占用、提升增长动力和市场竞争力的新兴业务，提高综合效益。宁波银行将"业务转型"作为 2013 年两大核心目标之一，聚焦业务模式、交叉销售、区域扩张以及核心能力建设四大战略重点，实现在发展中转型，在转型中谋求可持续发展，提升发展的质量和效益，为客户提供全方位综合金融服务。二是不断推动体制机制转变。北京银行将围绕利率市场化，深化管理体制和经营机制改革，加强人才队伍、科技系统和管理制度的建设，不断提高管理软实力。宁波银行将围绕盈利持续增长，持续深化五大利润中心建设。成都银行将以强化执行力建设、健全立体营销体系、加强金融创新、打造新兴利润中心、优化整合渠道、改革体制机制为重点，为以转型为重点的"第三次创业"奠定良好开局。三是持续优化信贷结构，突出产业支持重点。大连银行将进一步抓好信贷产业结构调整，推动科学实施绿色信贷政策，加强对"三农"和小微企业的信贷支持。汉口银行将优先满足重点行业与客户的信贷需求，支持重点项目建设、批发零售、制造、建筑等实体经济行业贷款，优化贷款结构。四是着力开拓新业务领域。北京银行将积极应对互联网金融时代发展要求，加大远程银行、智能银行以及网络融资业务创新，不断提升各项服务与产品的科技含量。宁波银行致力于在投行托管、跨境金融、国际结算、电子银行服务等方面迈出新的步伐。

（五）风险管理与资本管理将不断强化

自 2006 年上海银行宁波分行开业以来，城市商业银行跨区域扩张步伐不断加快，并于 2010 年出现了集体快速扩张的局面。但大举扩张带来风险隐患，2011 年城市商业银行风险案件频发，如齐鲁银行票据诈骗案、汉口银行假担保事件、温州银行骗贷案等，暴露出城市商业银行内部风险控制的"短板"。2012 年，城市商业银行不良贷款大幅反弹，贷款集中度上升，资本充足水平和拨备覆盖水平下降，长三角地区城市商业银行受区域经济影响较大，各项经营指标增速大幅下滑，风险压力增大。

2013 年，面对经济增速长期放缓、产业结构转型的宏观经济形势，一些风险可能加快暴露。在监管部门审慎严格的监管之下，城市商业银行将更加注重风险管理与资本管理。一是加强不良贷款的防控与化解。强化贷款准入审查，严控房地产、政府融资平台和"两高一剩"等领域信贷投放；坚持贷款全流程管理，加强贷后管理，严格执行不良贷款问责制度；加大贷款减值准备计提力度，提高风险覆盖和补偿能力，持续加大不良资产的清收处置力度。二是完善全面风险管理体系和风险预警机制。积极落实监管要求，强化内控、内审建设，增强一线员工的合规意识和责任意识，筑牢风险底线。三是以新资本协议实施和验收为契机，加强和改善经济资本管理等手段，努力提高资本配置效率和资本充足水平；优先采取优化资产结构、控制风险加权资产增速、提高盈利能力等措施确保资本充足率水平符合监管政策要求，并保持基本稳定。

第十四章　中国农村商业银行

2012 年，在国家政策支持下，农村合作金融机构改制稳步推进，农村商业银行法人机构数量及资产负债规模继续快速增长，营业收入进一步提高，净利润保持增长；"三农"及小微企业服务能力渐进提升，信贷投放力度不减；受经营环境影响，局部地区农村商业银行不良率上升，拨备覆盖率下降。展望 2013 年，农村商业银行机构数量增加及业务规模增长仍将推动资产负债规模继续扩张，营业收入及净利润保持较快增长；在宏观经济整体不确定性及局部地区影子银行风险较大背景下，部分农村商业银行不良率或继续提高；资本充足率提升压力加大；有利的政策导向和农村商业银行固有战略决定了其经营特色将更加突出。

一、2012 年中国农村商业银行发展回顾

（一）资产负债规模及营业收入保持快速增长

受益于国家政策对"三农"金融机构及业务发展的持续支持，农村合作金融机构重组改制稳步推进，截至 2012 年年末，中国农村商业银行法人机构数量达 337 家，较上年末增加 125 家，仍保持较快的增长态势（如图 14 - 1）。在法人机构数量大幅增加、宏观经济平稳增长及自身经营管理能力有所提升等多重因素推动下，中国农村商业银行的资产负债规模继续快速扩张。

截至 2012 年年末，全部农村商业银行资产总额 6.28 万亿元，负债总额 5.78 万亿元，分别比上年增长 47.76% 和 47.45%。有可比数据①农村商业银行资产总额 2.83 万亿元，平均增速 25.65%，负债总额 2.63 万亿元，平均增速 25.86%；其中，贷款余额 1.33 万亿元，平均增速 19.92%，存款余额 2.18 万亿元，平均增速 19.11%（见表 14 - 1）。由于有可比数据农村商业银行存贷款总额平均增速低于资产负债平均增速，农村商业银行总体资产负债规模快速扩张的最主要推动因素仍然是法人机构数量的显著增加。

---

① 有可比数据农村商业银行范畴指对应表格中所列示的农村商业银行，下同。

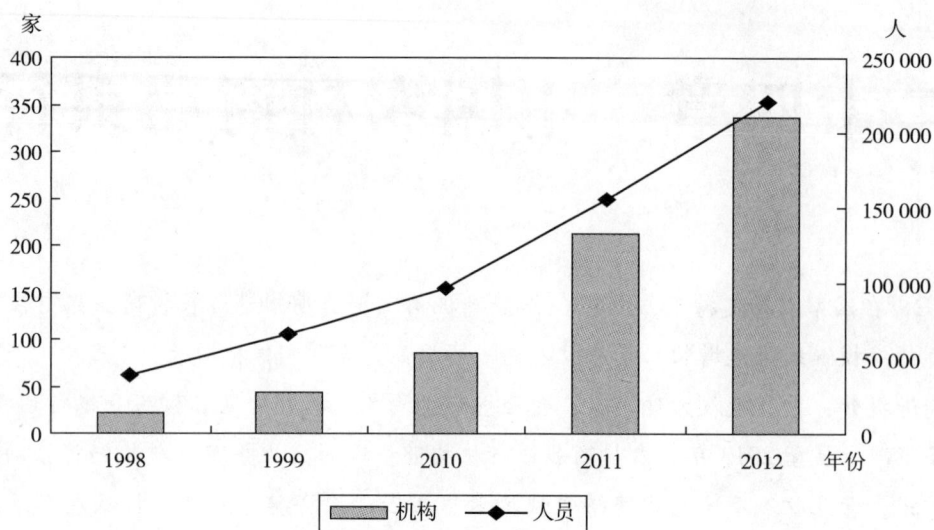

资料来源：中国银监会。

图 14 - 1　1998—2012 年中国农村商业银行法人机构及从业人员数

表 14 - 1　　　　　　　　**2012 年年末部分农村商业银行资产负债、存贷款规模及增速**　　　　单位：亿元、%

银行名称	总资产		贷款		总负债		存款	
	规模	增速	余额	增速	规模	增速	余额	增速
重庆农村商业银行	4 338.2	12.47	1 676.2	20.52	4 015.9	26.76	2 945.1	19.65
北京农村商业银行	4 243.6	25.81	1 930.4	20.74	4 054.8	12.31	3 550.6	5.65
上海农村商业银行	3 619.7	16.79	1 899	17.02	3 323.7	16.68	2 921	18
广州农村商业银行	3 474.6	26.93	1 348.3	13.4	3 230.7	28.04	2 655.1	24.94
天津农村商业银行	2 147.5	42.52	894.6	15.21	2 026.3	44.15	1 421.6	16.39
顺德农村商业银行	1 551.6	12.84	823	14.92	1 419.7	12.38	1 199.8	12.29
武汉农村商业银行	1 125	26.87	627.8	18.22	1 052.2	27.17	951.7	22.22
青岛农村商业银行	1 016	—	630.6	—	926	—	862.4	—
广东南海农村商业银行	838.1	16.49	472.5	13.48	770.4	16.61	740.8	17.06
常熟农村商业银行	741.5	3.49	351.4	14.57	684.2	2.48	589.2	14.69
江阴农村商业银行	733.7	1.76	381.9	13.91	682	31.46	532.7	11.8
张家港农村商业银行	714.8	30.33	304.3	9.65	663.7	0.98	442.4	1.73
大连农村商业银行	597.6	23.44	368.2	19.54	537.8	9.48	517.9	10.83
吴江农村商业银行	571.7	11.01	291.5	16.86	523.5	5.4	469	17.2
昆山农村商业银行	451.1	5.86	235.3	15.05	418.7	11.22	391.5	15.97
广东佛山农村商业银行	420.6	13.34	246.4	12.7	375	15.32	343.2	8.07
宁夏黄河农村商业银行	387.8	19.46	103.2	19.5	357.6	120.04	145.7	38.59
合肥科技农村商业银行	321.9	16.18	175.7	11.99	284.3	11.92	243	18.13

银行名称	总资产		贷款		总负债		存款	
	规模	增速	余额	增速	规模	增速	余额	增速
吉林九台农村商业银行	285.4	78.36	125.3	84.7	258.7	78.7	226.3	62.55
太仓农村商业银行	256.6	39.09	130.7	27.27	235.8	37.29	200	19.85
福建晋江农村商业银行	209.3	39.09	107.7	15.15	188.4	10.37	182.1	8.43
福建莆田农村商业银行	116	11.15	58.4	10.4	106.8	27.89	103.4	27.98
池州九华农村商业银行	91.8	21.8	54.8	27.74	83.2	23.75	80.6	23.31
广东揭阳农村商业银行	79.2	28.44	46.5	25.69	72.8	24.28	70.8	24.15

注：在充分考虑数据可得性前提下，样本银行将不同类型农村商业银行涵盖其中，如以北京、上海等省市级城市为单位改制组建的北京农村商业银行、上海农村商业银行，以武汉等省副省级城市为单位改制组建的武汉农村商业银行，以福建莆田等地市级城市为单位改制组建的福建莆田农村商业银行，以福建晋江等县级城市为单位改制组建的福建晋江农村商业银行等均在其列。而且，样本银行合计总资产占全部农村商业银行总资产规模近50%，大致可代表整体趋势。"—"表示该项数据未获得。

资料来源：各银行年报。

在资产负债规模持续扩张，以及资产负债管理能力有所提升等①相对有利的市场条件下，作为农村商业银行主要收入来源②的利息净收入保持增长。2012 年，受货币政策稳健趋松、人民银行两次下调基准利率及两次下调商业银行存款准备金率等因素综合影响，金融市场整体资金面紧张局面略有缓解，农村商业银行信贷投放平稳增长，加之资产业务议价能力趋强支撑了贷款平均利率相对稳定，在"量增、价稳"双重作用下农村商业银行利息净收入有所增加，其中，有可比数据农村商业银行合计实现利息净收入 678.48 亿元，同比增长 20%。与此同时，作为中间业务收入主要构成项目的手续费及佣金净收入有所增长，其中，有可比数据农村商业银行合计实现手续费及佣金净收入 35.32 亿元，同比增长 5.5%（见表 14 – 2）。

由于主要构成指标均保持增长，2012 年农村商业银行营业收入进一步提高，其中，有可比数据农村商业银行合计实现营业收入 785.6 亿元，同比增长 20.5%。收入结构方面，有可比数据农村商业银行利息净收入占营业收入比重大多仍超过 90%，且占比提升与下降的家数大致各半，并未表现出以往年度大多数农村商业银行收入结构优化的显著特征（见表 14 – 2）。

表 14 – 2　　　　　部分农村商业银行营业收入及其结构变化　　　　单位：亿元、%、个百分点

银行名称	营业收入		利息净收入		手续费及佣金净收入		利息净收入占比	
	2012 年	变动	2012 年	变动	2012 年	变动	2012 年	变动
重庆农村商业银行	136.53	+25.35	130.92	+25.87	4.36	-1.99	95.89	+1.4
北京农村商业银行	110.63	+8.66	76.01	+2.3	5.25	+0.18	68.71	-3.58
上海农村商业银行	108.71	+18.44	98.42	+17.53	7.27	+2.07	90.53	+0.93

---

①　上海农村商业银行 2012 年贷款平均利率为 7.06%，较上年提高 0.85 个百分点；存款平均利率为 2.20%，较上年提高 0.36 个百分点。利差扩大。

②　吉林九台农村商业银行收入结构与他行差异较大。2012 年该行利息净收入占营业收入比重为 44.44%，金融机构往来收入占比 44.24%，二者合计占比 88.68%。

续表

银行名称	营业收入		利息净收入		手续费及佣金净收入		利息净收入占比	
	2012 年	变动	2012 年	变动	2012 年	变动	2012 年	变动
广州农村商业银行	101.34	+20.78	88.54	+20.12	9.85	+0.05	87.37	+2.44
天津农村商业银行	—	—	—	—	—	—	—	—
顺德农村商业银行	50.22	+7.64	46.63	+6.3	2.64	+0.5	92.85	−1.86
武汉农村商业银行	42.54	+7.74	34.17	+5.14	0.41	+0.11	80.32	−3.1
青岛农村商业银行	—	—	—	—	—	—	—	—
广东南海农村商业银行	30.59	+6.4	23.59	+5.89	0.93	+0.09	—	—
常熟农村商业银行	23.35	+3.48	21.9	+3.25	0.56	−0.36	93.79	−0.07
江阴农村商业银行	23.65	+4.39	22.67	+4.27	0.45	+0.04	95.86	+0.32
张家港农村商业银行	20.92	+2.45	18.88	+1.93	0.63	+0.21	90.25	−1.52
大连农村商业银行	19.93	+2.66	19.7	+2.68	0.12	−0.07	98.85	+0.29
吴江农村商业银行	21.06	+3.96	19.72	+3.29	0.62	+0.33	93.64	−2.44
昆山农村商业银行	15.06	+1.06	14.2	+0.91	0.45	−0.05	94.29	−0.64
广东佛山农村商业银行	16.07	+1.62	14.81	+1.45	0.27	−0.1	92.16	−0.3
合肥科技农村商业银行	9.11	+2.05	6.53	+1.62	0.1	0	71.68	+2.13
吉林九台农村商业银行	19.78	+8.53	8.79	+3.5	0.86	+0.63	44.44	−2.58
太仓农村商业银行	9.01	+1.84	8.74	+1.8	0.18	−0.01	97	+0.21
宁夏黄河农村商业银行	12.2	+2.77	9.75	+2.28	0.13	+0.19	79.92	+0.7
福建晋江农村商业银行	—	—	—	—	—	—	—	—
福建莆田农村商业银行	6.37	+1.83	6.22	+1.78	0.13	+0.04	97.65	−0.15
池州九华农村商业银行	3.49	+0.76	3.4	+0.78	0.04	−0.03	97.42	+1.45
广东揭阳农村商业银行	5.04	+1.14	4.89	+1.07	0.07	+0.02	97.02	−0.92

资料来源：各银行年报。

（二）盈利能力继续增强

2012 年，利率市场化加快推进，农村商业银行为应对利率市场化为其业务发展带来的潜在影响，重点控制和压减成本，部分农村商业银行适时启动了集约化经营、精细化管理战略部署，致力于经营管理能力的提升。截至 2012 年年末，北京农村商业银行、武汉农村商业银行、大连农村商业银行、晋江农村商业银行等有可比数据的农村商业银行成本收入比指标大多出现下降，说明有可比数据农村商业银行费用投入转化为收入的能力进一步增强，经营效率保持升势（见表 14 −3）。

表 14 −3　　　　　　　　2012 年部分农村商业银行盈利能力及成本收入比指标　　　单位:%、个百分点

银行名称	ROA		ROE		成本收入比	
	2012 年	变动	2012 年	变动	2012 年	变动
重庆农村商业银行	1.24	+0.01	16.69	+1.52	37.7	+1.06
北京农村商业银行	0.81	+0.18	18.46	—	43.89	−0.8
上海农村商业银行	1.14	+0.01	14.14	+0.96	39.39	+0.69
广州农村商业银行	1.32	+0.12	17.84	+1.47	31.45	−0.37
顺德农村商业银行	1.63	+0.01	19.54	−0.17	31.31	+0.34
武汉农村商业银行	1.65	+0.26	24.8	+4.33	29.28	−1.33

银行名称	ROA		ROE		成本收入比	
	2012 年	变动	2012 年	变动	2012 年	变动
张家港农村商业银行	—	—	19.98	−1.83	26.54	−0.96
大连农村商业银行	0.96	−0.08	10.17	−10.45	44.71	−3.58
吴江农村商业银行	1.58	−0.05	19.1	−0.15	31.38	—
昆山农村商业银行	1.41	+0.08	—	—	24.72	−1.07
太仓农村商业银行	1.42	−0.02	18.63	−3	32.54	−0.63
福建晋江农村商业银行	—	—	14.26	+0.99	32.68	−0.78
广东揭阳农村商业银行	—	—	15.3	+0.85	30.65	−1.92

注：表中对应指标数据无法获得的样本银行未列出，下同。

资料来源：各银行年报。

　　在收入快速增长、成本有效压减的双重作用下，农村商业银行盈利能力继续增强。截至2012 年年末，全部 337 家农村商业银行实现净利润 782.8 亿元，其中，有可比数据农村商业银行合计实现净利润 227.8 亿元，平均增速 62.04%，且大部分农村商业银行净利润均超过上年（如图 14-2）。年末农村商业银行整体 ROA（资产收益率）和 ROE（资本收益率）指标分别为1.25% 和 15.94%，分别较上年提高 0.05 个百分点和 0.51 个百分点[①]，且有可比数据农村商业银行 ROA、ROE 指标大多有所上升，如上海农村商业银行 ROA、ROE 指标分别比上年提高 0.01个百分点和 0.96 个百分点；武汉农村商业银行 ROA、ROE 指标分别比上年提高 0.26 个百分点和 4.33 个百分点；昆山农村商业银行 ROA 指标较上年提高 0.08 个百分点（见表 14-3）。

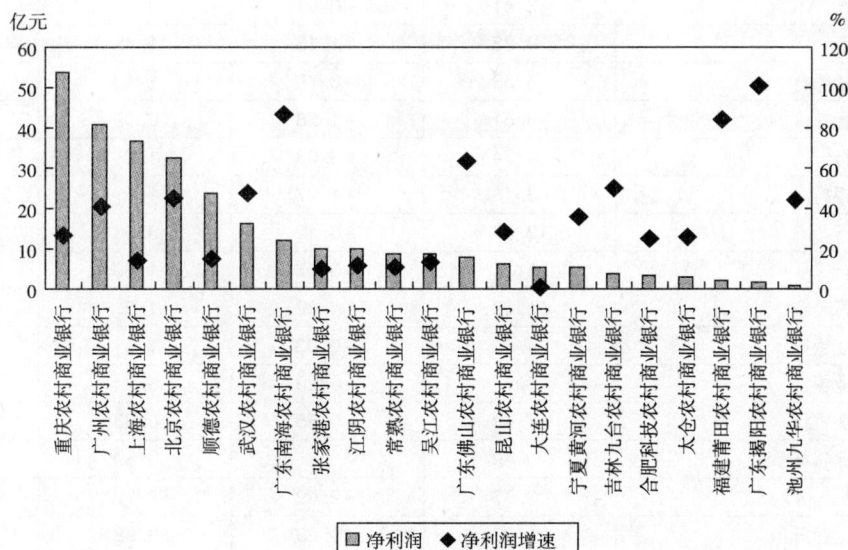

资料来源：各银行年报。

图 14-2　2012 年部分农村商业银行净利润及其增速

---

① 数据计算未考虑因农村商业银行法人机构数量增加产生的影响。

（三）信贷资产潜在风险初步暴露

2012 年，受世界经济低迷及我国经济增速放缓等因素影响，部分行业和区域的企业生产与经营出现困难，资金链断裂引发的企业老板"跑路"现象接连发生，农村商业银行信贷资产潜在风险加速暴露。

1. 不良贷款率上升。截至 2012 年年末，农村商业银行不良贷款余额 563.7 亿元，同比增加 65.3 亿元，增幅近 20%；不良贷款率 1.8%，同比上升 0.2 个百分点。其中，有可比数据农村商业银行合计不良贷款余额同比增长 7.9%，低于农村商业银行整体增幅。从有可比数据农村商业银行个体变化看，受长三角地区部分企业经营困难及资金链条绷紧甚至断裂影响，昆山农村商业银行、太仓农村商业银行等农村商业银行的不良额、不良率均上升，如受钢贸、光伏等行业风险暴露影响，上海农村商业银行不良额、不良率分别较上年末提高 5.04 亿元、0.09 个百分点，出现"双升"（见表 14-4）。

表 14-4　　　　　　2012 年部分农村商业银行不良额和不良率　　　单位：亿元、%、个百分点

银行名称	不良额		不良率	
	2012 年	变动	2012 年	变动
重庆农村商业银行	16.96	-3.86	0.98	-0.46
北京农村商业银行	48.49	-10.51	2.39	-1.09
上海农村商业银行	24.54	+5.04	1.26	+0.09
广州农村商业银行	9.87	—	0.71	+0.12
顺德农村商业银行	3.41	-0.01	0.41	-0.07
武汉农村商业银行	9.23	+1.13	1.47	-0.05
广东南海农村商业银行	5.53	-0.79	1.13	-0.34
常熟农村商业银行	3.51	+1.38	0.99	+0.3
江阴农村商业银行	4.74	+3.03	1.2	+0.72
张家港农村商业银行	3.16	+1.27	1	+0.31
大连农村商业银行	13.87	+5.12	3.56	+0.94
吴江农村商业银行	5	+3.07	1.66	+0.67
昆山农村商业银行	4.68	+4.32	1.9	+1.73
广东佛山农村商业银行	4.62	+0.33	1.81	-0.07
宁夏黄河农村商业银行	3.58	-0.29	3.2	-1.21
合肥科技农村商业银行	1.49	+0.55	0.83	+0.2
吉林九台农村商业银行	0.49	—	0.59	-0.01
太仓农村商业银行	3.77	+2.49	2.72	+1.76
福建晋江农村商业银行	1.06	+0.29	0.98	+0.19
福建莆田农村商业银行	0.73	+0.14	1.25	-0.02
池州九华农村商业银行	0.89	-0.05	1.59	-0.52
广东揭阳农村商业银行	1.05	-0.13	2.18	-0.75

资料来源：各银行年报。

2012 年，长三角以外区域市场条件相对稳定，域内有可比数据农村商业银行不良贷款率反

弹压力并未凸显，如武汉农村商业银行、广东佛山农村商业银行、福建莆田农村商业银行不良率均下降，北京农村商业银行、重庆农村商业银行、顺德农村商业银行、广东揭阳农村商业银行、宁夏黄河农村商业银行不良额、不良率"双降"（见表14-4）。

结合有可比数据农村商业银行资产质量变化及外部经营环境看，2012年农村商业银行不良贷款余额显著增加主要是法人机构数量大幅增加所致；而不良率出现上升则可能是由局部地区信贷资产潜在风险暴露引起。

2. 贷款集中度略升。相对于其他类型商业银行，农村商业银行经营区域、业务拓展的地理空间及市场资源相对有限，致使其目标客户群体相对集中。2012年，在长三角等地区和部分行业的企业出现经营困境的外部经营环境下，农村商业银行整体信贷资产质量下降，农村商业银行可营销拓展的客户群体相对进一步收窄，致使部分有可比数据农村商业银行在新增信贷仍保持增长的情况下，贷款行业集中度及客户集中度有所上升①（见表14-5）。

表14-5　　　　　　　　　　2012年部分农村商业银行风险集中度变化　　　　　　　　单位:%

银行名称	前五大行业贷款比例		单一最大客户贷款比例（≤10%）		最大十家客户贷款比例（≤50%）	
	2012年	2011年	2012年	2011年	2012年	2011年
重庆农村商业银行	—	—	6.27	6.95	47.68	—
上海农村商业银行	—	—	4.76	4.12	28.36	31.35
广州农村商业银行	82.43	71.84	8.79	—	44.38	
顺德农村商业银行	90.18	90.22	7.28	6.58	—	
武汉农村商业银行	—	—	8.05	6.83	46.25	59.43
广东南海农村商业银行	—	—	8.1	7.17	62.07	51.14
常熟农村商业银行	69.42	72.57	2.37	3.88	21.2	24.89
张家港农村商业银行	71.09	62.16	7.17	4.53	39.68	36.8
江阴农村商业银行	92.44	91.12	—	—	—	
吴江农村商业银行			7.03	7.08		
昆山农村商业银行	87.83	86.93	—	—		
宁夏黄河农村商业银行	86.87	79.46				

资料来源：各银行年报。

3. 资本充足率提高，拨备覆盖率下降。2012年，农村商业银行继续借助中长期债券市场筹集资本，优化资本结构，并持续通过申请专项票据、置换不良贷款等方式缓解资本金补充压力，北京农村商业银行、上海农村商业银行、常熟农村商业银行、江阴农村商业银行、福建莆田农村商业银行等大部分有可比数据农村商业银行资本充足率、核心资本充足率均提高（见表14-6）。

———————————

① 客户贷款比例是客户贷款余额与资本净额之比。

但同时，由于农村商业银行不良贷款余额有所增加，上年整体较高水平的拨备覆盖率出现下降，其中，有可比数据农村商业银行平均拨备覆盖率249.1%，比上年下降34.87个百分点，且大部分有可比数据农村商业银行拨备覆盖率均低于上年，尤其是不良资产出现显著反弹的长三角地区农村商业银行拨备覆盖率降幅相对较大。如江阴农村商业银行、太仓农村商业银行、吴江农村商业银行拨备覆盖率同比分别下降276个百分点、216.63个百分点和138.62个百分点（见表14-6）。

表14-6　　　　　　　　2012年部分农村商业银行资本充足率及拨备覆盖率　　　　　　单位:%、个百分点

银行名称	资本充足率		核心资本充足率		拨备覆盖率	
	2012年	变动	2012年	变动	2012年	变动
北京农村商业银行	15.12	+0.25	—	—	197.43	+41.37
上海农村商业银行	17.07	+0.95	13.96	+0.60	224.79	-30.3
广州农村商业银行	13.97	+0.05	11.56	-1.25	346.53	-5.81
顺德农村商业银行	16.38	-0.03	14.80	+0.14	647.74	+97.18
武汉农村商业银行	13.58	+1.96	9.07	+0.1	287.28	+25.37
广东南海农村商业银行	15.29	-1.65	12.75	-1.90	285.91	+79.34
常熟农村商业银行	14.74	+1.05	13.05	+0.76	358.58	-74.02
江阴农村商业银行	15.37	+2.25	13.04	+2.17	260	-276
张家港农村商业银行	14.21	+0.9	13.64	+0.84	26.54	-0.96
大连农村商业银行	15.68	+1.21	12.88	+1.72	150.23	-66.62
吴江农村商业银行	13.59	-0.57	11.90	-0.12	220.28	-138.62
昆山农村商业银行	15.65	+2.96	12.00	+2.75	—	—
广东佛山农村商业银行	17.17	-3.97	15.96	-3.91	186.79	-4.67
宁夏黄河农村商业银行	19.76	-4.44	24.12	-5.88	238.49	+68.93
合肥科技农村商业银行	23.87	—	23.12	—	304.54	—
太仓农村商业银行	16.61	+2.89	13.7	+3.32	173.37	-216.63
福建莆田农村商业银行	12.59	+0.12	12.6	+1.57	263.04	-66.03
池州九华农村商业银行	14.06	-2.63	14.24	-2.67	172.79	+18.39
广东揭阳农村商业银行	15.27	+1.18	14.6	+0.69	176.43	+26.43

资料来源：各银行年报。

（四）"三农"金融服务能力再获提升

2012年，农村商业银行充分发挥支农主渠道和主力军作用，继续突破经营地域约束，努力创新金融产品与服务，加大信贷支持力度，不断满足"三农"新需求。

1. 拓宽"三农"金融服务覆盖面。2012年，农村商业银行以"申设村镇银行、增设机构网点"的双轮驱动战略落实监管部门政策精神，继续突破经营地区约束，拓展"三农"金融服务覆盖面。上海农村商业银行在山东、湖南和云南批量发起设立了32家村镇银行，实现了"东、中、西有机结合，一南一北遥相呼应"的多元化跨区域发展格局。截至年末，33家开业村镇银行各项存款余额84亿元，各项贷款余额39.4亿元；同时，"三年建设100家金融便利店"的阶

段性发展目标顺利实现，"三农"金融服务覆盖全市各区县。广州农村商业银行在山东、河南、北京等新设7家村镇银行，截至年末已开业村镇银行达22家，各项存款余额合计56.4亿元，同比增长129%，各项贷款余额合计46.8亿元，同比增长167%。

2. 创新"三农"特色金融产品及服务。宁夏黄河农村商业银行重点推广集"一次核定、随用随贷、余额控制、周转使用"等优势于一身的"黄河富农卡"，创新"企业+农户"、"农投公司+企业"、"资产抵押+法定代表人保证或关联企业保证"、"上下游企业+专业市场公司+行业协会"等多种担保方式，并依托粗具规模并日益完善的电话银行、网上银行等新型服务渠道，为"三农"客户提供便捷的金融服务。武汉农村商业银行拓宽土地经营权抵押贷款、林权贷款等创新业务品种的投放范围，创造性地运用水域滩涂经营权抵押贷款化解"三农"融资难题。

3. "三农"信贷规模快速增长。武汉农村商业银行围绕本市新城区"工业倍增"计划的加紧实施、城镇化的稳妥推进以及现代都市农业的发展需求，以春耕生产、现代都市农业、以农田水利为主的农村基础设施建设、农业产业化经营、新农村建设和农村消费等为信贷支持重点，截至2012年年末，"三农"贷款余额达290亿元，同比增长近30%，高于各项贷款增幅12个百分点；宁夏黄河农村商业银行涉农贷款余额为24.4亿元，同比增速高于各项贷款增幅22.6个百分点。

（五）小微企业金融服务再获突破

2012年，农村商业银行继续强化和凸显服务小微企业的战略定位，在已有渠道、产品、机制与流程基础上，进一步加大创新和信贷投放力度，强化小微企业专业化经营、专属化服务的特色优势。

1. 创新小微企业专属服务体系及流程。重庆农村商业银行按小微业务"专有制度、专有产品、专有流程、专有考核"思路，着手产品创新及配套操作规程完善，有针对性地推出"商易贷"系列小微企业专属信贷产品，并分别配套操作规程，形成小微企业专属服务体系。同时，推出"调查审查同时进行、评级授信同时上报、支用出账同时申请"的小微企业专有流程。

2. 小微企业金融支持方式获得新突破。为优化负债期限结构、构建资金来源多元化的长效机制，上海农村商业银行在全国银行间债券市场成功发行总额为50亿元人民币、3年期固定利率的小微企业专项金融债券，成为全国首家成功发行小微金融债券的省级农商银行，小微企业金融支持方式获得新的突破。

3. 小微企业金融服务针对性增强。武汉农村商业银行紧跟区域经济结构调整步伐和产业发展规划，加大对科技型小微企业的服务力度，在东湖国家自主创新示范区内成立专门的科技金融专营机构——光谷支行科技金融服务中心，积极探索科技金融的新机制、新模式。截至2012年年末，光谷支行科技金融中心贷款余额已达71亿元。为对接张江"一区十八园"先进制造业、现代服务业和战略性新兴产业客户，深化科技金融服务，上海农村商业银行成立了张江科技支行，小微企业服务针对性更加突出。

4. 小微企业信贷增速相对较快。截至 2012 年年末，有可比数据农村商业银行小微企业贷款平均增速 33.1%，高于可比样本银行贷款平均增速 16.5 个百分点（见表 14-7）。如武汉农村商业银行小微企业贷款余额近 230 亿元，同比增长 45%，增速高于全部贷款增幅 27 个百分点；顺德农村商业银行中小企业贷款余额达 553.9 亿元，同比增长 19.9%，增速高于企业贷款增速 10 个百分点。

表 14-7　　　　　　　　　　　部分农村商业银行小微企业贷款余额及增速　　　　　　　单位：亿元、%

银行名称	小微企业贷款		贷款增速
	余额	同比增速	
上海农村商业银行	1 222	29.04	17.02
顺德农村商业银行	553.89	19.94	14.92
武汉农村商业银行	229.3	45	18.22
大连农村商业银行	—	15.6	19.54
昆山农村商业银行	175.29	13.75	15.05
宁夏黄河农村商业银行	39.03	72.03	19.5
合肥科技农村商业银行	48.36	36.65	11.99

注：各行小微企业口径不完全相同。
资料来源：各银行年报。

二、2013 年中国农村商业银行发展展望

（一）农村商业银行法人机构数量增加将助推资产负债规模继续增长

2012 年，银监会进一步强调"要全面取消资格股，鼓励符合条件的农村信用社改制组建为农村商业银行；不再组建新的农村合作银行，现有农村合作银行要全部改制为农村商业银行"。加快农村金融改革是"十二五"时期中国金融业改革发展的重点内容。2013 年，出于银行业可持续发展及规范运作考虑，地方政府和监管部门将继续通过增资、扩股，化解历史遗留问题等多种手段，支持地方信用社改制，符合重组改制条件的农村信用社还会增加，更多的农村信用社、农村合作金融机构将陆续改制为农村商业银行，以 2012 年年末 1 927 家农村信用社、147 家农村合作银行的发展现状看，农村商业银行法人机构数量的扩张潜力依然非常巨大。从法人机构数量增加的外生推动看，2013 年农村商业银行资产负债规模仍将保持较快的扩张速度。

（二）业务规模快速增长及自身经营效率提升为农村商业银行营业收入及利润增长创造条件

未来一段时期，随着国家支持"三农"、新型城镇化等政策潜在效应的有序释放，我国县域

经济、固定资产投资增速均有望持续快于全国同类指标水平，农村商业银行信贷等业务规模增速仍将保持高于银行业整体平均水平的发展势头，农村商业银行利息净收入仍将快速增长。同时，随着"强县扩权"①、产业分工调整与产业转移等的不断深入，以及利率市场化、金融脱媒、同业竞争等进入更深层次，地方县域经济对金融服务的需求也将更为迫切和日益多元化，为县域支行的发展和业务扩张创造了大量机会和可能。农村商业银行必将依托产品创新、电子银行渠道分流、客户细分等为客户提供更具针对性的产品和服务，以拓宽非利息收入来源。总体而言，在县域经济快速增长及自身产品与服务日益多样化的转型进程中，农村商业银行营业收入仍将保持快速增长。

从经营管理集约化水平看，部分区域农村商业银行成本收入比指标一般高于对应区域内城市商业银行，如北京农村商业银行成本收入比高于北京银行18个百分点，上海农村商业银行成本收入比高于上海银行6个百分点（如图14-3），说明农村商业银行经营管理仍相对粗放，经营效率具有较大的提升空间。近年来，因利率市场化进程加快推升负债成本，农村商业银行逐渐意识到集约化经营、精细化管理在现代商业银行管理中的重要性，部分农村商业银行着力于通过内部流程再造、IT系统改造、人力资源管理体制革新等强化集约化办银行的发展理念，将压缩营业支出列入重点专项。2013年，农村商业银行有望在收入总量快速增长、成本支出趋降的双重影响下，保持净利润的快速增长，盈利能力进一步增强。

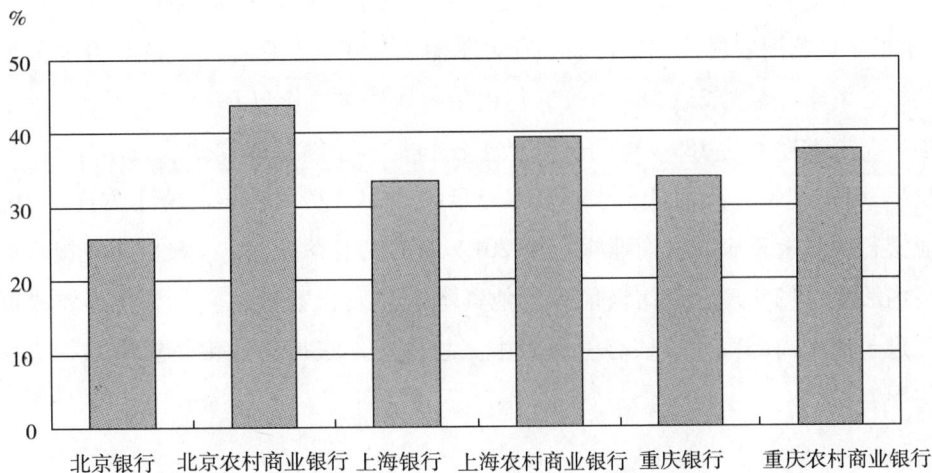

资料来源：各银行年报。

图 14-3　2012 年部分区域农村商业银行与城市商业银行成本收入比比较

---

① 所谓"强县扩权"或省直管县改革，是把省、市两级的部分审批权下放至县，使县级政府拥有更多的自主发展权，革除城乡关系管理弊端，加速县域经济发展，加快推进"城乡统筹"进程。

（三）不良率可能继续提高

2013 年，农村商业银行不良资产反弹压力仍然较大。2012 年，农村商业银行不良资产反弹主要是国内外整体经济形势不景气，致使部分区域和行业的企业经营困境浮现，进而信用风险上升引发不良贷款"双升"。在世界经济及中国宏观经济整体不确定性仍未完全消除、东部某些地区影子银行风险依然较大的背景下，因信贷资产区域与客户相对集中而致使风险分散度较低的农村商业银行，2013 年不良贷款的潜在反弹压力仍然存在。

但同时，农村商业银行不良贷款大幅反弹的概率并不大。原因在于：一方面，宏观经济下行压力仍然较大、外汇储备及外汇占款增长大幅放缓背景下，央行可能会以相对宽松的货币政策抑制经济周期性下滑，改善企业资金链紧张局面，进而有利于缓解农村商业银行信贷资产风险暴露压力。另一方面，为应对潜在风险隐患，部分银行已建立不良贷款信息周报、大额不良贷款情况分析等定期报告制度，并充分运用拍卖资产、抵债、协商还款等多种处置手段清收存量不良贷款。尤其是针对部分行业或企业的风险暴露，不良资产反弹压力较大的东部地区农村商业银行成立了专门处置团队，有针对性地化解风险。

（四）资本充足率提升面临压力

从资本结构看，中国农村商业银行的资本以核心资本为主，二级资本（附属资本）较少，部分二级资本过低的农村商业银行，资本充足率甚至低于核心资本充足率（如图 14-4），如截至 2012 年年末宁夏黄河农村商业银行核心资本总额为 284 603 万元，扣除 53 019 万元核心资本扣减项后的核心资本净额为 231 584 万元，但由于附属资本总额仅有 11 172 万元，在扣除对应的资本扣减项后，资本净额为 189 736 万元，低于核心资本净额，即"附属资本净额"[①] 为负，导致资本充足率（19.76%）反而低于核心资本充足率（24.12%）。核心资本方面，由于中国 337 家农村商业银行中只有重庆农村商业银行于 2012 年实现了香港 IPO，农村商业银行的资本补充难以通过境内股票市场实现，而次级债等其他资本工具发行数量也较少，使得农村商业银行核心资本补充过于依赖内部留存等核心一级资本。总体上，农村商业银行资本结构失衡，核心一级资本占主导。

---

① 根据银行年报推算。

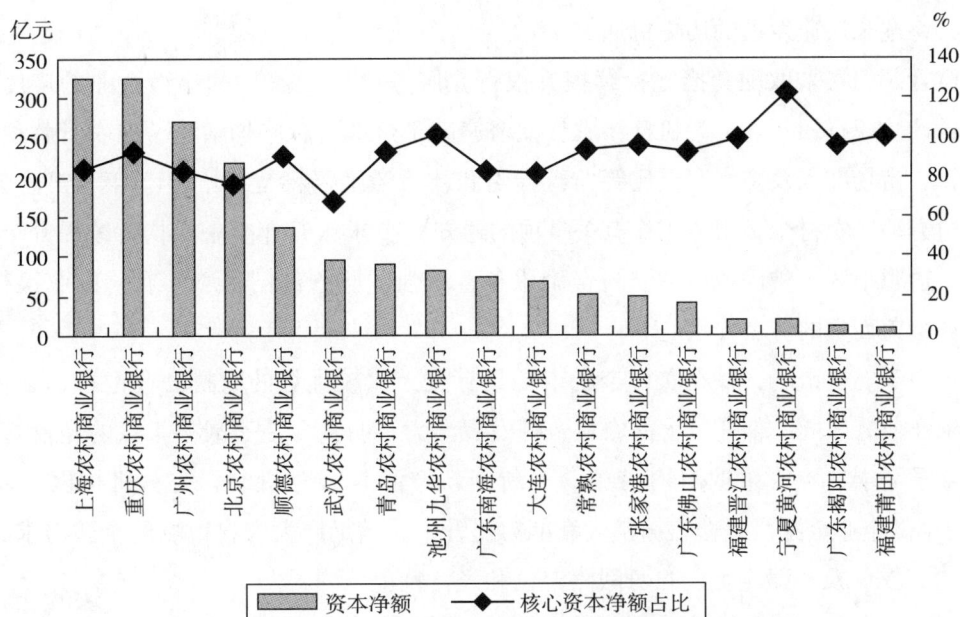

资料来源：各家银行年报。

图 14 - 4　2012 年年末部分农村商业银行资本结构现状

展望2013年，农村商业银行资本充足率提升面临压力。一是2012年6月银监会发布的《商业银行资本管理办法（试行）》，自2013年1月1日起开始施行。从办法要求看，2013年部分农村商业银行发行的外源性资本工具不再符合要求，加之新增的操作风险资本要求及信用风险权重调整，农村商业银行整体资本充足率面临下行压力。二是已实现或着手公开上市的农村商业银行数量占农村商业银行整体比重还较低①，短期内农村商业银行通过股票市场、资本补充工具创新等外源融资渠道的可能性较小。三是虽然2012年银监会发布的《关于鼓励和引导民间资本进入银行业的实施意见》，明确了民间资本进入银行业与其他资本遵守同等条件，但诸如审批等相关配套措施的制约仍广泛存在，依靠民间资本提升农村商业银行资本充足率的渠道仍不通畅。四是农村商业银行收入结构仍以利息净收入为主体，中间业务收入比例偏低，信贷增速及收入水平受宏观经济波动影响较大，作为主要资本来源的利润留存面临较大的不确定性。

（五）战略定位及经营特色将更加突出

按国家战略部署，新型城镇化、农业现代化必将成为引领未来中国经济增长不可或缺的有效载体，各级财政用于"三农"的支出及固定资产投资对"三农"的投入，尤其是现代农业、

---

① 若在银监会排队等待上市的5家农村商业银行均实现公开上市，我国公开上市的农村商业银行将达到6家，合计占农村商业银行总数的1.8%。

重点城镇的资金投入有望持续增长。作为促进经济增长、增加就业和科技创新等重要主力军的小微企业必将迎来快速发展的历史机遇。

银行监管部门将采取配套措施持续提升银行业服务于"三农"和小微企业的广度、深度、力度及有效性。现行银行业金融机构涉农贷款增速高于全部贷款平均增速、涉农贷款税收优惠、差别化监管、市场准入及弹性存贷比等监管指引和政策激励仍将持续。2012年，银监会《关于做好老少边穷地区农村金融服务工作有关事项的通知》要求银行业金融机构持续提升革命老区、民族地区、边疆地区、贫困地区的农村金融服务，增强了监管部门在引导农村商业银行提高农村金融服务覆盖面中的应有作用。

长期扎根于农村市场，并在农村金融市场具有先天比较优势的农村商业银行，必将顺应国家政策要求及监管导向，依托巨大的农村金融发展潜力，明晰专注于战略重点的经营管理策略，适应农村金融需求特点，采取有力措施，不断创新产品与服务机制，完善机构网点功能，在"三农"与小微企业金融服务覆盖面扩大和能力提升中，满足广大农村市场的金融需求，更加突出服务于"三农"及小微企业的自身战略定位和经营特色。

与此同时，在此前陆续提出打造"社区银行"的基础上，部分农村商业银行将逐步确立并突出"社区银行"的战略重点和经营特色。如武汉农村商业银行将长期践行"以网点为轴心画半径"战略，按"资金运用社区化、机构设置周边化、服务方式便利化、经营特色个性化"要求，打造"区域中心型、社区合作型、专业市场型、人工智能型"社区银行。上海农村商业银行将依托新三年战略规划，突出社区性便民银行基本定位，围绕社区居民生活、就业创业、财富增值等需求，以金融便利店等专营网点、财富管理中心为支撑，打造社区金融服务品牌，不断探索社区性银行经营模式，满足社区居民金融需求。

第十五章　中国境内外资商业银行

2012 年，中国境内外资商业银行整体机构扩张势头缓慢，但主要外资银行①渠道扩张持续，从业人员增加；资产负债规模受存贷款增加放缓影响，增速双双下降且市场占比进一步萎缩；中间业务个别领域较为活跃，参与金融市场业务热情高涨；不良贷款额反弹，盈利能力较弱，税后利润出现负增长。展望 2013 年，境内外资银行机构扩张总体不会有太大的变化，会通过加大吸存力度，推进资产负债业务增长，盈利状况会有所改善，中间业务关键领域将会有所突破，适合于自身特点的特色化经营将会更受重视。

一、2012 年境内外资商业银行发展回顾

（一）机构扩张总体趋缓，发展呈分化趋势

2012 年，受世界宏观经济形势依然低迷、欧债危机升级以及各个国家对银行业监管趋严等因素影响，国际大型银行在世界范围内机构铺设方面显示出较为保守的态度和收缩态势。受整体趋势影响，外资银行在国内的机构扩张势头继续在低位徘徊且有所放缓。

1. 新进入中国市场的机构数量减少。近年来新进入中国市场的外资银行逐年减少，2012 年新进入中国市场的外资银行机构数仅有 3 家，即新增加了一家外国银行分行、一家独资银行和一家合资银行。自 2006 年至 2010 年的外资银行快速法人化以后，势头明显减弱，2011 年没有增加新的外资银行法人机构，而 2012 年仅仅新增了 2 家法人机构。

截至 2012 年年底，中国境内外资银行营业机构总数为 412 家，同比增加 25 家，增速为 6.46%，比 2011 年降低 1.04 个百分点（如图 15 - 1）。在机构性质方面，有 49 个国家和地区的银行在华设立了 42 家外资法人机构、95 家外国银行分行和 197 家代表处。截至 2012 年年底，外资银行在中国 27 个省（市、区）的 59 个城市设立了机构，初步形成具有一定覆盖面和市场

---

① 指已经进入中国市场的外资银行，主要包括汇丰银行（中国）有限公司（后文均简称汇丰中国）、花旗银行（中国）有限公司（后文均简称花旗中国）、渣打银行（中国）有限公司（后文均简称渣打中国）、东亚银行（中国）有限公司（后文均简称东亚中国）、恒生银行（中国）有限公司（后文均简称恒生中国）、星展银行（中国）有限公司（后文均简称星展中国）等。

深度的总行、分行、支行服务网络。

表 15－1　　　　　　在华外资银行业金融机构及构成情况（2008—2012 年）　　　　　单位：家

项目		2008 年	2009 年	2010 年	2011 年	2012 年
外国银行分行		116	95	90	94	95
独资银行	法人机构总行	28	33	37	37	38
	分行及其附属机构	157	199	223	245	267
	小计	185	232	260	282	305
合资银行	法人机构总行	2	2	2	2	3
	分行及其附属机构	6	7	7	8	8
	小计	8	9	9	10	11
独资财务公司		2	2	1	1	1
营业机构总数		311	338	360	387	412

资料来源：中国银监会。

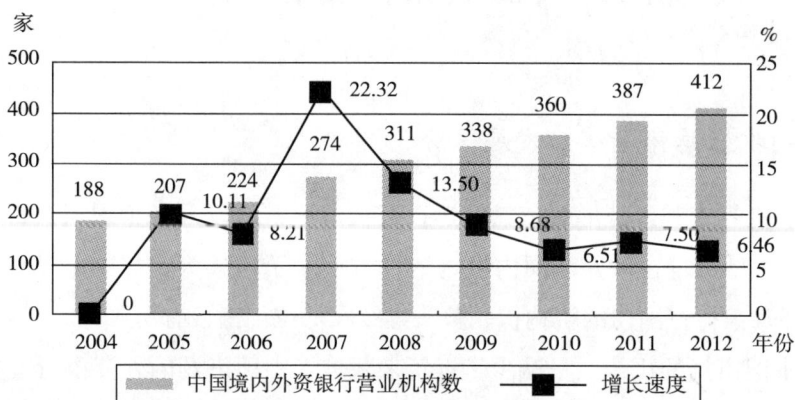

资料来源：中国银监会。

图 15－1　2004—2012 年中国境内外资银行营业机构数量及增长情况

2. 主要外资银行机构扩张步伐出现分化。外资银行本地法人化以来，由于其母体集团所处环境不同，故其在中国网点扩张方面也出现分化。如汇丰中国 2012 年新设机构 28 家，网点达 145 家，其网点扩张步伐有加快之势，是当年国内新增网点最多的外资银行；渣打中国紧追汇丰中国的步伐，新设 19 家机构，虽然相比 2011 年步伐有所放慢，但网点数已达 100 家，在国内外资银行中排名第三；东亚中国当年新设机构 10 家，网点数达 114 家，仅次于汇丰中国。相比于上述三家外资银行，花旗中国新增网点仅 3 家，网点数达 48 家。从主要外资银行网点变化看，虽然其新设分行大多填补区域空白，布局于中西部，但新设支行大多仍继续布局于东部发达地区（见表15－2）。

表15－2　　　　　　　　　　国内主要外资银行机构分布及新设情况表

外资银行	机构布局	2012年变化
汇丰中国	目前，汇丰中国共有145家网点，其中28家分行。	当年新增28家网点。新设哈尔滨、唐山、南宁共3家分行，另新设了25家支行。
花旗中国	花旗中国共有48家网点，另还设有四家贷款公司。	当年新增设3家网点，均为支行，无新设分行。
渣打中国	在国内有100家网点。拥有23家分行、76家支行和1家村镇银行。	当年新设19家网点，新设了长沙、济南和福州3家分行，另新设了16家支行。
东亚中国	在国内有114个网点，包括上海总部，25家分行和88家支行，覆盖内地32个城市。	当年新设机构10家，设立了宁波、昆明2家分行，另新设8家支行
恒生中国	在国内共有网点46个，包括总部、12家分行和34家支行。	当年新设6家支行，其中新设了厦门分行，另新设5家支行。
星展中国	共有分支行机构30个。	新增设5家网点，均为支行，无新设分行。

资料来源：各家银行网站。

3. 外资金融机构①从业人员稳步增加。在欧债危机逐步扩大，大多数欧洲银行大幅裁员的形势下，在中国的外资银行并没有裁员，相反却加大员工的招聘力度。截至2012年年底，外资金融机构共有从业人员44 560人，占全部银行业金融机构人员总数的1.33%，同比增加8 543人，增长率为23.72%，远高于大型国有控股商业银行、政策性银行的从业人员增长率。其中，汇丰中国雇员超过5 000人；东亚中国的员工总数超过4 331人；恒生中国的全职员工1 883人。

4. 对中资银行减持趋势渐弱，积极补充自设机构资本金。进入2012年，外资银行减持国内商业银行股份趋势明显减弱。主要有花旗集团减持2.71%的浦东发展银行股票；摩根大通减持中信银行；黑石减持招商银行港股；瑞银（UBS）减持民生银行港股等。实际上截至2012年年末，除汇丰控股仍持有交通银行18.70%的H股外，外资银行战略投资国内五大商业银行股份已基本减持完毕，再减持的空间已变得很小（见表15－3）。截至2012年年底，仍有5家上市银行十大股东中有外资行持有其A股股份，分别是德意志银行持有华夏银行总股份的17.49%；荷兰ING集团持有北京银行总股本的13.64%；新加坡华侨银行持有宁波银行总股本的13.74%；恒生银行持有兴业银行总股本的12.8%；法国巴黎银行持有南京银行总股本的14.74%。

表15－3　　　　外资银行持有国内商业银行股份情况表（截至2012年年底）　　　　单位：亿股、%

银行	外资银行股东	2011年年末	占比	2012年年末	占比	备注
建设银行	淡马锡控股	226.55	9.06	178.79	7.15	H股
	美国银行	20.00	0.80	20.00	0.80	H股

---

① 外资金融机构包括外资或合资保险公司、外资或合资财务公司、外资或合资基金、外资或合资其他投资产品、外资或合资企业年金、外资或合资汽车金融公司、外资或合资证券公司和外资银行。

续表

银行	外资银行股东	2011 年年末	占比	2012 年年末	占比	备注
中国银行	东京三菱日联	5.20	0.19	5.20	0.19	H 股
农业银行	渣打银行	12.17	0.37	12.17	0.37	H 股
交通银行	汇丰控股	115.31	18.63	138.86	18.70	H 股
中信银行	西班牙对外银行	70.18	15.00	70.18	15.00	限售 H 股
	瑞穗实业银行	0.82	0.18	0.82	0.18	H 股
浦发银行	花旗集团	5.06	2.71	无	无	A 股
兴业银行	恒生银行	13.80	12.80	13.80	12.80	A 股
华夏银行	德意志银行	11.98	17.49	11.98	17.49	限售 A 股
北京银行①	荷兰银行	10.00	16.07	12.00	13.64	A 股
南京银行	法国巴黎银行	3.76	12.68	4.37	14.74	A 股
宁波银行	新加坡华侨银行	3.96	13.74	3.96	13.74	限售 A 股

资料来源：上市银行年报。

相对于外资银行减持其中资银行股份，外资银行对其境内法人机构资本金的补充增加更引人关注。自 2011 年 8 月外资银行以人民币增资试点启动以来，在国内掀起了一股增资的热潮。2011 年，汇丰中国增资 28 亿元人民币，使注册资本增至 108 亿元；苏格兰皇家银行中国将注册资本由 40 亿元增至 45 亿元人民币；渣打中国获批注册资本由 87.27 亿元增至 107.27 亿元人民币。2012 年这股热潮继续，南商中国将注册资本增至 65 亿元人民币，星展中国将注册资本增至 63 亿元人民币，澳新中国拟增资至 45 亿元人民币。据上海银监局数据显示，2012 年前 11 个月，共有 17 家在沪外资银行完成增资 123 亿元人民币。而据国家外汇管理局数据，2012 年，金融部门来华直接投资由上年的净流出转为净流入 85 亿美元，其中，流入 86 亿美元，流出 1 亿美元。

5. 重视在中国建立其全球和地区性的基础设施中心。花旗集团选择在上海建立软件技术服务公司和数据处理公司。软件技术服务公司作为花旗集团的一员，核心业务是为全球花旗银行提供软件开发及技术支持，其服务遍布亚太、美国、拉丁美洲、中东、欧洲及非洲地区共 50 多个国家和地区。数据处理公司专为花旗亚太地区客户和业务部门提供专业的金融后台运营服务。花旗软件和花旗数据均为独立于花旗银行（中国）有限公司的法人主体。此外，花旗还在上海成立了花旗管理咨询有限公司，专为来自包括中国在内的亚太地区约 17 个国家和地区的花旗员工提供培训支持。汇丰环球佛山中心预计 2014 年年中可正式投入使用，届时中心员工规模达 4 500 人，将为全球各地的汇丰客户提供专业的运营服务，并为汇丰集团全球金融业务提供强而有力的支持。渣打（中国）科技营运有限公司于 2008 年投资建设了位于天津的新办公大楼，专门提供金融后台数据外包服务，目前业务涵盖中国区与美国纽约的交易处理与后台运营，并陆续引入来自渣打集团其他地区的新业务项目。

---

① 截至 2012 年上半年数据。

（二）资产负债增速双双回落，市场占比进一步萎缩

截至 2012 年年底，在华外资银行营业性机构（含外资法人银行和外国银行分行）资产总额 2.38 万亿元，同比增长 10.66%，增速比上年大幅下降了 13 个百分点，也远远低于全国银行业资产平均增速 7.12 个百分点；增速的下落，也使外资银行资产占全国银行业资产总额的比例进一步下降，仅为 1.82%，分别低于 2011 年和 2010 年 0.11 个百分点和 0.03 个百分点（见表 15-4）。2012 年年底，在华外资银行负债总额 2.12 万亿元，比上年增长 9.36%，市场占比为 1.7%。通过多年发展，外资法人银行中涌现出汇丰中国、东亚中国、渣打中国、花旗中国和东京三菱日联中国 5 家资产规模超过千亿元的外资法人银行。在 2012 年标普发布的中国 50 大银行排行榜单中，有四家外资银行首次进入榜单，分别是汇丰中国资产总额已超过 2 690.15 亿元，排第 26 位；东亚中国资产总额 1 744.03 亿元，排第 40 位；渣打中国资产总额 1 731.52 亿元，排第 41 位；花旗中国资产总额 1 273.89 亿元，排第 48 位。

表 15-4　　　　　　2003—2012 年中国境内外资银行营业性机构资产总额及其占比　　　　　单位：亿元、%

年份	外资银行资产总额			外资银行负债总额		
	总额	增速	市场占比	总额	增速	市场占比
2003	4 160	—	1.50	3 751	—	1.41
2004	5 823	—	1.84	5 329	42.07	1.76
2005	7 155	22.87	1.91	6 530	22.54	1.82
2006	9 279	29.69	2.11	8 532	30.66	2.05
2007	12 525	34.98	2.38	11 353	33.06	2.27
2008	13 448	7.37	2.16	12 028	5.95	2.03
2009	13 492	0.33	1.71	11 818	-1.75	1.57
2010	17 423	29.14	1.85	15 569	31.74	1.76
2011	21 535	23.60	1.93	19 431	24.81	1.83
2012	23 804	10.66	1.82	21 249	9.36	1.70

资料来源：中国银监会。

外资银行资产负债增速双双回落且市场占比下降的主要原因是其存贷款增长缓慢所致。截至 2012 年年底，外资银行各项贷款余额 1.04 万亿元，同比增长 6.23%，远低于全部银行业金融机构贷款平均增速近 10 个百分点，占银行业金融机构各项贷款余额的 1.54%，比上年下降了 0.14 个百分点。外资银行各项存款余额 1.43 万亿元，增长 7.74%，增速比上年大幅下降了 17.53 个百分点，低于全国银行业金融机构存款平均增速 6.36 个百分点，占银行业金融机构各项存款余额的 1.51%，比上年下降了 0.08 个百分点（见表 15-5）。其存款增长困难的主要原因：一是渠道方面并不占有优势，网点最多的外资银行汇丰中国也只有 145 个网点，网点少的劣势在很大程度上限制了吸存能力。二是外资银行存款主要依赖对公存款，且大多集中在一些有进出口业务的外向型企业，国内进出口增速放缓，对客户结构较为单一、客户基础较为薄弱的

外资银行存款影响较大。三是外资法人银行受存贷比的限制，不得不放慢贷款节奏，加大吸存力度。而外资银行 2011 年存款以 25.27% 超常速增长，在一定程度上也透支了其未来的吸存能力。贷款低速增长制约了以贷吸存的能力，存款增速放慢又通过存贷比制约贷款的增长，两者相互影响形成不利局面。四是外资银行经营较为稳健，面对经济增速趋缓，部分行业不良贷款上升，外资银行贷款趋于审慎。

表 15－5　　　　　2010—2012 年中国境内外资银行营业性机构存贷款总额及其占比　　　　单位：万亿元、%

年份	外资银行存款总额			外资银行贷款总额		
	总额	增速	市场占比	总额	增速	市场占比
2010	1.06	43.99	1.44	0.91	26.26	1.79
2011	1.32	25.27	1.59	0.98	7.1	1.68
2012	1.43	7.74	1.51	1.04	6.23	1.54

资料来源：中国银监会。

（三）盈利虽小幅下降，但主要监管指标依然较好

2012 年，外资银行盈利小幅下降。截至 2012 年年底，中国境内外资银行营业性机构税后利润总额 163.4 亿元，比 2011 年减少 3.9 亿元，下降了 2.33%（见表 15－6）。外资银行税后利润增长率在保持了连续两年的快速增长后，后劲不足，税后利润不增反降，与 2011 年同期增速相比，形成较大的反差。而与银行业金融机构总体税后利润增长率相比，也出现较大的差距。而从近六年的情况看，外资银行相对于银行业整体而言，税后利润表现极不稳定，即大增之后就会出现负增长情形，如 2009 年和 2012 年的负增长都是在上年大幅增长之后出现的。

表 15－6　　　　　2007—2012 年中国境内外资银行营业性机构税后利润状况　　　　单位：亿元、%

项目		2007 年	2008 年	2009 年	2010 年	2011 年	2012 年
外资银行	税后利润	60.8	119.2	64.5	77.8	167.3	163.4
	增速		96.05	-45.89	20.62	115.04	-2.33
银行业金融机构	税后利润	4 467.3	5 833.6	6 684.2	8 990.9	12 518.7	15 115.5
	增速		30.58	14.58	34.51	39.24	20.74

资料来源：中国银监会。

究其原因，主要有：一是业务基数小。外资银行在国内发展业务时间较短，业务基数相对较小，容易在业务数字上大起大落。二是外资银行存贷款增速下降以及资产负债市场占比萎缩，制约其税后利润增长。三是利息支出增加。利率市场化步伐加快，同业竞争加剧，而外资银行为了达到存贷款比例监管要求，在 2011 年不惜成本地吸收存款，增加了利息支出，同时，贷款在激烈竞争中也很难维持较高收益率。四是运营成本增加。多数外资银行仍处于扩张期，其在网点、人员的投入方面相对较大，加之近年员工工资、房地产价格上升，增加投入成本。大多数外资银行的成本收入比远远高于国内银行，且居高不下。五是以对公为主的业务结构制约。

目前，国内外资银行的盈利主要靠对公业务，而大多数外资银行的零售业务仍处于投入阶段，就是零售网点较多的汇丰中国、渣打中国其零售业务还难达到盈利水平。对公业务更易受宏观经济影响，相对零售业务具有较强的不稳定性，那么单纯靠对公业务支撑盈利的外资银行利润增长出现乏力且大起大落自然在情理之中。

2012 年年末，外资银行资本充足率和核心资本充足率分别为 19.74% 和 19.25%，同比分别提高 0.91 个百分点和 0.87 个百分点，分别比全部商业银行的平均水平高出 6.44 个百分点和 8.65 个百分点。两项比率都远远高于监管比例要求，究其原因，主要是 2011 年以来外资银行大幅增资以及同期贷款及资产增长较慢所致。2012 年年末，外资银行流动性比率为 68.77%，比 2011 年小幅下降了 0.76 个百分点，且大幅高出全部商业银行平均水平 45.8% 约 22.21 个百分点，也大大超过 25% 的监管要求；不良贷款率从 2011 年的 0.4% 略升为 2012 年的 0.52%；不良贷款余额为 54 亿元，比 2011 年增加 13.9 亿元，上升幅度为 34.66%。按商业银行贷款五级分类来看，外资银行次级类、可疑类和损失类的不良贷款余额同比分别上升了 43.03%、27.45% 和 31.33%（见表 15-7）。

表 15-7　　　　　　　　　2006—2012 年中国境内外资银行不良贷款组成情况　　　　　　单位：亿元、%

	2006 年	2007 年	2008 年	2009 年	2010 年	2011 年	2012 年	2012 年同比变动额度	2012 年同比变动幅度
不良贷款余额	37.9	32.2	61.0	61.8	48.6	40.1	54.0	13.9	34.66
次级	21.6	20.4	32.6	24.2	15.1	16.5	23.6	7.1	43.03
可疑	9.3	7.7	13.6	21.1	18.7	15.3	19.5	4.2	27.45
损失	7.0	4.1	14.8	16.5	14.8	8.3	10.9	2.6	31.33
不良贷款率	0.8	0.5	0.8	0.9	0.5	0.4	0.52	0.12	30.00
次级	0.4	0.3	0.4	0.3	0.2	0.2	0.2	0	0.00
可疑	0.2	0.1	0.2	0.3	0.2	0.2	0.2	0	0.00
损失	0.1	0.1	0.2	0.2	0.2	0.1	0.1	0	0.00

资料来源：中国银监会。

2012 年年末，外资银行不良贷款余额占全部商业银行不良贷款余额的 1.1%，明显低于其资产占全部商业银行资产的比例；且其不良贷款率在所有类型的商业银行中保持最低水平，低于全部商业银行平均不良贷款率 0.5 个百分点（见表 15-8）。在外资银行全年贷款增长仅有 6.23% 的基础上，其不良贷款仍能控制在较低水平，不良贷款率长期在国内商业银行中保持最低，这说明了外资银行在贷款管理方面具有明显优势且符合其一贯稳健经营原则。

表 15-8　　　　　　　　2007—2012 年中国境内部分商业银行不良贷款情况比较　　　　　　单位：亿元、%

年份	大型商业银行		股份制商业银行		城市商业银行		外资银行	
	不良余额	不良率	不良余额	不良率	不良余额	不良率	不良余额	不良率
2007	11 149.5	8.0	860.3	2.1	511.5	3.0	32.2	0.5
2008	4 208.2	2.8	657.1	1.3	484.8	2.3	61.0	0.8

续表

年份	大型商业银行		股份制商业银行		城市商业银行		外资银行	
	不良余额	不良率	不良余额	不良率	不良余额	不良率	不良余额	不良率
2009	3 627.3	1.8	637.2	1.0	376.9	1.3	61.8	0.9
2010	3 125.2	1.3	565.7	0.7	325.6	0.9	48.6	0.5
2011	2 996	1.1	563	0.6	339	0.8	40.1	0.4
2012	3 095	0.99	797	0.92	419	0.81	54	0.52

资料来源：中国银监会。

（四）理财业务遭遇"理财门"事件影响，部分外资银行积极调整理财产品结构

2011年以来，花旗中国、渣打中国、东亚中国等多家外资银行被卷入社会和媒体所称的"理财门"事件，多款外资行理财产品因亏损等原因饱受争议，甚至被告上法庭。"理财门"事件对外资银行特别是一些领先的外资银行理财业务冲击较大。2012年全年共11家外资银行发行理财产品858款，单纯从数量上看，比上年翻番，而且发行理财产品的外资银行也由上年的8家增加到11家。但在领先外资银行中，除汇丰中国全年发行167款、东亚中国发行42款，略有增加外，渣打中国、花旗中国等均有所下降（见表15-9）。南商中国、恒生中国等受"理财门"事件的影响较小的银行表现突出，特别是南商中国全年发行185款产品，排名外资行第一。

表15-9　　　　　2009—2012年中国境内主要外资银行个人理财产品发行数　　　　单位：款

银行名称	2009年	2010年	2011年	2012年	银行名称	2009年	2010年	2011年	2012年
渣打中国	69	117	118	42	星展中国	38	15	39	114
汇丰中国	26	69	145	167	华侨中国	21	6	0	0
东亚中国	20	36	26	42	德意志中国	20	2	0	0
法兴银行	14	26	33	58	南商中国	9	1	0	185
恒生中国	63	18	31	146	澳新中国	3	0	0	17
花旗中国	22	18	16	13	荷兰中国	65	0	0	0
永享银行	0	0	18	59	大华中国	0	0	0	15

资料来源：Wind数据库。

受"理财门"事件的影响，部分外资银行对原来热衷的结构化的非保本型理财产品基本停发和发行少量，而把主要精力放在发行保本浮动型产品方面。而2012年，从全部银行发行的理财产品来看，保本固定型产品占比为14.75%，保本型产品占比为22.4%，非保本型产品占比为62.85%，非保本型产品占有较高的比重（见表15-10）。外资银行在发展理财业务的过程中，深刻认识到客户和渠道成为制约其发展的主要因素。为了改变这一不利情形，一方面在拓展客户的范围方面进行探索，通过模式创新，开始将个人理财的客户范围由高端向中端延伸，国内主要外资银行均在个人理财方面推出双品牌。另一方面，外资银行也在拓展渠道方面进行尝试，2012年年底汇丰中国推出理财产品在线交易平台，首推的为"双币投资"网上申购平台。南商

中国早在 2012 年年初对个人网上银行的改版中，增加了在线购买理财产品的功能，还通过一系列互动促销活动，来提升客户参与网上理财的兴趣。

表 15 - 10　　　　　2012 年中国境内主要外资银行个人理财产品分类表　　　　　单位：款

银行名称	保本型	保本浮动型	非保本型	小计	银行名称	保本型	保本浮动型	非保本型	小计
渣打中国	0	41	1	42	星展中国	36	56	22	114
汇丰中国	5	120	42	167	永享银行	0	0	59	59
东亚中国	0	41	1	42	大华中国	0	4	11	15
法兴银行	0	47	11	58	南商中国	1	5	179	185
恒生中国	0	109	37	146	澳新中国	0	0	17	17
花旗中国	3	10	0	13					

资料来源：Wind 数据库。

（五）托管业务继续巩固优势领域，并试图进入新的领域

基金托管历来是商业银行最热衷的托管业务。在传统的基金利益产业链上，主要分享者是获得托管资格和代销资格的五大国有控股商业银行和获得代销资格的券商。2012 年 19 家托管行共托管了 1 112 只基金，共计收取 48.71 亿元托管费。其中，五大行分享了近 9 成的收益，高达 43.15 亿元。但外资银行由于受限制，还未进入这一领域。在 2012 年 5 月举行的第三轮中美战略与经济对话上，中方就承诺公募基金业的分销和托管将向外资银行开放。2012 年 10 月 26 日证监会和银监会联合发布新的《证券投资基金托管业务管理办法》（公开征求意见稿），旨在推进基金托管业务对外开放，通过市场竞争机制进一步提升基金托管服务水平，监管层放行外资银行基金代销资格后，已有渣打中国、花旗中国、大华银行、东亚中国和恒生中国五家外资银行先后递交了基金代销业务资格申请材料。在托管市场上，外资银行长期以来受牌照限制，不能与国内商业银行在全部托管业务领域展开竞争，从主要金融机构证券托管总额（流通市值）排名前 50 名来看，在中国证券登记结算有限责任公司上海分公司中有两家外资银行进入前 50 名，其中汇丰中国托管 1 026.78 亿元，占全部市场份额的 0.61%，排名 29 名，花旗中国托管 573.76 亿元，占全部市场份额的 0.34%，排名 40 名。在深圳分公司中只有汇丰银行进入前 50 名，托管 524.77 亿元，占全部市场份额的 0.7%，排名 37 名。

但外资银行在 QFII、B 股等个别领域发展可圈可点。在 QFII 托管方面，2012 年证监会放宽对 QFII 的监管要求，鼓励境外长期资金进入，加快 QFII 资格审批，给国内银行业资产托管业务带来了新的机遇。截至 2012 年年末，国内具有 QFII 托管资格的外资银行有 6 家，分别为汇丰中国、渣打中国、花旗中国、德意志中国、星展中国和三菱东京日联中国。共有 207 家境外机构进入 QFII 名录，其中 115 家选择外资行作为其境内托管行，占比超过 55.56%。2012 年新增加的 QFII 共计 72 家，有 40 家选择外资行作为其托管行，占比高达 55.56%。值得关注的是汇丰中国一家托管全部 207 家中的 64 家，占比高达 30.92%，排名居全部托管行第一；而在新增 72 家

QFII 中，汇丰中国一家就托管了其中的 21 家，新增占比高达 29.17%，远超其他银行（见表 15 – 11）。

表 15 – 11　　　　　　　　　2012 年主要外资银行 QFII 托管情况　　　　　　　　单位：家

项目	2012 年末存量	2011 年末存量	比上年新增
全部 QFII 数	207	135	72
汇丰中国	64	43	21
花旗中国	40	24	16
渣打中国	9	6	3
德意志中国	2	2	0
外资银行总计	115	75	40

资料来源：根据证监会网站整理。

在 B 股托管方面，汇丰中国、花旗中国、渣打中国等领先的外资银行表现不俗。在 2012 年 B 股托管总额（市值）前 20 位排名中，汇丰中国、花旗中国、渣打中国分别进入上海分公司和深圳分公司 B 股托管前 20 名，在上海分公司排名中分列第三名、第十一名和第十七名，在深圳分公司 B 股托管前 20 名中，分列第一、第三和第四名，特别是汇丰中国一家托管比例就高达 23.32%，优势明显（见表 15 – 12）。

表 15 – 12　　　　　　　主要外资银行 2012 年末 B 股托管总额（市值）排名　　　　　单位：万港元、%

外资银行	上海分公司			深圳分公司		
	托管总额	比例	排名	托管总额	比例	排名
汇丰中国	106 788.48	8.5	3	2 268 550.45	23.32	1
花旗中国	36 305.11	2.89	11	818 770.13	8.42	3
渣打中国	22 097.27	1.76	17	645 678.49	6.64	4

资料来源：中央国债登记结算公司。

（六）参与金融市场业务热情高涨，份额继续上升

国内金融市场发展迅速，吸引更多的外资银行参与其中。目前，外资银行参与债券一级市场受部分业务资格限制，处于弱势。国内银行间一级市场所发行的债券主要有三大类，分别为国债、金融债和非金融企业债等，国债和金融债券一般采取承销团承销的方式，外资银行已分别于 2008 年和 2009 年取得相应的资格，并参与承销，而且个别外资银行在个别债券的承销中还获得主承销商的资格。非金融企业债券，特别是短期融资券近两年增长极为迅速，而且在债券市场中的占比较大，其对银行的吸引力不言而喻，这不仅能为银行带来可观的手续费收入，而且也会带动其他业务的快速发展。2012 年，中国债券市场累计发行人民币债券 8 万亿元。其中，包括超短融、中票、企业债、公司债、小企业集合票据等在内的信用类债券呈加速发展态势，

全年发行 3.6 万亿元，同比增长 60.1%。71 家机构全年共计承销 1 235 单债券项目，实际募集资金 16 325.7 亿元。按照 1% 的承销费率计算，券商合计获得债券承销收入 163.3 亿元，约为 2011 年的近 2 倍。而外商独资银行不能从事企业债券承销业务。截至 2012 年年底，国内市场具有企业债券主承销资格的有 34 家、具有承销商资格的有 16 家。虽然外资银行也在努力获取企业债券的主承销资格，但目前并无外资银行获得。而据银行间市场交易商协会公布的中国银行间市场交易商协会意向承销类会员（银行类）市场评价标准看，除个别外资银行外，多数外资银行获取这一资格具有较大的难度，但外资银行在海外人民币债券的发行承销中具有较大的优势，从万得数据可发现 2012 年在海外人民币债券牵头发行机构中，仅汇丰银行一家牵头筹集资金就超过 100 亿元，市场占比超过 20%，优势突出。

外资银行参与二级市场基本无资格障碍，表现极为活跃。相对于一级市场，除对部分市场做市商资格、Shibor 报价行资格的准入较严外，二级市场对机构的准入限制相对较宽，这为外资银行进入二级市场提供了便利条件。目前，较为领先的外资银行如汇丰中国、渣打中国在二级市场上基本所有的品种上都具有相应的资格，和国内商业银行比较并无差别。而在一些相对较宽泛的交易品种上，基本上国内所有的外资银行都有参与（见表 15-13）。

表 15-13　　　　　　　外资银行参与国内金融市场相关会员资格获取情况表　　　　　　单位：家

市场类别	业务种类	参与各类机构数量	参与外资银行数	业务种类	参与各类机构数量	参与外资银行数
银行间外汇市场	人民币外汇即期做市商	31	14	人民币外汇远掉尝试做市机构	3	3
	人民币外汇远掉做市商	26	11	人民币外汇即期尝试做市机构	3	0
	对日元做市商	10	5	外币对做市商	17	12
	人民币对澳元做市商	12	5	外币对会员	107	42
	对林吉特做市商	4	2	人民币外汇远期会员	83	55
	人民币外汇掉期会员	82	55	人民币外汇货币掉期会员	79	54
	人民币外汇期权会员	32	18	人民币外汇即期会员	369	大多
	外币拆借会员	178	大多	—	—	—
本币市场①	同业拆借市场	949	74	现券做市商	25	3
	Shibor 报价行名单	18	2	利率互换报价机构名单	24	11

资料来源：中国货币网。

外资银行参与银行间市场的交易也极为活跃，2012 年，外资银行同业拆借成交额 79 740.84 亿元，占全部市场成交额的 17.07%；债券成交额 173 685.47 亿元，占比 23.44%；质押式回购 67 936.88 亿元，占比 4.97%；买断式回购 1 054.86 亿元，占比为 2.08%（见表 15-14）。而实际上，国内外资银行的资产在全部银行业机构中的占比还不足 2%，相对于其资产占比，可以看出外资银行在银行间债券市场的参与程度也更深一些。

---

①　共有全部会员 5 838 家，其中外资银行 79 家。

表 15 - 14　　　　　　　　　外资银行参与银行间市场交易情况　　　　　　单位：亿元、%

交易品种	市场总计	外资银行	占比
	成交额	成交额	
质押式回购	1 366 173.92	67 936.88	4.97
买断式回购	50 828.59	1 054.86	2.08
债券	740 854.63	173 685.47	23.44
同业拆借	467 043.65	79 740.84	17.07

资料来源：Wind 数据库。

　　而从债券市场的机构债券交割情况来看，2012 年外资银行交割量 186 812.74 亿元，占全部市场的比重为 4.66%，也高于其相应的银行资产占国内银行业全部资产的比例（见表 15 - 15）。而在外资银行内部排名中，交割量排在前六位的外资银行分别是花旗中国、法国巴黎银行中国、三菱东京日联中国、德意志中国、汇丰中国和美国银行中国上海分行。

表 15 - 15　　　　　　　　　外资银行债券交割量对比表　　　　　　单位：万元、%

机构类型	2012 年累计交割量	占同类机构比重
农村合作银行	6 590.91	1.64
信用合作联社	25 154.58	6.27
外资银行	18 681.27	4.66
非银行金融机构	3 073.02	0.77
保险公司	10 630.08	2.65
基金公司	31 008.08	7.73
农村商业银行	39 242.16	9.79
股份制商业银行	52 263.82	13.03
国有银行	82 244.96	20.51
证券公司	35 488.77	8.85
城市商业银行	96 649.77	24.10
总计	401 027.45	100.00

资料来源：Wind 数据库。

　　从黄金交易市场看，截至2012 年年末，在上海黄金交易所银行间黄金询价业务远期品种准入机构名单中共有20 家机构进入，其中有四家外资银行，分别是汇丰中国、渣打中国、澳新中国和大华中国。在黄金询价业务即期品种准入机构名单中有24 家机构，其中外资银行有5 家。在交易会员中共有8 家外资银行获准为上海黄金交易所会员。外资银行参与贵金属业务，汇丰银行和澳新银行表现极为活跃，在上海黄金交易所的黄金自营交易十强2012 年各月度排名中，澳新银行和汇丰银行不时地进入十强名单。而且澳新中国全年交易量进入上金所金融会员前十五位，并被授予2012 年上海黄金交易所优秀金融会员称号。在期货市场，虽然目前外资银行未能参与到期货保证金存管和结算业务中，但部分交易所的会员资格中可看到外资银行列于其中，如上海期货交易所共有银行类自营会员7 家，分别为工商银行、交通银行、兴业银行、民生银行、中国银行、汇丰中国和澳新中国。

二、2013 年外资商业银行发展展望

（一）机构扩张会总体趋缓，且外资银行间将呈分化趋势

2013 年，在国际经济仍未走出低谷的新形势下，国际大型一流外资银行在网点的扩张方面会继续保持审慎态度，此外电子银行的快速发展对实体网点渠道功能的取代，以及实体网点运营成本高涨，都将成为制约外资银行机构扩张的主要因素。

从国内的情况看，预计国外银行新进入国内金融市场的情况会继续保持现有的态势，不会有大的变化，即每年至多有两到三家进入。而现已进入国内并设立法人机构的外资银行在网点扩张方面会继续呈现分化情况，汇丰中国、渣打中国等大型外资银行会坚持网点扩张步伐，保持每年增加约 20 家网点。恒生中国、东亚中国等其集团总部大多在东南亚及中国香港的中小型外资银行，自始至终把中国作为其业务发展的主战场，会继续加大投入和网点建设。如东亚中国全球共有 220 家分支机构，其中有超过 114 家机构已开设于中国大陆，2012 年其在美国退出零售业务的同时，在内地加大投入。星展中国全球也有 200 家分支机构，其中有 30 家机构在中国大陆。但大多数外资银行法人机构进入国内，并不做零售业务，也不会重视网点的拓展，如来自日本的外资银行及欧美的部分银行等，因此这些银行虽然进入国内并法人化已有六年的时间，但网点数并没有太大的变化。而且有的外资银行退出中国零售业务，如金融危机后，苏格兰皇家银行（RBS）在亚太区和中国的发展重点将转向批发银行和投资银行，主要面向企业、金融机构和政府部门，其在中国的零售银行及中小企业金融业务于 2010 年 12 月转让与星展中国。而德意志银行中国也在 2012 年采取收缩零售业务的战略。

（二）存款争夺会更为激烈，资产负债规模增速将有所加快

2013 年，外资银行必然会采取措施来扭转这种资产负债增速双降的不利局面。然而，与欧美等发达国家商业银行资产决定负债不同，在国内金融市场还不太完善发达的形势下，以及监管部门严格的存贷款比例控制要求，在资产与负债的关系中，商业银行的负债，也就是存款更具有决定性作用。因此，存款是外资银行提高资产负债增速的关键和突破口，也是外资银行发展的难点所在。

预计，2013 年外资银行会在存款方面狠下工夫：一是在利率逐步市场化的条件下，会通过存款利率的大幅上浮与中资银行争抢份额。二是会努力改变对公客户过分集中于外向型企业和跨国公司的不足，加大对其他客户的拓展力度，即通过加快本土化步伐，大量招聘使用本地有人脉关系的员工，努力争抢本地客户，特别是会注重人民币存贷款业务的发展。三是网点的不

断拓展，使部分外资银行已能够初步在一些经济发达地区达到相应的密度，并辅以电子银行的大力推广，会加大个人存款吸存力度，提高个人存款对全部存款的贡献度。而在贷款方面，外资银行过于审慎的贷款态度会随着经济形势的变化有所改变，贷款的投放力度也会有所加大。但部分外资银行贷款客户行业集中度和区域集中度过高，贷款风险控制难度较大且易受经济波动影响，如东亚中国 2012 年年末对公贷款中 30% 投放于房地产业、19% 投放于批发和零售业，具有较高的集中度，且房地产业和批发与零售业受宏观经济波动影响较大。而渣打中国 2012 年年末对公贷款前三大行业中 33% 集中投放于制造业、19% 投入于批发与零售业、8% 投入于房地产业；从区域看，其 55% 的贷款投入到长三角区域。基于以上分析，再考虑 2013 年国内宏观经济形势逐步向好的变化，以及进出口贸易的回暖，外资银行存款增长会快于上年，但受渠道和客户资源的限制，其增速难以超过全国银行业务金融机构存款的平均增速，其资产负债规模的市场份额提高难度也比较大。

（三）尽管盈利压力增大，但预计税前利润比上年会小幅增长

从影响外资银行收入的因素分析，主要有利息收入和非利息收入。而利息收入增加依赖于资产负债规模扩张和净息差的增大。外资银行资产负债规模增速将快于 2012 年，会从规模上推动利息收入增长。从净息差的变化分析，由于外资银行在存款的争夺中投入加大，存款的成本会上升，而贷款方面，尽管外资银行有定价能力较高且客户集中于中小企业的优势，但利率市场化和国内金融市场发展步伐加快，以及同业之间争夺优质客户，会限制外资银行贷款上浮空间，即其贷款平均收益率水平会小幅上升但不会太大。净息差会基本维持在现在水平或略有小幅上升。

从成本方面考虑，多数外资银行在国内依然处于业务扩张期，增设网点和大量招聘员工，以及伴随物价的上涨，网点运营成本及员工薪酬支出也会水涨船高。同时，外资银行在机构扩张过程中，特别是跨区设立分行，都要增加相应营销费用，如广告费用的投入。综合分析，外资银行成本控制方面面临的挑战依然很大。以东亚中国为例，其 2011 年成本收入比率高达 46.98%，2012 年上升至 50.21%。而渣打中国 2012 年的成本收入比率接近 60%。外资银行目前盈利主要靠公司类业务和金融市场以及交易类业务，大多数外资银行的零售业务还处于亏损状态和微小盈利，预计随着网点增多、个人类客户划分范围的扩大和客户数量的增加，未来部分领先的外资银行将逐步在个人类业务方面掘金，这会进一步增加外资银行的利润。此外，外资银行在贷款方面的审慎态度和先进的风险管理经验，且其资产质量目前处于较好水平，并在各类型商业银行中领先，这些都是推动其利润增长的因素，预计 2013 年外资银行税后利润会较上年有小幅增长。

（四）中间业务将会有所突破

外资银行虽擅长中间业务，但在国内受制于渠道、客户群体的劣势，以及相关业务监管资格的限制，难以全面有效拓展，非利息收入来源较为单一且不稳定。以渣打中国为例，其2012年非利息收入中有超过40%来自贷款手续费收入。

预计2013年，外资银行将会千方百计拓展中间业务并有所突破。一是在取得相关业务牌照方面将有所突破，目前外资银行正积极争取的主要有基金代销、基金托管、非金融企业债券的代销等未来发展潜力较大的业务品种，而且部分领先的外资银行已具备相应的条件和实力，随着金融业开放程度的加深，外资银行拿到相关牌照已为时不远。就基金代销来说，汇丰中国、花旗中国、渣打中国、恒生银行、东亚中国和星展中国等六家有实力的外资法人银行已经在洽谈基金公司、业务人员和系统准备以及产品平台设计等多方面进行积极准备，部分银行已经准备就绪，只等开闸。二是理财业务会走出"理财门"的阴影，部分外资银行会不断适应市场，调整自己理财产品开发策略，并借助其网络营销平台和其他机构的合作，加大理财业务拓展力度，理财业务将会迎来新一轮快速发展期。三是伴随着人民币国际化步伐和国内企业走出国门步伐的加快，外资银行会借助其强大海外分支机构的协同配合，加大对国际结算、贸易融资、海外债券发行和托管、海外人民币结算等相关中间业务的争夺，预计来自相关的中间业务收入也会快速增长。

（五）在全面推进业务过程中，特色化经营渗透会更受重视

经过多年发展，进入国内的外资银行阵营开始分化，有的外资银行采取全领域推进，有的外资银行则把目标锁定在相应的领域。即使采取全领域推进渗透的外资银行，要想与中资银行展开全面且更具深度的竞争在短期内难度依然很大。因此，大多数外资银行为了有效地利用自身资源，发挥自身优势，更加重视对市场的细分，力争在目标客户定位、业务重点选择、服务渠道摆布等方面，体现自身的特色。如渣打中国的小微企业服务已做得有声有色，在产品设计、网点建设、风险管理、人员配备、营销模式方面也都走出了一条特色之路，如渣打中国按季度发布的"中国中小企业信心指数"、连续六年举办优秀中小企业年度评选以及与地方政府合作支持中小企业培训等。此外，近年来，一批走"精尖"路线的专业化银行纷至中国内地。2012年8月，上海迎来首家拥有独立法人资格的科技创新银行即"浦发硅谷银行"，专注于服务从初创期到成熟期各个阶段的创新企业。还有澳新中国、荷兰合作银行在农村金融领域的探索，北欧银行进入国内的融资租赁等。

预计今后外资银行在一些特色领域的拓展探索将会进一步深化。一是会集中在更能发挥自身特长的业务领域，如汇丰中国在金融市场领域、澳新中国在黄金交易、花旗中国在信用卡推进领域等，会看到外资银行会继续表现活跃，而且会走在业务和产品创新的前列。二是会继续围绕人民币国际化大做文章，集中在国际贸易融资和国际结算领域进行创新，以及对客户的深度挖掘，特别是伴随着国内企业"走出去"的势头增强，外资银行利用其强大的海外机构网络支持与中资银行展开竞争。三是会集中在国内银行不太重视或不太熟悉的业务领域，通过挖掘客户的需求，开辟市场。如浦发硅谷银行服务创新型企业，北欧银行的融资租赁等都值得关注。

专题报告一　我国商业银行资本工具创新研究

2010 年 12 月，巴塞尔委员会发布第三版巴塞尔协议（以下简称巴塞尔Ⅲ），提出了强化资本工具损失吸收能力的一系列新规定，建立了更为严格的资本工具合格标准。2012 年 6 月，中国银监会发布《商业银行资本管理办法（试行)》（以下简称《资本办法》），借鉴国际金融监管改革经验，结合中国银行业实际，进一步强化了资本监管要求。面对国内外金融监管严格化新趋势，为实现长期可持续发展，我国商业银行必须结合自身资本结构现状和特点，借鉴国际发行新型资本工具成功经验，充分利用巴塞尔Ⅲ和《资本办法》提供的创新空间，加快资本补充工具创新，构建满足未来资本需求的新型资本工具体系。

一、资本监管新要求及商业银行资本工具创新的必要性

金融危机爆发以来，国际社会不断加强金融监管，大幅提高银行资本监管要求。中国银监会根据巴塞尔Ⅲ的最新要求，出台的《资本办法》将对我国商业银行资本管理产生深远影响。

（一）《资本办法》对银行资本管理提出了更高的要求

1. 重新划分了资本构成。将以前规定的核心资本和附属资本重新划分为核心一级资本、其他一级资本和二级资本；将以前各层级资本工具的明确列示修改为只对核心一级资本工具进行列示，其他一级资本工具和二级资本工具不再明确列示，而只是给出了合格标准。

2. 资本工具定义更加严格。严格规定各类资本工具的合格标准，强化了资本工具损失吸收的能力。其中其他一级资本工具没有到期日，且不得含有利率跳升机制及其他赎回激励；其他一级资本工具和二级资本工具必须含有减记或转股条款，已发行的不含有减记或转股条款的资本工具将作为不合格资本工具，要求从 2013 年起开始逐年扣减 10%，2022 年将不再记入监管资本。

3. 资本充足率要求更高。将资本充足率监管要求重新划分为四个层次：第一层次为最低资本要求，核心一级资本充足率、一级资本充足率和资本充足率分别为 5%、6% 和 8%；第二层次为储备资本和逆周期资本要求，储备资本要求为 2.5%，逆周期资本要求为 0~2.5%；第三层次为系统重要性银行附加资本要求，为 1%；第四层次为第二支柱资本要求。《资本办法》实施后，

系统重要性银行和非系统重要性银行资本充足率总的要求分别为11.5%和10.5%，远高于以前的监管标准。

（二）我国商业银行资本构成失衡、补充渠道狭窄、融资成本高

1. 资本充足率达标，但低于国际大型银行。截至2012年第三季度，我国银行业法人机构平均资本充足率达13.03%，核心资本充足率平均达10.58%。我国商业银行资本充足率虽高于监管要求，但与国际大型银行相比并不算高，仍需加大资本补充力度，满足业务持续发展对资本的需求。

2. 资本构成不合理，资本补充工具匮乏。截至2012年第三季度，我国银行业法人机构资本净额7.76万亿元，其中核心资本占79.6%，附属资本占20.4%。核心资本主要以普通股和留存收益为主，占比达99%还多，其他核心资本占比极低，结构不合理。附属资本中，主要通过发行次级债筹资，与国外同业相比，其他资本工具筹资极少。

3. 主要以普通股融资为主，融资成本较高。作为我国商业银行资本补充工具的主导，普通股融资成本普遍高于其他一级资本和二级资本工具。根据相关研究测算，我国大型商业银行普通股融资成本大致分布于12%~15%，远超国内银行发行的次级债和混合资本债券等二级资本补充工具的票面利率；同时，高于国际市场已发行的混合一级资本债券利率约5个百分点。

（三）资本监管趋严，迫使银行加快资本工具创新

《资本办法》实施后，我国商业银行资本补充工具缺失、资本来源单一等问题更显突出，急需加快资本工具创新，有效拓宽资本补充渠道。

1. 资本达标压力大，需创新资本补充工具补充资本缺口。据相关研究测算，在不存在外源融资条件下，若国内商业银行信贷规模、风险加权资产及净利润均保持年均20%的增速，且分红比例固化为40%，在10.5%资本充足率监管要求下，国内银行将于2014年、2015年分别出现4 000亿元和1万亿元的资本缺口；若纳入逆周期资本要求，设定总资本充足率标准为11%~11.5%，资本缺口在2013年就会出现。在合格资本补充工具减少、银行融资压力与日俱增的背景下，创新资本补充工具已迫在眉睫。

2. 现有资本工具不再符合标准，需开发新资本工具。按照巴塞尔Ⅲ及《资本办法》规定，其他一级资本工具和二级资本工具必须含有减记或转股条款，我国商业银行已发行的次级债、可转换债券等都不含有减记或转股条款，已不符合监管资本要求，已发行债券余额从2013年起将按年10%开始递减。因此，我国商业银行必须加大资本工具创新，开发出符合监管要求的新资本补充工具，以替代现有不合格资本工具。

3. 新的监管办法为资本工具创新留下了制度空间。《资本办法》对其他一级资本工具和二级资本工具不再具体列示，只对资本工具合格标准进行了界定。商业银行发行的资本工具只要符合相应层级资本工具的合格标准，便可以视为合格的资本工具，这为我国商业银行进行资本工

具创新留下了制度空间。巴塞尔Ⅲ和银监会《资本办法》都给出了实施新标准的过渡期，保证了此前已发行资本工具的暂时有效性，从而也为资本工具创新留出了时间。

二、国际大型银行资本状况及资本补充工具创新趋势

（一）国际大型银行资本充足水平较高，结构较均衡，资本补充工具较多

国际金融危机爆发以来，面对大幅提高的国际资本监管要求，国际大型银行通过各种方式不断补充资本，资本充足水平有了较大提升。截至2011年年末，国际主要大型银行核心资本充足率普遍在10%以上，总资本充足率约15%（见表专1-1）。在国际大型银行资本金构成中，以核心一级资本（主要是普通股权益）为主，约占全部加权风险资产的10%；其他一级资本和二级资本（主要是优先股、混合资本债、次级债等）占全部加权风险资产4%~7%。

国际大型银行所处的金融市场环境相对成熟，法律、会计、评级、分销体系等较为完善，资本补充工具种类较多。除在全球市场进行普通股发行以及内部留存收益等资本补充方式外，优先股、信托优先证券、混合资本债券、次级债等资本工具也被普遍使用。例如，美国银行业此前普遍使用优先股和信托优先证券充实一级资本，金融危机后则普遍使用永续优先股和一级资本混合债来充实一级资本。

表专1-1　　　　　　国际部分银行资本构成占风险加权资产的比重　　　单位：%

	核心一级资本	附属资本			总资本充足率
		混合一级资本净额	二级、三级资本和其他	附属资本合计	
美国银行	9.9	2.5	4.4	6.9	16.8
瑞银	14.1	1.8	1.3	3.1	17.2
德意志银行	9.5	3.3	1.6	4.9	14.4
巴克莱银行	11.0	1.9	3.4	5.3	16.3
苏格兰皇家	10.6	2.4	0.8	3.2	13.8
劳埃德银行	10.8	1.7	3.1	4.8	15.6
巴黎银行	9.6	2.0	2.4	4.4	14.0
汇丰银行	10.1	1.4	2.5	3.9	14.0
渣打银行	11.8	1.9	3.9	5.8	17.6
工商银行	10.0	3.2		13.2	
农业银行	9.5	2.5		12.0	
中国银行	10.0	3.0		13.0	
建设银行	11.0	2.7		13.7	

资料来源：根据相关材料整理。

（二）其他一级资本和二级资本是国际大型银行资本工具创新的主要领域

为提高各国银行业的监管标准，各国监管机构引入巴塞尔Ⅲ的相关监管规定，并结合本国实际制定了相应的资本管理办法，规定了资本充足率水平和资本工具合格标准。部分国家银行资本监管要求见表专1-2和表专1-3。

表专1-2　　　　巴塞尔Ⅲ及各国系统重要性银行的资本充足率监管要求　　　　单位：%

	核心一级资本	资本留存缓冲	附属资本（一级、二级）	主动吸损自救资本	系统重要性银行附加资本	总资本
巴塞尔Ⅲ	4.5	2.5	3.5		0~2.5	13.0
美国	4.5	2.5	3.5			10.5
中国	5.0	2.5	3.0		1.0	11.5
英国	4.5	2.5	3.5	7.0	0~2.5	19.5
瑞士	4.5	2.5	3.5	9.0		19.0
澳大利亚	4.5	2.5	3.5		0~3	13.5

注：上述不含逆周期资本要求。

表专1-3　　　　　　巴塞尔Ⅲ及一些国家对一级资本工具的监管要求比较

	巴塞尔Ⅲ	美国监管规定	欧盟监管规定	新加坡监管规定
法律形式、会计	法律形式无限制，债券或股权计入	只包含优先股，股权计入	法律形式无限制，债券或股权计入	法律形式无限制，债券或股权计入
期限	永久	永久	永久	永久
票息灵活性	无累积可选择性递延，只允许股息制动机制	无累积可选择性递延，只允许股息制动机制	无累积可选择性递延	无累积可选择性递延，只允许股息制动机制
本金损失吸收能力	债券性工具只在一级普通股本充足率低于5.125%时被计入。达到企业生存能力触发点时通过合同条款或法律规定进行损失吸收	达到企业生存能力触发点时按照《多德—弗兰克法案》进行损失吸收	在一级普通股本充足率低于5.125%时被计入。达到企业生存能力触发点时由《危机管理指令》提供	债券性工具只在一级普通股本充足率低于7%时被计入。所有工具均含契约性规定的企业生存能力触发点。对于股权工具无基于触发点的减记

为应对监管变化，国际大型银行普遍加强了资本工具创新。巴塞尔Ⅲ的资本定义和各国的资本监管办法均规定，核心一级资本主要包括普通股权益和留存收益，银行难有创新空间。但对于其他一级资本和二级资本工具，巴塞尔Ⅲ虽提高了它们的质量和吸收损失能力，但并不排斥其债权属性，只要满足其资本定义中所要求的标准，就可以被认定为合格资本。巴塞尔Ⅲ实施后，国际大型银行发行的资本工具主要集中在其他一级资本和二级资本领域，如塞浦路斯银行2011年4月发行了13亿欧元含有转股条款的一级资本债券，瑞银集团2012年2月发行了20

亿美元含有减记条款的二级混合资本工具等。近两年部分国际银行发行的新型资本工具见附表。

（三）可减记或可转股的或有资本债券成为国际大型银行资本工具创新的主要方向

巴塞尔Ⅲ和各国资本监管新规定对于其他一级资本和二级资本工具的新要求主要体现在必须含有减记或转股条款。国际大型银行积极应对监管变化，在传统资本工具上进行合同条款的修改和创新，发行能减记或转股的债务工具，尤其是具有债券和股票双重特征的或有混合资本债券，成为当前国际大型银行资本工具创新的主要方式。这些工具在正常市场环境下显示债券特征，在触发事件发生时又表现出股票特征，既可满足高质量的资本要求，又可吸引广大固定收益投资者而减少发行失败风险。

1. 新型其他一级资本工具的主要特征。国际大银行发行的新型一级资本工具主要有无累积永续混合资本债和优先股，可分为可减记的一级债券资本工具、可转股的一级债券资本工具、无累积可转化优先股。其主要特点：永续、票息较高，被减记或被转股的触发条件明确，多数把核心一级资本或普通股核心资本小于5.125%，或小于7%，或合同规定的企业生存能力作为触发点。对于企业生存能力的定义或描述，核心内容普遍是监管当局认为该银行如不进行此资本工具的减记或转股，该银行将破产、资不抵债或将被公共部门注资。总体来看，当前的一级资本工具创新大同小异，只是在发行目的、票息、期限、赎回、减记或转换的触发条件等条款上有所差别。

2. 新型二级资本工具。发行此类资本工具的主要目的是增加银行二级资本，在银行面临不可持续经营危机时能按次序转化为核心一级资本，帮助银行在最危急时刻提高资本充足水平，避免发生倒闭、被接管、被收购、被政府注资的情形。新型二级资本工具大体分为可减记二级资本证券和可转股二级资本证券，主要由次级债和混合资本债构成，基本特点：非永续，至少5年以上期限，可减记或可转股，触发条件一般选择在企业生存触发点转换为股份或本金减记，一定期限后（至少五年）可赎回，票息通常比一级资本工具低。

三、我国商业银行资本补充工具创新的方向及实施路径

根据《资本办法》相关规定，核心一级资本工具是明确列示的，创新空间不大。我国商业银行应在积极把握监管趋势和国内外金融市场环境的基础上，充分借鉴国际大型银行新资本补充工具创新经验，重点加大其他一级资本和二级资本工具的创新与发行。

（一）准确把握监管规定，明确资本工具创新方向

针对《资本办法》对其他一级资本工具没有到期日，其他一级资本和二级资本工具需含有减记、转股等条款的特别规定，借鉴国际银行业资本工具创新实践，其他一级资本工具创新的

主要方向是发行优先股和含有减记或转股条款的一级资本债券；二级资本工具创新的主要方向是发行可减记次级债券、可减记混合债券、可转换资本债券及二级可转换或有资本工具等。

1. 优先股。优先股是相对于普通股而言，主要在剩余财产分配方面享有优先权，可获得固定股息，期限永续，可以对转股、赎回或红利是否累积等方面进行特别设计。在发达国家资本市场中，优先股发行具有非常重要的地位，它不仅为公司提供了重要的融资方式，而且为注重现金股利、希望收益稳定、风险偏好较低的投资者提供了更多可供选择的投资渠道。优先股期限永续特征满足其他一级资本没有固定到期日要求；优先股在一定条件下可转换为普通股特征满足其他一级资本转股条款的要求等，使得优先股可作为合格的其他一级资本工具。根据优先股的基本特征及《资本办法》中其他一级资本工具的合格标准，商业银行发行优先股应具有的基本特征见表专 1 - 4。

2. 可减记永续资本债券。可减记永续资本债券是商业银行发行的期限永续、一定年限后可赎回、触发条件出现后可部分或全额减记以吸收损失的一种资本工具。期限永续，含有可减记条款等特征使得可减记永续资本债券符合其他一级资本工具要求。如荷兰合作银行于 2011 年发行了 20 亿美元的永续资本债券，投资者超额认购逾 3 倍，发行获得极大成功。我国商业银行可借鉴荷兰合作银行永续资本债券发行经验，设计符合我国监管规定的可减记一级资本债券。根据《资本办法》中其他一级资本工具合格标准的相关规定，发行可减记一级资本债券应具有的基本特征见表专 1 - 4。

3. 可转换一级资本工具。可转换一级资本工具是商业银行发行的期限永续、一定年限后可赎回、触发条件出现后可部分或全额转换为普通股的一种资本债券。可转换一级资本工具兼具债权和股权两种性质，在触发条件不发生时作为普通债券获取固定利息，当触发条件出现后转换为普通股票便具有股权性质。可转股一级资本工具是巴塞尔Ⅲ实施后国际大型商业银行发行较多的一种资本工具，我国商业银行可根据最新监管规定设计开发适合的可转换一级资本工具。根据《资本办法》中其他一级资本工具合格标准的相关规定，发行可转换一级资本工具应具有的基本特征见表专 1 - 4。

表专 1 - 4　　　　　　　　　其他一级资本工具具体特征

债券名称	优先股	可减记一级资本债	可转换一级资本工具
监管处理	其他一级资本	其他一级资本	其他一级资本
计息方式	固定或浮动	固定或浮动	固定或浮动
利息支付	可分配利润不递延支付	可分配利润不递延支付	可分配利润不递延支付
存续期限	没有到期日，前五年不可赎回	没有到期日，前五年不可赎回	没有到期日，前五年不可赎回
损失吸收	本金部分或全额转为普通股	本金部分或全额减记	本金部分或全额转为普通股
触发门槛	商业银行核心一级资本充足率降至 5.125%（或以下）		

4. 可减记次级债券。次级债是我国商业银行补充附属资本的主要工具。根据《资本办法》，目前发行的次级债将不再符合二级资本合格标准，一是部分次级债采取累进利率定价，含有利

率跳升机制；二是不含有减记或转股条款。因此，取消累进计息方式，设计附加减记条款的可减记次级债将符合二级资本合格标准，可成为二级资本工具创新的主要方向。根据《资本办法》中二级资本工具合格标准相关规定，发行可减记次级债应具有的基本特征见表专1-5。

5. 可减记二级混合资本债券。目前我国商业银行发行的混合资本债券，一方面没有减记条款；另一方面若10年后未赎回，可提高债券利率一次，含有利率跳升机制，不符合《资本办法》的监管要求。可对目前发行的混合资本债券进行如下创新，一是附加减记条款，如触发条件出现，本金一次性全额减记；二是不再采用累进利率计息方式，避免含有利率跳升机制。三是修改利息延期支付条件，将之前的核心资本充足率低于4%的延期支付条款修改为核心资本充足率低于最低监管标准，即8%。可减记混合资本债券应具有的基本特征见表专1-5。

6. 新可转换债券。目前我国商业银行发行的可转换债券转股权利在投资者手中，投资者可根据商业银行盈利情况、转股条件等自愿决定是否转换为普通股，这类可转债没有强制转股条款，不符合《资本办法》规定的合格资本工具标准。根据新资本管理办法转股条件要求，可以发行含有企业生存能力触发条件出现后强制转股和投资者自愿转股相结合的可转换债券，将符合二级资本工具合格标准。新可转换债券在债券存续期间，投资者可以自愿选择是否转股，一旦触发条件出现，必须按照合同规定，全部转换为普通股。新可转换债券应具有的基本特征见表专1-5。

7. 二级可转换或有资本工具（Contingent Convertibles，CoCo）。我国商业银行还没有发行CoCo，但CoCo已经是国际资本市场上成熟的银行资本补充工具，CoCo具有自动转股机制，可以吸收损失，符合二级资本工具的规定。CoCo在存续期间如不出现触发条件，与普通债券没有区别，具有债券性质；若发生了触发事件，则会自动全额转为普通股，具有可转换债券性质。我国商业银行已经大量发行普通债券和可转换债券，CoCo具有普通债券和可转换债券性质表明其在我国资本市场发行具有现实可行性。因此，我国商业银行可发行5年期以上的可转换或有资本工具（CoCo），补充二级资本。可转换或有资本工具（CoCo）应具有的基本特征见表专1-5。

表专1-5　　　　　　　　　　　　　　　二级资本债券特征

债券名称	可减记次级债	可减记混合资本债	新可转换债券	或有资本工具（CoCo）
监管处理	二级资本	二级资本	二级资本	二级资本
计息方式	固定或浮动	固定或浮动	固定或浮动	固定或浮动
利息支付	可分配利润不递延支付	可分配利润可递延支付	可分配利润不递延支付	可分配利润不递延支付
债券期限	5年以上，前五年不可赎回	10年以上，前五年不可赎回	5年以上，前五年不可赎回	5年以上，前五年不可赎回
损失吸收	本金全额减记	本金全额减记	本金全额转为普通股	本金全额转为普通股
触发门槛	以下两种情况较早发生者： 1. 银监会认定若不进行减记或转股，商业银行将无法生存 2. 相关部门认定若不进行公共部门注资或提供同等效力的支持，商业银行将无法生存			

（二）认真分析制度和市场环境，确定资本工具创新路径

根据我国目前法律法规、监管政策及债券市场环境，有些新资本工具发行仍存在较大障碍。商业银行应加强各种资本工具发行的可行性研究，按照先易后难的原则，优先选择较为成熟的资本工具，确定资本工具创新发行的具体实施路径。

1. 优先选择在境内外发行二级资本工具。二级资本工具法律限制相对较少，市场环境相对成熟，工商银行已在国外市场成功发行了可减记的二级资本工具，我国商业银行应优先尝试在境内外发行可减记次级债、可减记混合资本债以及新可转换债券等二级资本工具。主要理由如下。

一是审批程序、发行渠道相对成熟。可减记或可转换二级资本债券只是在已经发行的相关债券合同中附加减记或转股条款，并不改变这些债券的根本属性，仍可利用现有债券的审批程序和发行渠道发行。

二是市场需求旺盛。我国债券市场投资者对商业银行债券的购买需求旺盛，如中国银行2010 年 6 月发行 400 亿元可转债时有效申购资金达 1.74 万亿元，超额认购 53 倍。我国商业银行资产规模稳步增长，质量较好，盈利能力较强，在可预期的未来几乎不会出现监管规定的触发条件。商业银行发行的含有减记或转股条款的二级资本工具仍将会为投资者带来确定性收益，投资者需求仍将会非常旺盛。

三是二级资本工具具有成本优势。目前，我国商业银行发行的次级债、可转债等年利率一般在 4% ~7%，远低于据估算的股权融资成本。附有减记或转股条款的二级资本工具融资成本可能会略有上升，但基于我国商业银行稳健的财务绩效，利率也不会太高，仍将具有成本优势。

2. 尝试境外发行并积极探索境内发行永续一级资本债券。永续一级资本债券在触发条件没有出现时仍具有债权性质，一般不会对普通股股权结构产生影响，商业银行发行永续资本债券既能解决一级资本不足，其他一级资本工具缺失的问题，还能确保现有股权结构不变，对我国商业银行具有很大的吸引力。永续一级资本债券在境外市场已经成功发行，发行模式、交易机制等相对比较成熟，为我国商业银行探索发行此类资本工具积累了丰富的市场经验。然而，目前我国债券市场还没有发行永续资本债券的先例，永续资本债券发行的相关监管办法有待进一步建立。同时，永续资本债券"没有到期日"特征与现行债券管理办法中"债券到期还本付息"规定的相容性仍需进一步探讨。商业银行应积极研究永续资本债券相关特征，加强与监管部门沟通，争取获得境内发行支持；同时可到境外少量试点发行一级资本债券，以积累经验。

3. 密切关注和呼吁优先股相关法律制度出台，做好优先股发行准备。优先股是国外资本市场中筹集资本的一种重要工具，但国内资本市场发行优先股的制度还是空白，没有法律依据。我国《公司法》、《证券法》均未明确优先股制度，《证券法》只是依据普通股东的性质来规范股票的发行、交易和监管，没有对优先股作出明确规定，也没有对优先股的优先权利作出规范和保护。《公司法》规定："国务院可以对公司发行本法规定以外的其他种类的股份另行作出规

定"，这意味着需要国务院层面出台相关行政法规，才可发行优先股。鉴于目前我国优先股制度的空白，商业银行应密切关注和呼吁我国优先股相关法律制度的改进与完善，做好发行优先股的有关准备工作。

（三）积极做好组织、规划、沟通等工作，稳步推进资本工具创新

1. 及时建立资本工具创新组织机制。新资本管理办法对商业银行资本进行了重新定义，对资本的质量和标准提出了更严格的要求，将给商业银行资本管理带来更大挑战。商业银行应及时组建资本工具创新团队，明确职责，加大资本工具创新人员培养，根据新的监管办法，研发符合实际的新资本工具，建立资本补充的长效机制。

2. 做好资本规划和发行方案设计，有针对性地创新资本工具。资本工具创新发行是商业银行资本规划的有机部分，应与商业银行发展战略相结合。商业银行应科学制订资本规划，不断优化资本管理体系，完善各项政策流程，提高资本管理的精细化水平。在合理制订资本规划、完善内源性资本补充机制的基础上，统筹考虑资本属性、融资效率、财务成本、市场状况等多方面因素，设计好具体工具发行方案，在国内外市场发行新型合格资本工具。

3. 加强与外部协调沟通，争取发行支持。商业银行新资本工具在国内属于全新事物，监管政策和新资本工具发行审批细节还有待进一步明确。商业银行应加强与监管部门沟通协调，随时掌握监管动态，合规合法创设新资本工具。同时，商业银行应加大与市场投资者沟通，开展投资者需求测评，鼓励并引导投资者参与新型资本工具的投资与交易，培育新资本工具发行的市场环境。

附表　　　　　　　　　　近两年部分国际银行所发行的新型资本工具

类型	一级资本工具			二级资本工具	
	一级可减记资本债券	一级可转股资本债券	可转换优先股	可减记资本债券	可转股资本债券
发行人	荷兰合作银行	塞浦路斯银行	澳洲西太平洋银行	瑞银集团	瑞信集团
资本性质	其他一级资本	其他一级资本	其他一级资本	二级资本/缓冲资本	二级资本/缓冲资本
发行日	2011年11月9日	2011年4月12日	2012年3月	2012年2月22日	2011年2月24日
金额	20亿美元	13亿欧元	12亿美元	20亿美元	20亿美元
票息	8.4%，每半年支付一次	欧元债券为6.5%（至2016年6月30日），此后利率为uribor+300bp；美元债券为6%（至2016年6月30日），此后为Libor+300bp		7.25%，每半年支付一次	7.875%，半年支付一次。可每5年后均通过将最初信用利差水平（522bp）加至5年期中期掉期利率调整
利息支付	不可累积	不可累积，股息制动	不可累积	不可递延	不可递延
期限	永久	永久	永久	10年，5年不可赎回	30年期

续表

	一级资本工具			二级资本工具	
本金损失吸收	根据在核心一级资本中的占比按比例进行永久性本金减记	根据当前的交易量加权平均价（不得低于1欧元）的80%全额转为股份		全额注销	根据当前的交易量加权平均价格（不得低于20瑞士法郎），全额转为普通股
触发条件	股本资本充足率<8%；可能服从未来银行处置制度	核心一级资本/一级普通股本充足率<5%；总资本充足率低于最低值；合同规定的企业生存能力触发点：由塞浦路斯央行认为可转债券需要转换增加银行资本以防止其破产，或认为需要国家注资防止其破产	在规定的转换日满足转换条件，全额按合同规定转为股份。在计划的转换日之前，若满足了"税收触发条件"、"监管触发件"，银行有权选择转换为普通股或者提前赎回。在任何"转换日"，除非满足了"资本触发条件"或者"收购触发条件"，该银行可以选择交换该工具而不用将其转换	核心一级资本/一级普通股本充足率<5%；失去经营能力	核心一级资本/一级普通股本充足率<7%；失去经营能力：a监管当局认为，为防止瑞信破产、失去偿债能力，需要将缓冲资本转为股本；b为防止瑞信破产、失去偿债能力，瑞信收到政府或央行的特别资本需求
发行人特定赎回	赎回权在2017年6月29日后可行使	前五年不可赎回，持有人有换股选择权		本金和累计未付利息总额在计划日达到某值时；或无法享受原税收"红利"时；或监管变化使该工具不能计入二级资本时；或资本监管要求降低使得瑞银集团资本充足率超过标准不再需要该工具时，可提前赎回	5.5年后在任何一个付息日可赎回
评级	A－（惠誉）	无	无	BBB－（惠誉）	BBB－（惠誉）

专题报告二 国内五大商业银行公司治理比较及相关建议

自 2003 年股改启动以来，国有商业银行公司治理改革在经历由架构搭建到机制完善，从注重"形似"到追求"神似"的过程后，实践和探索将迈向更深层次和更高阶段。全面总结国内五大商业银行①公司治理成效、全方位比较其公司治理现状，吸收借鉴先进经验，对大型商业银行持续推进公司治理和不断提高核心竞争力具有重要意义。

一、五大商业银行公司治理改革取得较大进展

2003 年年底，国家选定中国银行、建设银行作为试点，拉开了五大商业银行股份制改造序幕，触及公司治理层面的改革正式启动。随后，交通银行"深化股份制改革整体方案"获批，中国银行、建设银行、工商银行和农业银行分别由国有独资商业银行改组为国有股份制商业银行，商业银行改革不断向纵深推进，五大商业银行的治理环境、治理基础、治理模式、治理架构和运行机制逐步规范、健全和完善。

（一）治理环境根本改观

一是治理法规不断完善。股改以来，相继发布了《股份制商业银行董事会尽职指引（试行)》、《商业银行监事会工作指引》、《商业银行公司治理指引（征求意见稿)》等相关法规规范。二是治理有效性评价机制建立。2010 年 12 月，银监会发布《商业银行董事履职评价办法（试行)》，建立起董事履职评价机制。三是职工民主监督机制初步建立。建立职工监事制度等制度规范，为职工了解公司真实情况，提出合理化建议、自主管理、共同决策提供制度依据。

（二）治理基础显著改善

重组改制上市过程中，通过中央汇金公司、财政部代表国家出资、引进战略投资者和境内外上市等举措，五大商业银行实现了股权种类多元化。2012 年年末，工农中建交五大商业银行前五大股东持股比例比国家股"一股独大"时期分别降低了 28 个百分点、16 个百分点、32 个

---

① 指中国工商银行、中国农业银行、中国银行、中国建设银行和交通银行等五家商业银行。

百分点、33 个百分点和 11 个百分点（见表专 2-1）[①]。同时，中央汇金公司、财政部代表国家履行出资人权利，向五家银行派驻董事，较好地解决了长期困扰大型商业银行的产权主体虚置问题。

表专 2-1　　　　　　　　　五大商业银行股权结构变化　　　　　　　　单位:%

行别	时间	项目	合计	1	2	3	4	5
工商银行	2012 年	前五大股东		汇金	财政部	平安人寿	工银瑞信	安邦保险
		持股比例	72	35.5	35.3	0.8	0.3	0.2
	2005 年	前五大股东		财政部	汇金			
		持股比例	100	50	50			
农业银行	2012 年	前五大股东		汇金	财政部	社保基金	平安人寿	中国人寿
		持股比例	84	40.21	39.21	3.02	1.38	0.42
	2009 年	前五大股东		财政部	汇金			
		持股比例	100	50	50			
中国银行	2012 年	前五大股东		汇金	东京三菱	生命人寿保险	中国人寿	神华集团
		持股比例	68	67.72	0.19	0.12	0.11	0.04
	2005 年	前五大股东		汇金	RBS	亚洲金融公司	UBS	亚洲开发银行
		持股比例	100	83.15	10	5	1.61	0.24
建设银行	2012 年	前五大股东		汇金	淡马锡	国家电网	宝钢集团	美国银行
		持股比例	67	57.21	7.15	1.16	0.93	0.80
	2004 年	前五大股东		汇金	建银投资	国家电网	宝钢集团	长江电力
		持股比例	100	85.23	10.65	1.55	1.54	1.03
交通银行	2012 年	前五大股东		财政部	汇丰银行	社保基金	首都机场	上海海烟
	2005 年	持股比例	52	26.53	18.70	4.42	1.68	1.09
		前五大股东		财政部	汇丰银行	社保基金	汇金	首都机场
		持股比例	63	21.78	19.9	12.13	6.55	2.15

资料来源：各银行年报。

（三）形成有中国特色的治理模式

在对发达国家公司治理模式扬弃的基础上，五大商业银行形成了以德日模式为基础，兼具英美模式特点，有中国特色的公司治理模式。既具有股权相对集中、董事会和监事会并存、控股股东对经营者筛选有较大决策权等德日模式特点（见表专 2-2），又具有设立独立董事等英美模式要素（见表专 2-2），较好处理了"新三会"（股东大会、董事会、监事会）与"老三会"（党委会、工会、职工代表大会）的关系。

[①]　交通银行于 2005 年比较基期的前五大股东合计持股比例并非 100%，与其他银行不同。

表专 2 - 2　　　　　　　　　　　美英模式和德日模式的主要特征

对比项目	美英模式	德日模式
股权集中度	股权结构高度分散化，没有绝对的大股东，单个股东在公司治理中作用小，对经理层的监督和控制能力有限。	股权较为集中。较大部分股权分散在各大股东银行和非银行金融机构当中，法人持股比率高，机构投资者之间交叉持股。
市场约束方式	股东们"用脚投票"，如果发生"敌意接管"，个人股东和小股东也能发挥作用。	政府主导下的兼并重组，敌意接管不易发生，个人股东和小股东基本无法发挥作用。
组织结构	"一会制"大框架下的多委员会分工负责制，决策机构与监督机构合二为一，董事会既具有决策职能，又具有监督职能。	"两会制"，既有董事会又有监事会。
董事会成员结构	由股东大会选举产生，基本没有劳工代表，有独立董事。	在德国，出资者、企业职工及工会组织均有董事席位，参与联合决策；在日本，董事会成员主要来自银行内部高层经营者，决策与执行均由内部人员承担。
对经营者的筛选	由董事会完成，董事长可以兼任总经理。	在日本主要由控股股东来推动，在德国由监事会选择。
内部激励约束机制	管理层和普通职员的报酬与经营业绩紧密挂钩。在管理层中，股权激励占非常重要的地位。需要公开披露董事报酬情况。	首先通过事业激励，主要包括职务晋升、终身雇佣、荣誉称号等。其次通过薪酬激励。股权激励占比不大。即通过培养与企业共荣共损的认同性和团队精神来增强其凝聚力。
与贷款企业的关系	对贷款企业的内部治理基本上持消极态度。	积极参与贷款企业的内部治理，并享有很大权力。

资料来源：根据公开资料整理。

（四）建立相对规范的治理架构并不断优化

经过近几年的治理改革，五大商业银行按《公司法》和相关法规、政策要求，建立了股东大会、董事会和监事会，聘任了高管层，确立了独立董事和外部监事制度，建立了公司治理组织架构。在人员选聘上，开始关注对董事、监事、高管任职资格的考察和业绩评价，通过组织架构和人员调整，不断优化公司治理架构和董事会、监事会成员构成。

（五）探索市场化治理机制

一是决策机制及程序进一步明确并规范。制定完善了《公司章程》、《股东大会议事规则》、《董事会议事规则》、《监事会议事规则》等公司治理基础性制度。二是不断强化股东大会职能。明确股东大会的最高权力机构地位，加强股东权益保障，努力保证全体股东行使职权。三是董事会战略决策能力增强。董事会下普遍设立专门委员会，提高战略决策和控制能力。四是监督机制建立。独立董事和外部监事被引入董事会和监事会。五是强化内部管理机制改革。推行风险管理和内控体系改革，推进组织机构向扁平化、集中化、垂直化、专业化、矩阵式转变。六是深化人力资源管理体制和激励约束机制改革。建设银行、工商银行等出台了人事激励机制改革方案；中国银行着手实施人力资源改革，取消行政级别，推动公开竞聘和双向选择。

二、五大商业银行公司治理比较

五大商业银行脱胎于国有银行，面临相同的治理环境，股权种类相似，治理模式和治理架构趋同，但受历史、战略定位、风险偏好、企业文化以及战略投资者等因素差异性的影响，在股权集中度、治理机构设置和治理运行机制等方面有所不同。

（一）股权集中度相差较大

五大商业银行股权种类基本相同，涵盖了国家股、国有法人股、境外法人股和其他内资股等股权类型，但股权集中度相差较大。截至 2012 年年末，工商银行、农业银行、中国银行、建设银行和交通银行国家股占比分别为 70.8%、82.4%、67.7%、57.2% 和 31%，含国家股、国有法人股、境外法人股等在内的前五大股东合计持股比例分别为 72%、84%、68%、67% 和 52%。其中，交通银行股权集中度低主要是由历史原因造成的，而农业银行股权集中度高是因为股改上市进程滞后。

（二）治理架构各有独特之处

五大商业银行普遍搭建起三会一层公司治理架构，董事会下基本设有战略、风险、提名与薪酬、关联交易、审计（或稽核）等专门委员会，监事会下监督委员会大致覆盖履职尽职、财务与内部控制等职能，高管层下设风险、运营、业务等管理委员会。

但治理机构设置不完全相同。农业银行立足"三农"战略定位和业务特色，在董事会下设"三农"金融发展委员会，以健全"三农"金融业务发展的战略规划和管理制度；在管理层设置"三农"金融部管理委员会，负责落实董事会相关决议，协调推进全行"三农"金融业务管理和发展。交通银行效仿战略投资者汇丰银行的做法[①]，董事会下增设社会责任委员会，以保障银行战略制定和政策执行充分体现社会责任。同时，在监事会下单独设立承担监事提名职能的提名委员会。工商银行监事会仅设置监督委员会，履行其他行的履职尽职和财务与内部控制监督两大委员会职能；高管层将信用风险、市场风险、操作风险委员会分设于风险管理委员会下，突出了全面与重点风险相结合的管理理念。建设银行设置了由监事长担任主任的人才建设与组织机构统筹委员会。

（三）股东大会治理机制与结构不同

五大商业银行遵循《公司法》、《证券法》、《商业银行法》等法律法规及本行相关规定，不

---

① 汇丰控股董事会企业社会责任委员会成立于 2003 年，成员由非执行董事及科学、教育和环境等领域专业人才组成。主要任务是制定企业社会责任政策和战略并提供咨询。集团内另设有社会责任及可持续发展部。

断健全股东大会职权与授权、召开方式、会议召集、表决与决议等议事规则，部分银行形成了颇具优势的制度或做法。

工商银行关于股东大会选举董事、监事的表决可实行"累积投票制"① 的规定，有别于农、中、建、交行等现行的直接投票制，在大型商业银行中一枝独秀，在股东大会治理机制及中小投资者保护方面先行一步。

作为股东大会治理结构及投资者保护的重要体现，五大商业银行股东大会参会股份及人数比例有所不同②，工商银行、中国银行股东大会的参会股东股份及人数占比均较高；农业银行因股权集中度高于它行，参会股份占比最高，但参会股东人数比例最低；建设银行、交通银行参会股东股份及人数占比均偏低（见表专2-3）。

表专 2-3 五大商业银行股东大会参会股份及人数比例

指标	工商银行	农业银行	中国银行	建设银行	交通银行
参会股东人数占比（%）	17.33	0.76	20.92	14.37	1.92
参会股东股份占比（%）	83.5	88.3	80.6	76	65.4

资料来源：上海证券交易所。

（四）董事会规模与结构不同

五大商业银行董事会由执行董事、非执行董事和独立董事组成，规模介于14~17人。其中，资产规模最小的交通银行基于相对分散的股权结构，以发挥非控股股东在运营管理及业务拓展中的作用为目标，引入7名非执行董事，构建了规模最大的董事会；其他大型商业银行董事会规模相差不大（见表专2-4）。结构上，董事会规模适中的工商银行、中国银行独立董事人数占比最高，农业银行独立董事人数占比最低（见表专2-4）。

表专 2-4 五大商业银行董事会结构比较 单位：人、%

指标	工商银行	农业银行	中国银行	建设银行	交通银行
执行董事人数	4	4	4	4	4
非执行董事人数	6	6	6	6	7
独立董事人数	6	4	6	5	6
董事会人数	16	14	16	15	17

---

① 采用累积投票制选举董事或监事时，股东的表决权总票数以其持有的股票数与所选举董事或监事人数的乘积计算，与直线投票制下仅以股东持有的股票数计算不同。举例而言，假设某公司有A、B两位股东，持有股份分别为70股、30股，按章程公司规定设5名董事。如果采取直线投票制，A股东提名的5名候选人每人可得70票，B股东提名的候选人每人只能得30票，按得票多少排序B的候选人将无一人入选。但若采用累计投票制，A、B股东的表决权总票数分别为350票（70×5）、150票（30×5），此时，A、B股东可将各自持有的表决权总票数合理分布投给自己提名的候选人，B提名的候选人入选概率明显提高。比如，若B将150票全部投给自己提名的一名候选人，该候选人必然入选；若B将150票平均分配投给两名自己提名的候选人，恰好A将350票均匀地投给自己提名的5名候选人，按得票多少排序B的候选人将有两人入选。

② 中小股东现场出席会议，不仅享有投票权，更能通过与董事、高管的直接交流，深入了解银行经营状况。

续表

指标	工商银行	农业银行	中国银行	建设银行	交通银行
执行董事人数占比	25.0	28.6	25.0	26.7	23.5
非执行董事人数占比	37.5	42.9	37.5	40.0	41.2
独立董事人数占比	37.5	28.6	37.5	33.3	35.3

资料来源：各银行年报。

（五）董事会议事规则有差异

五大商业银行持续完善董事会议事规则，并在通知、召开方式、表决等方面逐渐形成了一些有别于他行的固定做法。如建设银行明确规定定期董事会每年至少召开 6 次，而其他大型银行要求 4 ~ 6 次，或至少 4 次；临时董事会提议至召开的时限，工商银行、农业银行、交通银行均为 10 日，建设银行为 7 日，中国银行为 5 日；会议记录通知的及时性方面，工商银行要求 3 日内，交通银行为 10 日内，建设银行为 15 日内（见表专 2 – 5）。

表专 2 – 5　　　　　　　　　　五大商业银行董事会议事规则

指标	工商银行	农业银行	中国银行	建设银行	交通银行
定期董事会最少召开次数	4	4	4	6	4
半数以上独董提议可召开临时董事会	✓	✓	✓	✓	✓
临时董事会提议至召开时限	10 日	10 日	5 日	7 日	10 日
利润分配方案、重大投资、重大资产处置方案、聘任或解聘高管最低通过人数为董事会的2/3	✓	✓	✓	✓	✓
利润分配方案、重大投资、重大资产处置方案、聘任或解聘高管不得以书面传签表决	✓	✓	✓	✓	✓
1/2 以上与会董事或两名以上独立董事认为议案不明确、不具体，或因会议材料不充分等事由导致其无法对有关事项作出判断时，应对该议题进行暂缓表决	✓	✓	✓	✓	✓
董事连续 2 次不出席，也不委托其他董事代为出席可免	✓	✓	✓	✓	✓
会议记录应在该次会议结束后几个工作日内提供给全体与会董事审阅	5 日	—	—	15 日	10 日

资料来源：各银行官方网站。

（六）董事会股东董事分散度有所不同

董事会独立性是董事会治理的关键，而股东董事分散度、董事会中实际股东数[①]等指标是董事会独立性的重要体现。比较看，五大商业银行董事会独立性有所不同。一方面，工、农、中、

---

① 指一致行动人合并计算后的股东数。

建四大行董事会中股东董事均来自单一股东或其一致行动人（国家股），而交通银行董事会打破"单一实际股东"控制模式，引入财政部、汇丰银行、社保基金、首都机场等4家实际股东，股东董事分散度高于其他银行（见表专2-6）。另一方面，交通银行最大股东或实际控制人占有董事会17个席位中的3席，控股股东控制力相对弱，而农业银行最大股东或实际控制人占有董事会14个席位中的6席，控股股东控制力最强（见表专2-6）。

表专2-6　　　　　　　　　　　五大商业银行董事会独立性比较

指标	工商银行	农业银行	中国银行	建设银行	交通银行
最大股东或实际控制人席位/全部席位数	6/16	6/14	6/16	6/15	3/17
董事会中实际股东数	1	1	1	1	4
股东董事分散度	6/1	6/1	6/1	6/1	7/4

注：1. 实际股东数是合并计算一致行动人之后的数据。2. 股东董事分散度是股东董事数/董事会中实际股东数，该指标越低，董事会独立性越强。

资料来源：根据各银行年报统计计算。

（七）董事会专门委员会设置及治理机制不同

董事会专门委员会通过配合董事会工作，通常能够提高董事会运作效率。比较而言，由于将其他大型商业银行合并设立的提名与薪酬委员会分立，工商银行搭建了数量、人数最多的专门委员会架构；战略和风险是董事会专门委员会建设的重中之重，其中，建设银行战略委员会人数达13人（见表专2-7），是四大行中规模最大的，占专门委员会总人数的35%，风险管理委员会占24%。

表专2-7　　　　　　　　　五大商业银行董事会专门委员会人数比较　　　　　　　　单位：人

行别	专门委员会合计	战略	审计（稽核）	风险	提名与薪酬（人事薪酬） 提名	提名与薪酬（人事薪酬） 薪酬	关联交易	"三农"金融	社会责任
工商银行	46	9	7	9	8	8	5	—	—
农业银行	38	5	7	7	7		3	7	—
中国银行	38	10	8	7	6		7	—	—
建设银行	37	13	5	9	5		5	—	—
交通银行	23	5	4	5	4		※	—	5

注：1. "—"表示未设置该委员会。2. 农业银行关联交易委员会设置于风险管理委员会下。"※"表示该委员会设置于风险管理委员会之下，但人员构成不详。

资料来源：各银行年报。

引自英美模式的独立董事制度，是五大商业银行董事会内部最重要的监督机制。从独立董事担任专门委员会主席的人数看，工、农、中、建均为4人，交通银行为3人（见表专2-8）。考虑到交通银行关联交易委员会设于风险管理委员会下，五大商业银行来自独立董事的实际监督大体相仿。

表专 2－8　　　　　　　　　五大商业银行由独立董事担任主席的专门委员会列示

专门委员会	工商银行	农业银行	中国银行	建设银行	交通银行
战略委员会	×	×	×	×	×
审计（稽核）委员会	✓	✓	✓	✓	✓
风险管理委员会	✓	✓	✓	✓	✓
提名与薪酬（人事薪酬）委员会	✓	✓	✓	✓	✓
关联交易委员会	✓	✓	✓	✓	※
"三农"金融委员会	—	×	—	—	—
社会责任委员会	—	—	—	—	×

注："✓"表示由独立董事任主席，"×"表示未由独立董事任主席，"—"表示未设置该委员会。"※"表示该委员会设置于风险管理委员会之下。

资料来源：各银行年报。

（八）监事会结构及监督制衡机制各异

引自德日模式的监事会制度是五大商业银行内部监督制衡的基础性制度。规模方面，因股东监事人数显著多于他行，交通银行构建了达 13 人的规模最大的监事会，其次为建设银行 9 人，最少的工商银行、农业银行均为 6 人。结构上，股东代表监事人数及占比，工商银行、农业银行最低，交通银行最高；且除农业银行外[1]，其他四大行均引入了 2 名外部监事，其中工商银行外部监事人数占比最高；职工代表监事相差不大（见表专 2－9）。

此外，工商银行监事会下设的唯一专门委员会主任委员由外部监事担任；建设银行和交通银行监事会下设两个专门委员会，其中只有一个专门委员会主席由外部监事担任；而农业银行监事会下设的两个委员会主席均由股东监事担任。

表专 2－9　　　　　　　　　　五大商业银行监事会结构比较　　　　　　　　　单位：人、%

指标	工商银行	农业银行	中国银行	建设银行	交通银行
股东代表监事人数	2	2	3	4	7
职工代表监事人数	2	4	2	3	4
外部监事人数	2	0	2	2	2
监事会人数	6	6	7	9	13
股东代表监事占比	33.3	33.3	42.9	44.4	53.8
职工代表监事占比	33.3	66.7	28.6	33.3	30.8
外部监事占比	33.3	0	28.6	22.2	15.4

资料来源：各银行年报。

（九）信息披露各具特色

强化信息披露是提升投资者保护的重要方式。比较看，五大商业银行信息披露的做法各具

---

[1]　据调研资料，农业银行拟引入 1 名外部监事，目前已报监管层待批。

特色。交通银行基于战略投资者汇丰银行的要求，股改上市以来坚持以中报内容格式要求披露季度报告，除主要财务数据和重大事项外，还主动披露资本充足状况、信贷资产质量、资产负债分析及管理层对经营情况的全面分析等内容，季报信息量在大型商业银行中最丰富、最全面，获得投资者的广泛好评。工商银行和中国银行打破以往"走出去"路演的单向路径，以投资者关系管理改善为导向强化信息披露主动性，构建"请进来"的反向路演机制，邀请境内外投资者、分析师到行内参观调研，充分展示其领先同业的经营基础和创新模式；建设银行多次开展反向路演活动，2012年安排投资者来访会谈120余次，累计与650余家机构交流。

（十）内控机制建设差异较大

五大商业银行按《商业银行内部控制指引》要求，普遍搭建了与COSO①内部控制整体框架基本一致的内控架构，但比较看，五大商业银行在内控评价体系、内控机制建设步伐等方面存在差异。一是内控评价体系不同。工商银行构建的"对全行、一级（直属）分行、二级分行和二级分行以下机构"的四层次内控评价体系，与他行的"对总行、一级分行、二级分行"的三层次内控评价体系不同。二是内控机制建设重点各异。工商银行通过"内控体系建设规划"的有效实施，不断强化部门与机构的内控管理职责，建立起"纵向到底、横向到边"清晰明确的内控责任制。农业银行开发应用的内控合规管理信息系统（ICCS），形成了延伸至支行层面的统一整合的内控体系，通过陆续完善录入与维护、数据清理及成果应用机制，内控管理系统的比较优势日益彰显。建设银行在2012年设立内控合规部后，出台了《建设银行内部控制基本规定》，制定了第一个"内部控制体系建设三年规划"，着手开展了内控标准化与自动化新一代内控专题研究和信息系统建设，组织实施了全行内部控制评价，有效的内控机制正在加快形成。

（十一）激励约束机制及市场化选聘进展不同

一是交通银行率先启动高管层激励计划。该计划于2006年实施，激励对象覆盖了高管层、总行部门总经理及副总经理、直属及管辖分行行长及副行长层面。二是大型商业银行市场化、国际化选聘逐步推进。2006年，建设银行采用市场化机制聘任具备国际化背景的首席经济学家。2011年，中国银行针对海内外几乎所有下属机构展开全球招聘。目前，交通银行正计划对财富管理、私人银行等高端专业人才进行全球化招聘。

三、对进一步推进大型商业银行公司治理的建议

近年来，国内大型商业银行公司治理取得长足进展。形成了国际化程度较高的董事会、规

---

① 1987年成立于美国专门研究内控问题的组织，该组织《内部控制整合框架》提出的"五要素"框架（内控环境、风险识别与评估、控制活动、信息沟通与交流以及内部监督）是现代内部控制最具权威且在全球广泛应用的框架。

模较大的董事会战略委员会、较为完善的风险管理体系等治理要素，公司治理在国内外屡获殊荣。改革发展新阶段，为进一步推进大型商业银行公司治理，在基于充分实地调研的基础上，我们提出如下政策建议。

（一）持续加强对改善公司治理的研究

股改以来，大型商业银行一直重视对公司治理的研究，积累了颇具特色的改革经验和做法。但随着公司治理改革的深入展开和推进，已经形成的部分特色和优势日渐式微，甚至消退，需要对公司治理展开再研究和再认识。另外，随着大型商业银行改革进入攻坚阶段，越来越触及深层次的体制机制问题，进一步推进公司治理建设的迫切性凸显，对于如何进一步加强公司治理的监督制衡机制、激励约束机制和风险内控机制，需要加强研究。因此，大型银行应从战略高度对进一步完善公司治理强化研究和组织推动。

（二）在确保国家控股前提下进一步优化股权结构

五大商业银行大股东持股比例显著高于英美国家大型商业银行（见表专2－10）。一般认为，过于分散的股权结构易致股东约束失效，而过于集中的股权结构易引致大股东控制，均不利于公司治理效率的提高。实证研究表明，相比于股权高度集中与高度分散，适度集中的股权结构所形成的股东分权制衡，更有利于银行构筑高效公司治理机制。建议合理吸收境内外大型商业银行股权结构的治理经验，以确保国家控股为前提，选择合适时机进一步优化境内大型商业银行的股权结构，在股权结构与分权约束的渐进平衡中提升中小股东股东大会参会人数及股份比例，改善公司治理效力。

表专2－10　　　　　　　2012年年末英美主要大型银行大股东持股比例　　　　单位:%

指标	花旗集团	美国银行	富国银行	摩根大通	汇丰控股	苏格兰皇家银行	劳埃德银行
最大股东	4.29	4.30	8.35	4.47	0.46	0.17	0.12
前五大股东	16.73	15.53	22.94	16.72	1.44	0.30	0.17

资料来源：各银行官方网站。

（三）进一步完善公司治理目标

受行业特征影响，商业银行经济主体之间的利益冲突比一般企业更复杂，除一般公司治理所需解决的问题之外，还需解决股东与债权人、股东与员工、股东与监管者等之间的利益冲突；同时，银行公司治理不仅要实现自身价值最大化，还要照顾到宏观经济稳定和金融体系稳健。因此，如何处理好包括股东、客户、员工，乃至政府和社会之间的关系问题，是商业银行公司治理所要解决的关键问题。目前，中国银行业公司治理目标主要体现为实现股东价值最大化，而随着公司治理改革走向更高阶段和更深层次，需要进一步厘清公司治理的目标，加强对利益相关者理论的研究，逐步将对利益相关者的关注纳入公司治理的主要目标中来。

（四）优化董事会、监事会结构

充分借鉴境内外大型商业银行在独立董事、"非股权监事"选聘方面的先进做法，继续优化董事会、监事会结构，提高董事会、监事会的独立性及监督制衡力。

（五）增设董事会社会责任委员会

鉴于监管层日益关注银行对经济发展、资源环境和社会公益事业履行社会责任的表现，参照富国银行、汇丰控股等欧美大型银行董事会专门委员会组织架构，建议境内大型商业银行董事会增设以环保等领域专业人才组成的社会责任委员会，统筹全行社会责任政策制定、执行及内外部咨询事宜，统领全行声誉管理，提高社会责任管理能力，树立良好的外部形象。

（六）完善股东大会运作机制

借鉴同业在股东大会召开方式、提升中小投资者股东大会参会比例，以及保护中小股东决策参与权、建议权和质询权等方面的好的做法，持续完善股东大会运作机制。

（七）加强董事会履职能力

董事会履职能力建设是公司治理的关键环节，强大的银行必然拥有高效的董事会。为充分提高董事会效率，一方面制订系统的董事职业培训计划，进一步拓宽股权董事和独立董事的"专业化"与"专家化"视野，提高董事会成员履职能力。另一方面将董事会决议落实情况的跟踪、评价和反馈机制制度化。如交通银行董事会每季度和每半年都会形成一份董事会决议执行情况的书面报告，对董事会决议的落实起到了良好效果，其他大型银行可在现有基础上适当借鉴。

（八）提高独立董事尽职能力

独立董事的作用体现在以公正的立场发挥专家的作用，防止董事会流于形式和大股东控制下的内部人控制等情况发生。但在实际运作中，由于专业素养、掌握资料有限，以及激励约束不足等原因，独立董事尽职往往不尽如人意。建议：一是进一步优化独立董事选聘机制，形成独立董事专家库，广泛吸收行业精英和国内外专家人才。二是加强与独立董事信息沟通，加大提供给独立董事的信息量和频率，使其及时充分了解银行经营管理情况。三是建立独立董事提议落实反馈机制。鼓励独立董事对董事会审议事项发表客观、公正的独立意见。四是加强独立董事履职评价机制。要进一步完善独立董事考核办法，防止出现独立董事在重大问题决策中作为不积极等问题。

（九）提高重要指标信息披露的频率

交通银行在战略投资者汇丰的要求下，长期以来坚持以中报内容格式要求披露季度报告，获得投资者广泛好评。其他大型商业银行可在充分论证成本投入、时间约束等前提基础上，适当吸收同业经验，提高重要指标的披露频率和季报信息的详尽性，进一步赢得投资者认可。

（十）加强内控合规体系建设

五家大型商业银行中，工商银行内控合规体系和机制建设比较先进，而农业银行建立了延伸到支行的先进的内控合规管理信息系统（ICCS），实现了内控合规信息实时采集录入和提取。建议大型银行进一步明确与落实内控管理责任，健全完善内控合规管理组织架构，加强专业队伍培养，推动内控体系建设规划有效落实，加快内控体系建设步伐。

（十一）加强集团公司治理建设

随着独资、控股和参股子公司数量日渐增加，海外机构和业务快速扩展，大型商业银行集团公司治理建设问题越来越受到关注。目前，农业银行董事会办公室已经设立公司治理规划处，以加强对集团公司治理建设的研究和指导。建议其他大型商业银行充分依托已有非银行金融牌照的市场准入优势，以及子公司、海外机构的快速发展，适时加强对集团公司治理的研究和推进。